日英対照

名詞の意味と構文

影山太郎 編

大修館書店

はしがき

　人間の言語は，名詞，動詞，形容詞，副詞，前置詞，接続詞など様々な種類の品詞を組み合わせることで文を作っている。前著『日英対照　動詞の意味と構文』では動詞，『日英対照　形容詞・副詞の意味と構文』では形容詞と副詞を扱ったので，そこから得られた述語に関する知見を基に，本書ではいよいよ名詞の意味と文法的用法に挑戦する。

　国内外の研究の流れを見ても，名詞というのはなかなか手強い存在のようである。たとえば国立国語研究所の刊行物に『動詞の意味・用法の記述的研究』（宮島達夫著，1972年）と『形容詞の意味・用法の記述的研究』（西尾寅弥著，1972年）という詳細な研究があるが，名詞を扱ったものは出ていない。海外に目を向けても，動詞に関する著書は多数にのぼる反面，名詞のみを論じたもので目立ったものはない。その意味で，本書が我が国における名詞研究の方向を示すことができれば幸いである。

　名詞と動詞を比べると，名詞は単にモノの名前を表すだけで動詞の付属品であると見られがちである。しかし，本書を一読されれば，名詞がその豊かな意味構造によって文の組み立てに大きく貢献していることが理解されるだろう。

　本書の分析の観点は，前2作と同様に「語彙意味論」（個々の語彙の意味から文全体の意味と統語が説明できるという理論）に依拠し，動詞や名詞といった品詞を軸としながらも，それらの語彙が持つ意味情報と，それらが文中でどのように用いられるかという統語的な性質とのダイナミックな関係を明らかにしようとするものである。

　本書では前2作にない試みとして，ほとんどの章でQuizを設けたが，全体的な執筆のスタンスはこれまでと同様である。
　　●初めての人にも分かりやすく。
　　●現在の研究を俯瞰し，問題点を整理する。
　　●理論言語学を知らなくても理解できるように平易な解説。
　　●対象とする読者は，言語系の学部生・大学院生，日本語教師・英語

教師，工学系で言語処理に携わる研究者等．
　●日本人が間違いやすい英語にも注意をはらう．
　●理論の形式化より実証性を重視し，コーパス等からの実例を収録．
加えて，本書独自の特色として次の点を強調しておきたい．
　◎世界に類を見ない「名詞」に特化した解説書
　◎世界で初めて J. Pustejovsky の「クオリア構造」を日本語の具体
　　例に応用

本書は解説書ではあるが，単に欧米の研究を紹介するのではなく，各章の執筆者のオリジナルな研究成果を盛り込んでいる．章ごとの担当を下に明記しておく．

　　序　名詞の語形成と意味構造（影山太郎）
　　1　名詞の数え方と類別（影山太郎・眞野美穂・米澤優・當野能之）
　　2　モノ名詞とデキゴト名詞（影山太郎）
　　3　ヒト名詞と道具名詞（影山太郎）
　　4　目的語の省略（杉岡洋子・影山太郎）
　　5　直接目的語と前置詞付き目的語（影山太郎・高橋勝忠）
　　6　中間経路と移動の範囲（影山太郎・磯野達也・境倫代）
　　7　名詞が動詞に変わるとき（由本陽子・影山太郎）
　　8　名詞化と項の受け継ぎ（杉岡洋子・影山太郎）
　　9　存在と所有の表現（岸本秀樹・影山太郎）
　　10　構文交替と項の具現化（岸本秀樹・影山太郎）

　第1作の『動詞編』が刊行されてからもう10年になる．もう少し早いペースでまとめたかったが，編者の勤務先が変更したこともあり，本書の刊行が延び延びになってしまった．読者のみなさま，大修館書店編集部のみなさまにお詫びを申し上げます．とりわけ編集部の米山順一氏と内田雅氏には大変お世話になりました．厚くお礼を申し上げます．

　2011年8月

　　　　　　　　　　　　　　　　　　　　　　　　　影　山　太　郎

目 次

はしがき………iii

序　名詞の語形成と意味構造……… 3
  1　名詞の語形成／3
  2　名詞の意味構造／4

第I部　名詞の特性

第1章　名詞の数え方と類別………10
  1　なぜ？／10
  2　名詞の数え方とは／11
    2.1　助数詞／11
    2.2　類別詞としての機能／12
    2.3　計量詞としての機能／13
    2.4　英語の可算名詞と不可算名詞／13
  3　代表的な助数詞／15
  4　問題点と分析／16
    4.1　類別詞と計量詞／16
      4.1.1　類別詞／16
      4.1.2　計量詞／19
    4.2　日本語類別詞の分類／24
      4.2.1　生き物の類別詞／24
      4.2.2　無生物の類別詞／25
      4.2.3　類別詞の序列／27
    4.3　クオリア構造による分析／28

            4.3.1　類別詞と選択制限／28
            4.3.2　クオリアの選択／29
            4.3.3　類別詞の多面性／33
            4.3.4　メタファーによる拡張／33
    5　まとめ／34
    6　さらに理解を深めるために／35

第2章　モノ名詞とデキゴト名詞………36
    1　なぜ？／36
    2　モノ名詞とデキゴト名詞とは／37
    3　代表的なモノ名詞とデキゴト名詞／39
    4　問題点と分析／40
        4.1　モノの存在とデキゴトの発生／40
        4.2　場所名詞／44
        4.3　モノ名詞の中に隠された「時間」の概念／45
        4.4　動詞・形容詞が名詞に変わるとき／49
    5　まとめ／59
    6　さらに理解を深めるために／60

第3章　ヒト名詞と道具名詞………61
    1　なぜ？／61
    2　ヒト名詞，道具名詞とは／62
    3　ヒト名詞，道具名詞の代表例／63
    4　問題点と分析／63
        4.1　ヒトを表す -er 名詞とモノを表す -er 名詞／63
            4.1.1　「動詞＋ -er」の多様性／64
            4.1.2　媒介道具と助長道具／65
            4.1.3　行為連鎖と -er 名詞／66
            4.1.4　-ee 名詞／70
        4.2　事態解釈と個体解釈／72
            4.2.1　ヒト名詞の中のデキゴト性／72
            4.2.2　クオリア構造による分析／74
        4.3　接尾辞による意味の違い／83

5　まとめ／86
        6　さらに理解を深めるために／86

第II部　名詞と構文
　　第4章　目的語の省略………90
        1　なぜ？／90
        2　目的語の省略とは／91
            2.1　照応による省略――日本語のゼロ代名詞／92
            2.2　英語における目的語の省略／94
        3　目的語が省略される代表的な動詞と構文／95
        4　問題点と分析／97
            4.1　動詞の行為連鎖と目的語の省略／97
            4.2　特定の対象物を指す目的語の省略／100
                4.2.1　動詞による制限／101
                4.2.2　モノ名詞とデキゴト名詞／101
                4.2.3　目的語名詞以外の省略／103
                4.2.4　身体部位名詞の省略／105
            4.3　特定の対象物を指さない目的語の省略／107
                4.3.1　習慣と総称目的語／107
                4.3.2　談話情報と省略／110
                4.3.3　原型的な目的語と慣習化された行為／111
            4.4　主語の属性と目的語省略／114
        5　まとめ／117
        6　さらに理解を深めるために／117

    第5章　直接目的語と前置詞付き目的語………119
        1　なぜ？／119
        2　直接目的語と前置詞付き目的語とは／120
        3　前置詞の脱落による交替に関わる代表的な動詞／121
        4　問題点と分析／123
            4.1　動能構文――他動詞の目的語に前置詞を付け加える／123
                4.1.1　動能構文の範囲／123

　　　　4.1.2　動詞の意味範囲／125
　　　　4.1.3　動能構文の継続的アスペクト／127
　　　　4.1.4　意図した目的の未完遂／130
　　　　4.1.5　動能構文の本質／131
　　4.2　移動経路構文——自動詞の補部から前置詞を
　　　　省略する／136
　　　　4.2.1　移動動詞の指向性／136
　　　　4.2.2　着点指向の移動動詞と前置詞の脱落／137
　　　　4.2.3　起点指向の移動動詞と前置詞・後置詞の脱落／138
　　　　4.2.4　中間経路を表す前置詞の脱落／141
　5　まとめ／145
　6　さらに理解を深めるために／146

第6章　中間経路と移動の範囲………148
　1　なぜ？／148
　2　中間経路と移動の範囲とは／149
　3　代表的な中間経路の表現／152
　4　問題点と分析／153
　　4.1　距離表現と「まで」と「に」／153
　　4.2　英語の one's way 構文／158
　　　　4.2.1　one's way 構文の仕組み／158
　　　　4.2.2　中間経路としての way と方向句／161
　　　　4.2.3　移動手段型／164
　　　　4.2.4　随伴動作型／168
　　　　4.2.5　移動様態型／169
　　4.3　「東京までずっと寝ていた」構文／171
　5　まとめ／174
　6　さらに理解を深めるために／175

第III部　名詞と動詞の連携

　第7章　名詞が動詞に変わるとき………178
　　1　なぜ？／178

- 2 名詞が動詞に変わるとは／179
  - 2.1 英語の名詞転成動詞／179
  - 2.2 日本語の「名詞＋る」／181
- 3 代表的な名詞転成動詞／183
- 4 問題点と分析／185
  - 4.1 言語の意味と実世界の意味／185
  - 4.2 名詞転成動詞の語用論的意味／189
  - 4.3 名詞転成動詞とクオリア構造／193
    - 4.3.1 クオリア構造と実世界の知識／193
    - 4.3.2 名詞のクオリア構造と転成動詞／195
  - 4.4 名詞転成動詞の意味と行為連鎖／200
    - 4.4.1 道具を表す名詞転成動詞／201
    - 4.4.2 容器を表す名詞転成動詞／203
    - 4.4.3 形状を表す名詞転成動詞／203
    - 4.4.4 材料を表す名詞転成動詞／203
    - 4.4.5 人間を表す名詞転成動詞／205
    - 4.4.6 動物の子供を表す名詞転成動詞／205
    - 4.4.7 除去を表す名詞転成動詞／206
- 5 まとめ／206
- 6 さらに理解を深めるために／207

第8章 名詞化と項の受け継ぎ………209

- 1 なぜ？／209
- 2 名詞化と項の受け継ぎとは／210
- 3 名詞化と項の受け継ぎの代表例／212
- 4 問題点と分析／213
  - 4.1 英語の名詞化／213
    - 4.1.1 英語の2種類のデキゴト名詞／213
    - 4.1.2 英語の動名詞／218
  - 4.2 日本語の名詞化／221
    - 4.2.1 日本語の2種類のデキゴト名詞／221
    - 4.2.2 接尾辞「-方」による名詞化／223

           4.3　名詞の項とクオリア構造／225
               4.3.1　自律名詞と相対名詞／225
               4.3.2　いわゆる「非飽和名詞」／227
               4.3.3　名詞からの項の受け継ぎ／229
           4.4　項の受け継ぎとクオリア構造／231
           4.5　動作主を表す名詞とその項／234
       5　まとめ／238
       6　さらに理解を深めるために／238

第9章　存在と所有の表現………240
    1　なぜ？／240
    2　存在と所有の表現とは／241
    3　代表的な表現／243
    4　問題点と分析／244
       4.1　所有の表現／244
           4.1.1　所有を表す名詞句／244
           4.1.2　所有を表す動詞構文／249
       4.2　存在の表現／250
           4.2.1　存在文の種類／250
           4.2.2　英語 there 構文と定性の制限／254
       4.3　存在・所有の意味と構造／258
           4.3.1　存在と所有の対応関係／258
           4.3.2　日本語の存在文と所有文／261
           4.3.3　日本語所有文と定性の制限／264
    5　まとめ／268
    6　さらに理解を深めるために／268

第10章　構文交替と項の具現化………270
    1　なぜ？／270
    2　構文交替と項の具現化とは／271
       2.1　動詞の意味と項の現れ方／271
       2.2　行為連鎖／272
       2.3　項の具現化／275

3　主な構文交替のパターン／277
    4　問題点と分析／277
        4.1　行為連鎖と道具格主語／278
            4.1.1　自然力と道具格／278
            4.1.2　動作主の代用としての場所格主語／281
        4.2　行為連鎖の〈働きかけ行為〉が関与する構文交替／284
            4.2.1　身体部位所有者上昇構文／284
            4.2.2　接触場所交替／287
            4.2.3　場所格交替に類する交替／290
        4.3　行為連鎖の〈変化・結果〉が関与する自他交替／292
        4.4　属性を表す無生物主語構文／297
        4.5　その他の構文交替／303
    5　まとめ／303
    6　さらに理解を深めるために／304

参照文献………306

索　　引………318

日英対照
名詞の意味と構文

序　名詞の語形成と意味構造

　本書が目指しているのは，ひとつひとつの名詞の意味や用法を羅列・分類することではなく，意味の類似した名詞を意味グループとして捉え，新しい名詞の形成というダイナミックな観点から意味構造と構文的用法の関係を明らかにすることである。そのため，本論に入るまえに，新しい単語を作るための「語形成」の仕組み，および本書で用いる「クオリア構造」という意味論の考え方について簡潔に説明しておく。この2つの概念になじみのない読者は，是非，この序章で本書のアプローチの仕方を把握してから，個別の章に入っていただきたい。

1　名詞の語形成

　名詞というと，house「家」，dictionary「辞書」のような単語をまず思い浮かべる。これらは，その内部をこれ以上分解できない単純語（simplex word）であるが，言語はこれらの単純語を組み合わせたり，語尾などで形を変えたりすることによって複雑な単語（合成語 complex word）を作ることもできる。合成語（名詞）の作り方には次のような仕組みがある。

(1)　a. 複合（2つあるいはそれ以上の単語を組み合わせる）
　　　　 dog（犬）+house（小屋）→ doghouse（犬小屋）
　　b. 派生（名詞あるいは名詞以外の品詞に接尾辞を付ける）
　　　　 sing（歌う）+-er（手）→ singer（歌い手）
　　　　 run（走る）+-ing → running（走ること）
　　c. 転成（またはゼロ派生。語尾なしに品詞だけを換える）
　　　　 run（走る）→ a run（a home run），走り（彼は走りが速い）
　　d. 混成（2つの単語からそれぞれ一部分ずつを取って結びつける）

breakfast＋lunch → brunch，デジタル＋カメラ → デジカメ
e. 短縮（長い単語の一部分だけを残し，あとは省略する）
professional → pro，カーナビゲーター → カーナビ
f. 頭文字語（長い複合語の頭文字を並べる）
unidentified flying object → UFO，大阪大学 → 阪大（はんだい）

　本書では，単純語のほかに，複合（compounding），派生（derivation），転成（conversion）で作られた名詞も考察の対象に含める。なぜなら，こういった語形成（word formation）の過程が意味や文法的用法に大きく影響し，おもしろい現象を引き起こすからである。なお，この方面の初歩的解説は影山（1997a, 1999b）などを参照。

2 名詞の意味構造

　『動詞の意味と構文』（以後，『動詞編』と略す）と『形容詞・副詞の意味と構文』（『形容詞編』と略す）で詳しく説明したように，動詞の意味構造の分析においては，行為連鎖，語彙概念構造，語彙意味構造などの考え方がかなり定着しているが，名詞については多くの研究者が共有するような分析方法はまだ開発されていない。しかしその中で，「クオリア構造」と呼ばれる考え方が比較的明解で応用範囲が広いと思われるので，本書ではその考え方を具体例の分析に利用する（この理論の入門的解説は影山1999a，小野2005を参考）。

　クオリア構造（または特質構造；Qualia Structure）というのは，もうかなり古くなったがPustejovsky（1995）が提唱した理論で，既存の単語の意味を辞書で記述するだけでなく，既存の単語を元にして新しい意味や新しい用法が作られること——語彙の創造性——を体系的に説明しようとするものである。たとえば，英語のdoorは「扉」という物体を指す意味と「玄関，戸口」という場所（空間）を指す意味との多義性を持つが，この2つの意味はメトニミー（metonymy）という認知的な関係でつながっている。すなわち，doorは元々は「扉」という板状の物体を指すわけであるが，扉は単なる一枚の板ではなく，取っ手や蝶番が付いていて，ドア

ボックスにはめ込むようになっている。そして，扉とドアボックスが一体になって，玄関あるいは戸口，入り口という空間を形成している。玄関・戸口を全体とすると，扉はそれを構成する重要な一部分である。このような全体と部分の関係がある場合に，部分を指す単語（この場合は door）を用いて全体（この場合は戸口，entrance または doorway）を指すことをメトニミーという。メトニミーは，逆に全体を指す名詞を用いて，その一部分を指す場合もある。たとえば，「自転車がパンクした」というのは，正確には，自転車を構成する部品である「タイヤ」がパンクしたという意味を表している。クオリア構造は，このような意味関係も含めて説明できる語彙理論である。

では，クオリア構造とはどのようなものだろうか。この理論の基本的な発想は古代ギリシアの哲学者アリストテレスにさかのぼるとされるが，Pustejovsky の原著は機械翻訳などの工学者向けに書かれているため，形式論理学の記号だらけで極めて難解である。本書では記号は一切使わず，日常語で分かりやすく説明する。

◆**外的分類**

クオリア構造では，名詞が持つ多種多様な性質が 4 つの役割にふるい分けられる。たとえば「メガネ」という名詞は，まず，生き物ではなく無生物である。しかも「岩」や「風」のような自然物ではなく，人工物である。このように「メガネ」というものを，この世に存在する他のものから区別するための役割を《**外的分類**》と呼ぶことにする（Pustejovsky の原著では形式役割（Formal Role）と名付けられている）。同じように「人工物」のカテゴリーに入る名詞は「自動車」，「家」，「学校」，「ボールペン」，「パソコン」など数え切れないほどある。人工物の反対語は「自然物」であるが，自然物には生物，無生物の両方がある。生物名詞はたとえば「人間，ネコ，カブトムシ，九官鳥，象」などである。

《**外的分類**》には，自然物か人工物か，生物か無生物かのほか，固体か液体か気体かといった区別も含まれる。water「水」と ice「氷」の違いは，《**外的分類**》においてそれぞれ「液体」と「固体」として記述される。

日本語を始め東アジアの言語には（名詞）類別詞（noun classifier）と呼ばれるものがある（☞第 1 章）。これは，「3 人，3 匹，3 羽，3 台」といった表現で，この世に存在する諸々の事物が日本語の言語文化において

どのように認識され分類されているかを表現する働きをする。たとえば「～人（にん）」は人間（しかも生きている人間），「～匹」は人間以外の動物，「～羽」は鳥というように。このような外的な特徴を表示するのが《外的分類》である。たとえば，「鳩，雀，雲雀，鶏」などはすべて，《外的分類》で「鳥」と記述される。《外的分類》は生物の分類だけではない。細長いか平たいかといった「形状」を含め，外観で区別できる特徴も《外的分類》に属する。

◆内的構成

「メガネ」に戻って，「メガネ」とはどのような部品でできているかを考えてみよう。メガネは「フレーム」と「2つのレンズ」が付いている。このように，ある物体がどのような部品や部分あるいは材料，材質で出来ているかを表示するのが《内的構成》である（Pustejovskyの原著では構成役割（Constitutive Role）と呼ばれる）。「メガネ」のレンズは普通，透明であるが，中には色のついたものがあり，「色メガネ」と呼ばれる。「色メガネ」は複合名詞で，「色」が「メガネ」を修飾しているが，修飾語の「色」は「メガネ」という名詞の《内的構成》に含まれる「レンズ」を修飾して，レンズに色が付いていることを述べているわけである。

意味の似た単語（類義語）が《内的構成》の違いで区別されていることもある。たとえば「一輪車」，「二輪車」，「三輪車」は《外的分類》は「人工物」で共通しているが，それを構成する部品（車輪）の数という《内的構成》において違いがある。同様に，pullover（頭からかぶって着るセーター）と cardigan（カーディガン）はどちらも毛糸で編まれた衣類であるが，その部品がどのように取り付けられているか（つまり，前あきかどうか）という《内的構成》で区別される。

◆目的・機能

人工物は，人間が作ったものであるから，何らかの目的や機能を担っている。「メガネ」の基本的な目的は「視力を調整すること」である。「サングラス」はメガネの一種であるが，「視力の調整」ではなく「強い日差しや紫外線から目を守るため」という目的において特徴がある。このように物体が本来意図された目的，働き，機能を《目的・機能》と呼んでおこう（Pustejovskyの原著では目的役割（Telic Role）と呼ばれる）。このように考えると，「メガネ」と「サングラス」の基本的な違いは《目的・機能》

という任務に求めることができる。もちろん，《内的構成》の「レンズの色」もあるが，色が付いているか付いていないかは《目的・機能》から予測できる。人間を表す名詞でも《目的・機能》が重要な場合がある。たとえば「教師」と「医者」はどちらも人間を指すから《外的分類》と《内的構成》は同じであると考えられる。違いは《目的・機能》であり，「教師」は「学校で生徒・学生に授業をする」という《目的・機能》を，「医者」は「患者の病気や怪我を治療する」という《目的・機能》を持っている。別の例として，「菜切り包丁」と「肉切り包丁」を比べると，明らかに，野菜を切るのか肉を切るのかという《目的・機能》に違いがある。このように，クオリア構造を用いると，類義語のどこが似ていてどこが違うのかを正確に特定することができる。

◆**成り立ち**

最後に，「メガネ」という物体はどのようにしてこの世に現れるのだろうか。もちろん，「人間が作った」から現物が存在するわけである。このように，その物体がどのようにして（どのような過程で／どのような原因で）この世に存在するのかを《**成り立ち**》と呼んでおく（Pustejovskyの原著では主体役割（Agentive Role）という名称）。人工物はすべて「人間が作る」ということが《成り立ち》になっているが，名詞によっては作り方を細かく説明しなければならない場合もある。先に例示した「教師」と「医者」は誰でもなれるわけではない。それにふさわしい教育を受け，資格試験に合格することが必要になる。したがって，「教師」と「医者」の《成り立ち》は「それぞれに必要な資格試験に合格する」ということである。試験に合格して始めて，教師，医者になるわけである。このように《成り立ち》というのは，Xという名詞がXと呼ばれるためにはどのような過程を経るのかを示すものである。自然物の場合，たとえば「雨」は《外的分類》は「液体」であり，《成り立ち》は「空から降る」ということになる。

(影山太郎)

QUIZ

次の各組で，aの単語の意味とbの単語の意味が決定的に異なるのはどのような点だろうか。クオリア構造の4つの要素のいずれかで答えなさい。

[例]　a. 一輪車　　b. 自転車

　　答え：一輪車は車輪が1つ，自転車は車輪が2つという《内的構成》の違い。

(1)　a. オートバイ　　　b. 自転車
(2)　a. 雨傘　　　　　　b. 日傘
(3)　a. あられ　　　　　b. ひょう
(4)　a. ワイシャツ　　　b. ブラウス
(5)　a. あせも　　　　　b. にきび

※答えは323ページ

第Ⅰ部
名詞の特性

　第Ⅰ部では，名詞そのものの意味的性質を中心に解説する。第1章「名詞の数え方と類別」では日本語の助数詞が，名詞の数量を数える／計るだけでなく，名詞の意味的カテゴリーを類別するという重要な機能を持つことを述べ，英語の数量表現と比較する。第2章「モノ名詞とデキゴト名詞」では，名詞の基本的な区別として具体的・抽象的なモノを表す名詞と，出来事や状態を含意する名詞の違いを説明し，その違いが「時間的な変化」の有無であることを明らかにする。第3章「ヒト名詞と道具名詞」では，英語の -er 接尾辞が人間だけでなく機械類やその他のものを表すことを説明したのち，日本語でヒトを表す接尾辞「-者，-物，-人」などと比較する。第Ⅰ部全体を通して，クオリア構造の考え方がかなり有効であることを示す。

第1章　名詞の数え方と類別

◆基本構文
(A) 1. I drank two cups of coffee. 私はコーヒーを2杯飲んだ。
　　 2. I'd like two coffees, please. コーヒー2つ，ください。
(B) 1. The salad contains an apple.
　　 2. The salad contains apple.
(C) 1. 犬3匹，犬3体
　　 2. ロープ3本，ヘビ {3匹/*3本}
(D) 1. [お弁当を買ったときに店員が] お箸は3（　　）でよろしいでしょうか？
　　 2. 道ばたに箸が3（　　）落ちていた。

【キーワード】助数詞，類別詞，計量詞，可算・不可算

1　なぜ？

　英語を習い始めたときの悩みの1つは，可算名詞（複数形になる）と不可算名詞（複数形にならない）の区別である。(A1)のコーヒーのような液体は普通，数えられない名詞で，数えるためにはa cup ofのような表現を付けなければならないと教えられるが，しかし実際にコーヒーショップで注文するときは，(A2)のようにcoffeeを複数形にして，two coffeesと言える。可算と不可算の本質はどこにあるのだろうか。
　(B)の2文はどちらも「サラダにリンゴが入っている」という意味だが，(B1)ではappleに不定冠詞が付き，(B2)ではappleが無冠詞である。意味はどう違うのだろうか。
　日本語には「助数詞」という品詞がある。「学生が3人／本が3冊／猫が3匹」の下線部のように，数を数えるときに数詞の後に付ける表現で，

英語にそれにあたるものがないから，一見，日本語はむだなことをしているように見える。しかし，助数詞は物を数えるだけでなく，数える対象がどのようなものかを教えてくれるという重要な機能を持つ。(C1)の「犬3匹」と「犬3体」で，意味はどう違うだろうか。

「～本」という助数詞は通常，鉛筆，柱，樹木，ロープ，糸のように細長いものを数えるときに使う。細長いという点ではヘビやミミズも当てはまるのに，なぜ，(C2)「ヘビ3本」はおかしいのだろうか。

(D)では，同じ「箸」という名詞でも状況によって用いる助数詞が異なることを示している。丸括弧の中に助数詞を入れるとすると，(D1)と(D2)ではどのような助数詞が入るだろうか。

2 名詞の数え方とは

2.1 助数詞

日本語で物を数えるときは，「3本，3匹，3枚」のように**数詞**（numeral）と**助数詞**（numeral auxiliary）の組み合わせを用いる。言語学では数詞も助数詞も研究の対象となるが，本章では数詞――数そのものの表現の仕方で，たとえば10,000はイチマンなのに100はなぜヒャクであってイッピャクやイチヒャクでないのかといった問題――には触れない（窪薗（2011）やHurford（2010）などを参考）。本章で取り上げるのは，助数詞である。助数詞は，「～冊」，「～匹」，「～軒」，「～台」，「～輪」，「～客」，「～膳」など日本語には豊富にある（便宜上，助数詞の前には「～」を付けておく。「～冊」は「なんさつ」，「～匹」は「なんびき」と読めば，助数詞と分かりやすい）。これらは，日本語を勉強する外国人にとって難しいだけでなく，タンスは「～竿」，洋服は「～着」，着物は「～枚」などと，私たち日本人にとっても厄介である。

まず，助数詞の見分け方を説明しておこう。助数詞は形態的には接尾辞で，それだけでは独立できない。たとえば「3匹」の「匹」はそれだけで用いることはできず，また，「3本の鉛筆」の「本」は単独で用いるとbookの意味になってしまう。一見，反例のように見えるのは「私のような<u>一会社員</u>が裁判員になるなんて」の「一会社員」のような表現で，ここ

では数詞「一」が「会社員」という独立した名詞に付いている。しかし，会社員の人数を数えるとき「1会社員，2会社員，3会社員…」のように言えないから，「会社員」は数を数えるための助数詞にはなっていないことが分かる。意味から考えても，「一会社員」というのは「ひとりの会社員」という意味ではなく「単なる，一介の会社員」という意味であるから，この「一」は単純な数詞ではないことが分かる。助数詞かどうかを見分けるもう1つの方法は，「何（なん）」という疑問詞を付けてみることである。助数詞に「何（なん）」がつくと，「何匹，何冊，何台，何社」のように対象物の数を尋ねる働きをする。「何（なん）」が数を質問する意味になるなら，それは助数詞である。普通の名詞には「何（なん）」は付かず，先ほどの「会社員」の場合も「何（なん）会社員」のようには言えない。助数詞と普通の名詞の違いは，人数を尋ねる「何人（なんにん）」と国籍を尋ねる「何人（なにじん）」，大学の数を尋ねる「何（なん）大学」と大学名を尋ねる「何（なに）大学」などの対比からも明らかだろう。

2.2 類別詞としての機能

助数詞は人間なら「3人」，動物なら「3匹」，鉛筆やロープは「3本」というように，数える対象に応じて変化する。逆に言うと，「〇〇が3人」と言えば，〇〇の部分がはっきり聞き取れなくても，人間を指すと理解でき，「〇〇が3本」と言えば，人間や動物ではなく何か細長い物体だと理解できる。このように，助数詞というのは，対象がどのような性質を持つのか——その対象がどのような意味のグループ（範疇）に属するのか——を明確にする機能を果たしている。たとえば「～人」で数えられる「学生，兄弟，医者，歌手，乗客」などはすべて「人間」という範疇に属しているし，「～軒」で数えられる「家，飲み屋，旅館，レストラン」などはすべて「居住ないし商売のための家屋」という意味グループに所属する。逆に言うと，「～人」や「～軒」はそれが付く名詞の意味範疇を類別し特定するということである。そのため，助数詞は言語学では**類別詞**（classifier）と呼ばれる。

類別詞が類別する意味範疇というのは，必ずしも物理学や生物学から見て正しいとは限らない。類別詞はあくまで言語の表現であるから，その使い方は言語文化における主観的な判断によるところが大きい。有名な話

は，ふつうなら「鳥」に適用するはずの「〜羽」が「ウサギ3羽」のようにウサギを数えるときにも用いられるという例である。その理由には諸説があるが，明治時代より前は四つ足動物の肉を食べることが仏教で禁じられていたために，羽根のように見えるウサギの耳にこじつけて，ウサギを鳥扱いで「〜羽」と数え，その肉を食べたことが原因だとされる。

このように，類別詞の研究は，私たちが身の回りのものを主観的・文化的にどのように認識しているかを教えてくれるのである。

2.3 計量詞としての機能

日本語の助数詞には，類別詞としての機能のほか，**計量詞**としての機能もある。類別詞がもともと単一の形や姿を持つ物体を数えるのに対して，計量詞というのは，もともとは不定量の物質を何らかの基準を用いて計りとる役割をする。たとえば，水はそれ自体では明確な形を持たないから，「*水3個」とは数えられない。しかし，グラス，スプーン，瓶などの計り（容器）を用いることで，「グラス2杯」や「ボトル3瓶」のように数えられるようになる。この場合，「〜杯」，「〜瓶」が使える対象は「水」には限らないし，液体とも限らない。このように，不定量の物質を計量する働きをもつものを計量詞と呼んでおく。

2.4 英語の可算名詞と不可算名詞

英文法では可算名詞（複数形を持ち，one, two, three... などの数詞やmany で直接修飾できる名詞）と不可算名詞（複数形にならず，数詞で直接修飾できないが much を付けることのできる名詞）の区別がよく知られている。しかし，可算・不可算の区別はひとつひとつの名詞において厳密に固定されているわけではなく，同じ1つの名詞でも用法によって可算にも不可算にもなる。たとえば，単に coffee と聞いただけでは，液体なのかコーヒー豆なのか，容器に入っているのか入っていないのかといった外形（輪郭）がつかめない。外形が分からないものは数えようがないから，量（a lot of coffee, much coffee）として扱うしかない。その結果，She drank a lot of coffee. という場合の coffee は不可算名詞になる。ところが，同じ coffee でも She ordered {a coffee/two coffees}. という場合は可算名詞として扱われている。なぜなら，order（注文する）という文脈

では通常，カップに入ったコーヒーをイメージし，そのカップが容器としての物理的な「輪郭」を持っているからである。coffees という複数形は，カップに入ったコーヒーだけでなく，Can you reach those coffees on the top shelf？（Lehrer 1986: 110）のように缶や箱に入ったコーヒー（豆）も指すことができる。

　物体としての輪郭が明確に認識されると，1つ，2つ…と数えられるようなまとまりを獲得し，**個別化**（individuate）される。その結果，もともとは不可算名詞であるはずの coffee が可算名詞として振舞うことになる。これはコーヒーだけではない。紅茶，オレンジジュース，水でも，Two {teas/orange juices/mineral waters}, please. のように複数形にして注文することができる。

　コーヒーの例は，元々は輪郭のない名詞が容器に入れられることで輪郭を持つ場合だが，逆のケースもある。たとえば(1)の例に現れる2つの cat（猫）という単語を見てみよう。

　　(1)　After I ran over the cat with our car, there was cat all over the driveway.（Langacker 1991: 73）
　　　　（私は車であの猫を轢いてしまい，道路のあちこちにその猫の死体（の部分）がちらばっていた）

最初の the cat は，生きている1匹の猫を指す可算名詞としての用法である。他方，2番目の cat は無冠詞で，複数形にもなっていないから，物質名詞（不可算）である。その結果，2番目の cat はもはや1匹の猫を指すのではなく，かわいそうにも猫としての姿を留めない「物質」となった猫を表しているのである。次の例も同様で，冠詞があるかないかによって，リンゴ1個がまるごと入っているのか(2a)，それとも刻んだりすりつぶしたりして不定の形になったリンゴが入っているのか(2b)という違いがある。

　　(2)　a.　The salad contains an apple.
　　　　b.　The salad contains apple.（Moltmann 1997: 20）

　日本語でも「彼は馬を食べた」と言うと，普通は馬肉（物質）を食べたと理解され，さほど驚くにあたらないが，「彼は1頭の馬を食べた」と言うと，生きている馬を1頭そのまま食べたという異常な解釈になってしまう。このように，可算・不可算の区別は文法の問題ではなく，むしろ意味

の違い——つまり対象物の捉え方（認識）の違い——に根ざしている。

3 代表的な助数詞

　本書では助数詞を類別詞と計量詞に分けて説明する。類別詞というのは，特定の意味カテゴリーに所属する名詞だけを限定して使われるもの，計量詞というのは，対象物の意味カテゴリーに関係なく数量を表すものである。

◆類別詞
【単体類別詞】
　〔人間〕人，名，方（お二方），騎（馬に乗った人）
　〔動物〕匹，頭，羽，尾（魚類），杯（タコ，イカ）
　〔神仏ほか〕体（遺体，仏像，人形，ロボット），柱（神）
　〔形状〕本，筋，条，枚，面（テニスコート），葉（カード），粒，玉，球，個，滴
　〔機能ほか〕台，脚（椅子），丁（豆腐），挺／丁（包丁，鋤，鍬，銃，三味線），語，通，篇，曲，冊，部，巻，着，両（戦車），隻，艘，機，基（発電所），軒，棟，戸，校，社，行（銀行），店，カ国，県，市，層，階，株（植物，株式），輪，ページ，張り（テント），振り（刀），品，点，日，週，ゲーム（試合），回，度，件，便，折（折詰め），口（寄付），犯（前科）

【グループ類別詞】
　日本語：チーム，班，つがい，足，双（手袋），膳（箸），串（焼き鳥）
　英語：a crowd of（人間の集団），a pack of（オオカミの群れ），a cast of（鷹狩りで一緒に飛ばされたつがいのタカ），a brace of（動物のつがい），a gaggle of（ガチョウ等の群れ），a pride of（ライオン等の群れ），a herd of（牛やゾウの群れ），a flock of（山羊や羊の群れ）

◆計量詞
　〔容器ほか〕
　　日本語：対，束，把（稲），房（ぶどう），山，セット，組（スーツ），

列，連（数珠），盛り，揃い／揃え，装い（装束），さじ，杯，カップ，パック，椀（汁物），鉢，缶，瓶，袋，籠，箱，俵（米），梱，ケース，切れ，抱え，包み，掬い，掻き，摘み，つかみ，握り，巻き，ロール，カット，折り，振り（塩）

英語：a piece of, an article of (clothing), an item of, a ball of, a cube of, a bar of, a cake of, a head of, a stalk of, a sheet of／a pair of, a couple of, a bunch of, a lump of, a heap of, a mass of, a pile of, a row of, a stack of, a group of／a bag(ful) of, a basket(ful) of, a bottle(ful) of, a bowl(ful) of, a box(ful) of, a bucket(ful) of, a can(ful) of, a cup(ful) of, a glass(ful) of, a spoon(ful) of, a teaspoon(ful) of, a handful of／a bundle of, a pinch of, a slice of, a dash of, a roll of

〔計測単位〕

日本語：キロ，グラム，トン，メートル，センチメートル，オンス，リットル，里，貫，匁，尺，寸，升，合

英語：ounce, pound, gallon, litter, quart, pint, gram, kilogram, foot, yard, mile, centimeter, meter

他の例は，日本語については北条（1973），Downing（1996），飯田（2004），西光・水口編（2004），英語については Allan（1977），Lehrer（1986），瀬戸（2006）などを参照。

4 問題点と分析

4.1 類別詞と計量詞

まず，類別詞と計量詞の違いを説明しておこう（この分類は本書独自のもので，別の分類は水口（2004a, b），Allan（1977），Lehrer（1986）などを参照）。

4.1.1 類別詞

「～人，～匹，～台，～冊」といった類別詞は，日本語や中国語など東アジアの言語には多く観察されるが，英語など欧米言語にはないと言われている（Aikhenvald 2000）。実際，次の例で日本語の類別詞を直訳的に

表現した英語は非文法的である。
- (3) a. 3人の学生, three students/*three persons students
    b. 3匹の犬, three dogs/*three animals dogs
    c. 3台のバス, three buses/*three machines buses

「学生，犬，バス，家」などはその姿（輪郭）が明確で，それ単体で機能する。私たちは，どういうものなら「家」と呼べるか（たとえばまだ建築途中なら「家」とは呼べない），どういう資格があれば「学生」と呼べるか（たとえば大学等に所属していなければ「学生」と呼べない）ということを知っている。言い換えると，「家」や「学生」という名詞を聞いただけで，それらの名詞が指す対象物の最小単位が認識でき，そのような物体は1，2，3…と数えることが容易にできる。このように単体で機能し，それだけで1つ2つと数えられる名詞を指して分類するのが類別詞の基本的な働きである。「学生，医者，女優，子供」なら「〜人」，「犬，猫，カエル，ゴキブリ」なら「〜匹」と表現するのは，「〜人」という類別詞が「人間」を表すという条件を持っており，「〜匹」という類別詞は「動物」を表すという条件を持っているからである。つまり，「〜人」は人間，「〜匹」は動物という意味カテゴリーを指定しているということである。

　ここで問題は，たとえば「学生，医者，子供」などの名詞が「〜人」という類別詞を選ぶのか，それとも逆に，「〜人」という類別詞のほうが対象物（学生，医者，子供など）を選ぶのかということである。これは，卵が先かニワトリが先かという循環論のように思えるが，一般には，名詞が類別詞を選ぶと考えられやすい。たとえば「学生」という名詞は人間を表すから「〜匹」ではなく「〜人」が選ばれ，「バス」は機械類だから「〜台」が選ばれるという具合に。ところが，実際は，類別詞が名詞を限定している——たとえば「〜人」という類別詞は人間を表す名詞を選び，「〜台」という類別詞は機械類を表す名詞を選ぶ——と考えるのが正しいだろう。その証拠に，たとえば「私が見たのは」と言っただけでは何を見たのか不明であるが，「私が見たのは3人です」と言えば人間を見たと解釈され，「私が見たのは3匹です」と言えば何らかの動物を見たと理解できる。類別詞が手がかりになって，対象物の姿が分かってくるのである。

　このことを裏付けるために，次の表現を考えてみよう。
- (4) a. うどんを｛1杯／1玉／1本｝食べた。

　　　　b. この中に警察の犬が｛3匹／3人｝紛れ込んでいる。

(4a)で「うどん」と言っただけではどのような形態なのか不明であるが，「1杯／1玉／1本」と続けることによって，食べたときのうどんの形状がイメージできる。(4b)で「警察の犬」と言っただけでは，文字通り警察犬を意味するのか，それとも「警察のまわし者」という意味なのか不明である。しかし，その後に「3匹」と付け加えれば動物の犬であることが分かり，「3人」と付け加えれば「警察の犬」が実は人間を指すことが明確になる。

　このように，類別詞はそれが指す対象物に意味的な条件を付けることで，対象物の具体的な姿を明確化するという働きを持っている。別の言い方をすると，類別詞はそれが修飾する名詞の意味カテゴリーを特定するということである。日本語には，このような「単体」を数えるための類別詞が豊富に存在する。

　では，英語はどうだろうか。英語には単体を指す類別詞が存在しないことは明らかだが，生き物の集団を表す表現ならある。その代表は crowd で，たとえば Corpus of Contemporary American English (COCA) で検索すると，a　crowd　of の後に来る名詞は people, children, fans, reporters, onlookers, spectators, strangers, students, soldiers, demonstrators, motorists, protesters 等々の人間名詞が出てくる。a crowd of が人間名詞を選択することは，a crowd of 2,000 のように具体的な名詞が省略された場合でも2,000という数字が人間を指すと理解できることから裏付けられる。英語で目立つのは，次のような動物（狩猟等の対象）の群れを表す言い方であるが，これらの多くは15世紀にイギリスで作られ，現在の英語では文語調になったり，用いられなくなったりしているものがある (Lehrer 1986)。ちなみに，魚の群れを指す school は「学校」とは無関係で，語源的には shoal（魚の群れ）と同語源である。

　　(5)　a herd of cattle/deer/elephants/goats　　a school of fish
　　　　a pack of dogs/wolves/coyotes　　　　　a pride of lions
　　　　　a flock of sheep/geese　　　　　　　　a gaggle of geese

　おもしろいことに，これらの表現が比喩的に人間の集団を指す場合は，それぞれが元来用いられる動物の特徴がほのめかされる。たとえば，a herd は牛・馬・ゾウなど大型動物の群れを指すので，a herd of people と

いうと大きく重量がある人たちというイメージになり，a flock はヤギやヒツジの群れを指すので，a flock of people というと独自性を持たず他人に追従する人たちというイメージになる（Lehrer 1986: 114）。

以上から，単体を数えるための類別詞を「単体類別詞」，集団（グループ）を数えるための類別詞を「グループ類別詞」と呼んで区別しておこう。日本語には単体類別詞とグループ類別詞の両方があるが，英語には単体類別詞は存在せず，グループ類別詞が少数見られるだけである。

4.1.2 計量詞

単体とグループの中間として，次のように2つを1組（ペア）として捉える表現がある。

(6) a. 3足の靴下，three pairs of socks
b. 1膳の箸，a pair of chopsticks
c. 1双の屏風，a pair of *byobu* or folding panels
d. ひとつがいの白鳥，a pair of swans

一見したところ，(6)の各組では日本語と英語がうまく対応しているように思えるが，よく考えると違いがある。日本語の「～足，～膳，～双，～つがい」は対象物の性質によって使い分けられ，「～足」は両足に履くもの，「～膳」は箸（「～膳」は茶碗に盛ったご飯を指す用法もある），「～双」は屏風や手袋など，「～つがい」は雄雌一組の動物に限定される。意味的なカテゴリーを指定するため，これらの日本語表現は類別詞――つまりグループ類別詞――と見なして差し支えない。

これに対して，(6)の英語で用いられた pair という名詞は，2つの物体の組み合わせである限り，幅広く様々な意味カテゴリーの名詞に使うことが可能で，「名詞の意味カテゴリーを限定する」という類別詞本来の働きを持っていない（日本語の「～対」も同様である）。したがって，(6)の日本語と英語の表現は，たまたま翻訳上で対応するだけで，言語学的な性質は異なると考えなければならない。英語の a pair of は類別詞ではなく，a lot of, a couple of, few, many, much などと同じように数量を表す機能を持つものと捉えるのがよい。このような表現を **計量詞**（measure specifier）と呼んでおこう。計量詞は対象物の数量を量り取る働きをするが，その対象物の意味カテゴリーによって制限されない。

日本語の「～束，～山，～盛り」などは従来の研究では類別詞として扱

われることが多いが，束にされたもの（ニラ3束，新聞3束），山にされたもの，盛られたもの（リンゴ2{山／盛り}，土2{山／盛り}）なら何でも使えるから，計量詞とするほうが妥当だろう。つまり，「束，山，盛り」という名詞が表す形状によって分量を計っているわけである。

計量詞は対象物の数量を表すだけであり，その数量の表し方はa pair ofのように2つ（1組）に限定するものもあるし，a lot of, a bunch of, a fewのように大まかな数量を指すものもある。重さ，長さ，量などの数値を物理的に厳密に示すのは「グラム，センチ，リットル」などの計量単位で，これらも計量詞に含まれる。このような計量詞は，どの言語にも存在すると考えてよいだろう。

グラムやセンチは物理的な重さ・長さを測る単位であるが，日常生活ではもっと大雑把な量り方をすることが多い。次の例を見てみよう。

 (7) a. トラック3台の{砂／ドラム缶／粗大ゴミ}
     {砂／ドラム缶／粗大ゴミ}トラック3台（分）
   b. 段ボール3箱の{本／CD／缶ビール}
     {本／CD／缶ビール}段ボール3箱（分）

確かに，「トラック3台」の「～台」は「トラック」に対する類別詞，「段ボール3箱」の「～箱」は「段ボール」に対する類別詞として働いている。では，「トラック3台」全体，「段ボール3箱」全体は何だろうか。これらは，もはや類別詞ではなく，トラック・段ボールを計測器具として捉えた計量詞となっている。すなわち，(7a)では「砂／ドラム缶／粗大ゴミ」の分量をキログラムやトンという正確な計測単位ではなく，トラックの荷台を容器に見たてた大まかな単位で計っている。この表現から理解できるのは，単に，分量がトラック3台分であるということだけであり，その荷物が液体なのか固体なのか生き物なのかといった意味カテゴリーに関する情報はまったく読み取れない。(7b)も同じことで，「段ボール3箱」はその中身の意味カテゴリーを限定していない。したがって，「トラック3台」，「段ボール3箱」全体は類別詞ではなく，計量詞と見なせる。

次のような「容器」を用いた表現も同様に計量詞と分析できる。なぜなら，これらは対象物の意味カテゴリーを限定しないからである。

 (8) a. バケツ1杯の{水／砂／おもちゃ／魚}
     a bucketful of {water/sand/toys/fish}

b. 小さじ 1 杯の {オリーブオイル／砂糖／洗剤}
      a teaspoon of {olive oil/sugar/detergent}
   c. ひと握りの {小石／砂／大根の葉っぱ／お米／支持者}
      a handful of {stones/sand/herbs/water/supporters}

「容器」は日本語なら「バケツ，小さじ，片手」など，英語なら bucket（または bucketful），teaspoon（または teaspoonful），pocket（または pocketful），closet（または closetful），basket（または basketful），room（または roomful），shelf, handful（*a hand of sand は不可），mouthful（*a mouth of meal は不可）などの容器名詞（または容器にみたてた名詞）で明示される（Lehrer 1986: 120）。

このような計量詞は，「〜の分量」という表現を補うことも可能である。

(9)　バケツ 1 杯の分量（の水／砂），小さじ 2 杯の分量（の砂糖／洗剤），ひと握りの分量，段ボール 3 箱分の量，トラック 3 台の量

純然たる類別詞の場合は「*学生 3 人の数（量），*犬 3 匹の数（量），*家 3 軒の数（量）」のように言えないから，ここでも類別詞と計量詞の違いが浮かび上がってくる。

次の(10)では，物理的な容器はなく，「切れ，つまみ，振り」といった動作を表す名詞が用いられている。これらの例でも，対象となる名詞自体は不定量のかたまりであるが，「ひと切れ (a slice)，ひとつまみ (a pinch)，ひと振り (a dash)」を加えることによって常識的な分量が量り取られる。

(10) a. ひと切れの {パン／肉／布／ケーキ／?日常／?しあわせ}
        a slice of {bread/meat/cloth/cake/daily life/happiness}
     b. ひとつまみの {塩／お香／砂}
        a pinch of {salt/incense/sand}
     c. ひと振りの {塩／胡椒／酢}
        a dash of {salt/pepper/vinegar}

「切れ」は「切れる」，「つまみ」は「つまむ」，「振り」は「振る」のように動詞から派生しているが，英語の場合も，a slice of, a pinch of, a dash of, a tear of (bread), a chop of (carrot), a break of (celery) のように動詞を名詞に転成（convert）したもので表す。これらも，ある一定の分量を表すだけで，とりたてて名詞を類別する機能は持っていない

から，類別詞ではなく計量詞と見なされる。

さて，英語の学習者にとって間違いを起こしやすいのは，次のような不可算名詞である。

(11)　information, news, fiction, furniture, clothing, paper, advice, evidence, wine, baggage, soap

これらは質量名詞（mass noun）とも呼ばれ，不定冠詞（a, an）や複数形語尾が付かない。もちろん，paper が「紙」ではなく「論文」というひとまとまりの物を指すときは可算になる。また，soap, wine, coffee などは「幾つもの種類の」という意味のときは複数形（-s）になる。

(12)　Although 34 medicinal **soaps** have been banned, they are still popular. (BNC)
　　　（34種類の医薬用石けんが禁止されたが，それらはまだよく用いられている）

よく知られているように，ある範疇の包括的な概念を表す質量名詞——clothing（衣類），furniture（家具類），fiction, baggage（手荷物類）など——は対応する可算名詞を持つことが多い。

(13)　<u>不可算</u>　　<u>可算</u>
　　　fiction　　　novels
　　　baggage　　bags, suitcases
　　　furniture　　chair, sofa, table, cabinet, etc.
　　　poetry　　　poems
　　　clothing　　garments
　　　equipment　tools

　　　　　　　　　　　　　　　(Cf. Mufwene 1984: 201)

しかしそのような可算名詞で代用できないときは，質量名詞に a piece of, an article of などを付けることで，数えられるようになる。

(14)　a. two {pieces/items/articles} of {news/information/furniture}
　　　b. a {piece/body/mass} of evidence
　　　c. a {sheet/piece/slip/strip/ball/roll} of paper

これらの質量名詞が指す対象物は，どこからどこまでがそれに当たるのかという輪郭が不明瞭なので，文法的には不可算名詞として扱われる。た

とえば information（情報）というだけでは，どれだけの情報なのか範囲が特定できない。また，furniture（家具類）といっても，家に備えられている（furnished）様々な調度が含まれ，それぞれの区切れは不明瞭である。そのような不定形・不定量の概念を数えるためには，どこからどこまでが1つ目で，どこからどこまでが2つ目かということが分かるように「輪郭」をはっきりさせる必要がある。漠然としていて輪郭が不明瞭なものを切り取って，1つ，2つと数えられるようにすることを「個別化」と言う。個別化するための手段が，piece, item, article や，形状を表す sheet, roll などの名詞である。これらの名詞自体は数えることができる名詞であるから，不定形・不定量の質量名詞の一部を切り取って，数えられる概念に変える働きをしているわけである。

　その意味で，日本語の「1点の家具」と英語の a piece of furniture は一見似ているものの，発想が異なっている。日本語のほうは，「家具」自体が「家」や「自動車」と同じように既に個別化された概念であり，「3台の車」の「3台」が直接「車」という対象物を指すのと同じように，「1点の家具」の「1点」は「家具」そのものの数を述べている。他方，英語の発想では，furniture は家庭やオフィスに備え付けられた日常生活に必要な物をひっくるめた漠然とした概念である。そのため，furniture そのものは1つ，2つと数えられず，したがって，数えるためにはその一部を取り出して個別化し，a piece of furniture とか an article of furniture などと表現するしかない。直訳すると，a piece of furniture なら「いろいろある家具類の中の1点」，a sheet of paper なら「紙という物質をシート状に切り取ったものの1枚」ということになる。これらは，境界の不明瞭な対象を個別化する役割を果たす。前述の a bucket(ful) of がバケツという容器で計量の単位を表すのと同じように，piece, item, slice という名詞が「ひと切れ，一部分」という分量を表す。そのため，これらも計量詞の下位タイプと考えられる。

　助数詞の機能には，類別詞と計量詞のほかに，種類を表す「〜種類」や，順序を表す「〜番」，「〜目」（3冊目，3駅目），「第〜代」などがある。「〜種類」は a kind of という英語があるが，序数を表す表現は英語では疑問詞（*what-th, *which-th）にできない。したがって，「吉祥寺はここから何駅目ですか。」や「オバマはアメリカの何代目の大統領です

か。」といった日本語は英語に訳しにくい。

4.2　日本語類別詞の分類

前節で規定した意味での「類別詞」は日本語を始め東アジアの諸言語にあるとされる。具体的な類別詞の数や対象となる名詞の種類は言語によって当然違いがあるが、全体的に見ると、ほとんどの言語は「生物」か「無生物」かという対立を基本にしている（仏教を重んじるタイ語やビルマ語では、大仏、仏塔など神聖なものに用いられる特別な類別詞があり、神聖な物、生物、無生物という3つの対立になる：水口2004a、エイエイコ2004）。

4.2.1　生き物の類別詞

生き物の中でもとりわけ重要なのは「人間」であり、日本語では「～人」あるいは「～名」という類別詞が人間専用で用いられる（「おひと方、おふた方、おさん方」というときの「～方」も人間専用の類別詞であるが、3人までしか使えない）。「～名」、「～方」は使用場面での制限がある（米澤2004）が、「～人」は人間であるという以外に特別の条件は必要でなく、人間に用いる無標（unmarked）の類別詞であると言える（「無標」というのは「特別な条件を必要としない最も普通のもの」ということ）。なお、人間でも「死体」は「～体」で、これはミイラ、仏像、ぬいぐるみ、ロボットなど人間に類似しているが生命のないものにも適用する。他方、人間以外の生き物には「～匹」が無標の類別詞として用いられる。「～人」、「～匹」が無標の類別詞であることは、(15)の例からも分かる。

(15)　a. そこには大人も子供も、男も女も、人っ子{ひとり／*1名}いなかった。
　　　　b. その島には、小動物、中型動物、鳥などを含め動物は合計{何匹／*何頭／*何羽}ぐらいいますか。

次に、「～頭」、「～羽」を考えてみよう。「～頭」は比較的大型の動物を、「～羽」は鳥類を限定的に類別する。ここで重要なのは、第2節でウサギを「～羽」で数えるという例を出したように、類別詞による分類は生物学的・物理学的に厳密な分類ではなく、言語文化における主観的な捉え方であるということである。ペンギンやキーウィのように空を飛べない鳥

でも「〜羽」（あるいは「〜匹」）で数えるが，人間より背丈が大きいダチョウは「〜羽」だけでなく「〜頭」も可能である。また，魚は「〜尾」で数えることがあるが，魚であれば無条件に使えるのではなく，たいていの場合は釣り上げた魚を指すようであるし，タコを数える「〜杯」も海で活動しているタコは指さないと思われる（動物類別詞については藤原 2004）。

　人間と動物に特定の類別詞があるのと対照的に，植物だけに限定された特別な類別詞はないようである。「桜の木3本」の「〜本」は植物に限らず細長いもの全般に使えるし，植木鉢に植えられた状態を表す「〜鉢」は「お惣菜3鉢」のようにも使え，鉢を容器として捉えた計量詞と見なせる。「〜輪」は花だけでなく車輪にも使えるし，「〜株」は根の付いた草木だけでなく株券や培養細胞にも当てはまる。植物は無生物に使われる「〜つ」や「〜本」で数えることができるものの，人間以外の生物を数える無標の類別詞「〜匹」では数えられない。つまり，日本語では植物は無生物（自ら動かないもの）と捉えられているのである。このことは，存在を表す動詞「いる／ある」の使い分けからも分かる。

　　　(16)　a.　あの公園には野良犬が {いる／*ある}。
　　　　　　b.　あの公園には桜の木が {ある／*いる}。

4.2.2　無生物の類別詞

　次に，無生物を数えるときの類別詞に移ろう。無生物については外見的な形状と機能・目的が重要である。まず，外見的な形状に言及する類別詞のうち「〜本」は鉛筆，ロープ，樹木など一次元的で細長いとみなされるものを，「〜枚」は紙，切手，板チョコ，瓦など二次元的で平たいとみなされるものを，「〜個」は三次元的で比較的小さい物を指す。また，米のような粒状のものを指す「〜粒」や，紙を束ねた本やノートなどを指す「〜冊」のように，より複雑な形状に言及する類別詞もある。

　英語にも，対象物の外見的形状を利用して個別化するものが存在する。たとえば，キャベツ1玉，レタス1玉は a head of cabbage/lettuce, a ball of cabbage/lettuce のように表現される（ただし口語では cabbage, lettuce も可算名詞として用いることができる）。ball は文字通り球状のものを指し，a ball of yarn（毛糸）/mud（泥）/dough（パン生地）/paper など，いろいろな名詞に使える。sheet も薄いシート状のものなら，a sheet of dough/mud/paper など具体的な名詞の意味に関係なく使える（Lehrer 1986）。その点で，英語の a sheet of や a ball of は類別詞ではなく計量詞である。

次に，人工物は基本的に使用目的や機能によって類別詞が区別される。たとえば，自動車や機械類を指す「〜台」，家屋を指す「〜軒」，家や所帯を指す「〜戸」，学校を指す「〜校」，会社を指す「〜社」，国を指す「〜カ国」，飛行機を指す「〜機」，電車の車両を指す「〜両」，船を指す「〜隻」，茶碗に盛ったご飯を指す「〜膳」，食事を指す「〜食」，野球のヒットを指す「〜安打」，三振を指す「〜三振」，投球数を指す「〜球」，包丁・鉄砲などを指す「〜丁」，県を指す「〜県」，洋服を指す「〜着」，手紙を指す「〜通」，勝利数を指す「〜勝」，負けを指す「〜敗」などである。同じ物体でも，次の例のように，形状に着目するか機能に着目するかによって異なる類別詞が使用されることも少なくない。このような類別詞の多面性については，次節で説明する。

(17) a. 1通のはがきを{受け取った／*買った}。
     b. 1枚のはがきを{受け取った／買った}。
(18) a. [コンビニの店員] お箸，{何膳／*何本}おつけしましょうか。
     b. 道ばたに箸が{2本／*1膳}落ちていた。

さて，日本語の類別詞の中で，指す対象物を絞りにくいのが「〜つ」である。「〜つ」が指す範囲は様々で「これこれの意味を持つ名詞に限る」とは言いにくい。そこで，本書では，「つ」自体の意味としては特定の形状や機能を指定せず，基本的には無生物であればどのような名詞に付いてもよい（つまり無生物を数える無標の類別詞である）と考える（影山 1987，松本 1991，Matsumoto 1993）。しかし現実には，「〜本，〜枚」あるいは「〜冊，〜軒，〜台」など特定の類別詞がある場合はそれらが優先的に用いられるから，「〜つ」の出番はなくなる（これらの個別の類別詞が習得できていない幼児の場合は，本や鉛筆，自動車など何でも「〜つ」で表現することが観察される）。逆に，特別の類別詞が存在しない名詞や，特定の類別詞があまり定着していない名詞，あるいは特定の類別詞があっても忘れてしまったという場合には「〜つ」が利用できる。さらに，類別詞の異なる物品が混在するような場合にも，総称として「〜つ」が使用で

きる。たとえば，机の上に鉛筆が3本と，ノートが2冊，パソコンが1台あるとき，「机の上にある品物の合計は？」「6つです。」のように。

4.2.3 類別詞の序列

以上から分かることは，日本語に豊富に存在する類別詞は総てが対等の資格を持つのではないということである。まず，生物と無生物の明確な区別があり，次に，生物は人間と人間以外に区別される。人間，人間以外の生物，無生物それぞれに，無標の類別詞が存在する。人間，人間以外，無生物の3グループは単に区別されているだけでなく，重要さという点で次のような序列（階層）があると考えられる。

  (19) 生物［人間］＞ 生物［人間以外］＞ 無生物［形状 ＞ 機能］

先に述べたように，より特定的な類別詞がある場合，それがまず先に使用される。たとえば，ヘビやミミズは人間以外の生物であるという性質と，細長いという形状の両方を持っている。しかし，人間以外の生物であるという性質が優先するために，必ず「～匹」が使われ，その結果，序列の低い「～本」を使って「*ヘビ／ミミズ2本」ということはできない（ただし，ヘビ／ミミズが死んだ後，乾燥して棒状になっていれば「～本」も可能かも知れない）。このように優先的に使われる助数詞が存在しない場合，あるいは存在してもあまり使われない場合にのみ，一般的な表現——無生物の場合は「～つ」，動物の場合は「～匹」など——がデフォルト（default）として使われる。この原理は**語彙の阻止**（lexical blocking）と呼ばれ，言語使用の様々な場面で働く普遍的，一般的な原理である。

ただし，「～つ」は1（ひとつ）から9（ここのつ）までしか数えられないから，10以上になると類別詞を伴わない裸の数詞が使われる。そのため，(20a)の「3つの考え」に対して(20b)では「*13つの考え」ではなく「13の考え」となる。

  (20) a. {3つ／*3}の{計画／才能／考え／うわさ}
     b. {13／*13つ／?13個}の{計画／才能／考え／うわさ}

なお，話者によっては，「～つ」が成り立たない10以上の数については，代わりに「～個」を用いて「13個の計画／考え／うわさ」のように表現することもある（眞野 2004）。しかし抽象的な物を「～個」で表すのは，学年の違いや入社年度の違いを「～個（コ）」で表す最近の用法と同様に，

日本語としてはまだ一般に定着した用法と言いにくい。その証拠に，(20b)のような名詞修飾用法ではなく，「私には考えが13個あった」のような叙述用法にすると，かなり容認度が下がる。

幼児の言語習得においては，無生物を指す類別詞より生物を指す類別詞のほうが習得時期が早く，動物の中では「〜匹」という無標の類別詞が早いとされる。また，無生物の中では形状類別詞が機能類別詞に比べて早く習得される。実際，専門的な分野に限定される特殊な類別詞は，成人でも知らないことが少なくない。また，数える対象が非常に限定される類別詞の中には歴史的に失われつつあるものも多い。

4.3 クオリア構造による分析

本節では類別詞と名詞の関係を，序章（pp. 3-8）で導入した「クオリア構造」で分析する方法を探ってみる。

4.3.1 類別詞と選択制限

先に「警察の犬が｛3匹／3人｝紛れ込んでいる」という例で説明したように，「警察の犬」が本当の犬を指すのか，それとも警察の回し者という人間を指すのかは，類別詞「人，匹」によって判断される。あるいは，主語を明示せずに，「3人来た」と言えば人間が来たことが理解され，「3匹来た」と言えば動物が来たことが理解される。このような例から判断すると，重要なのは名詞よりむしろ類別詞のほうである。類別詞のほうが，その対象となる名詞に対して何らかの意味的な制限を加えている。これは意味論で言われる選択制限（selection restriction）という現象と同じである。選択制限というのは，たとえば，「Aさんはイケメンです」と言えば，たとえAさんが誰を指すのか知らなくても，Aさんが男性であることが理解され，逆に，「Aさんは美人です」と言えば，Aさんが誰なのか知らなくても，女性であることが理解されるといった現象である。この場合，「イケメン」は主語に対して《男性》という条件を付加し，逆に「美人」は《女性》という条件を付加すると分析できる。

(21) ［　男性　］主語は　　　イケメンだ。
　　　　┗━━━━選択制限━━━━┛

同じように，類別詞の場合も，たとえば「〜人」は対象となる名詞に対して《人間》という性質を要求し，「〜本」は《細長い》という性質を要

求している。

(22) 〜人の　　[　人間　]名詞

　そこでクオリア構造（☞序章）を思い出してみよう。クオリア構造とは，物の性質を4つの要素に分解して表示したもの（辞書に記述された意味）で，たとえば「学生」という名詞のクオリア構造は概略，(23)のように表示できる。

(23) 「学生」
　　　《外的分類》　　人間(x)
　　　《内的構成》　　頭，顔，胴体，腕，手，足，…
　　　《目的・機能》　xが大学等で勉強をする。
　　　《成り立ち》　　xが試験などの手続きを経て大学等に入る。

人間を表す名詞には「母，兄，医者，歌手，通行人」など多数あるが，すべて《外的分類》が人間であるという点で共通している。(23)に示された「学生」のクオリア構造の《外的分類》は，(22)に示された「〜人」の選択制限と合致するから，「3人の学生」という表現が正しい日本語として認められる。しかし，「学生」の代わりに「シャム猫」という名詞を使うと，「シャム猫」の《外的分類》は人間ではなく動物であるから，(22)の選択制限と合致しない。その結果，「*3人のシャム猫」という表現は，そのシャム猫を人間扱い（擬人化）しない限り，非文法的になる。以下では，個々の類別詞が名詞のクオリア構造のどの部分を指定するのかを見ていく。

4.3.2　クオリアの選択
◆外的分類に注目した類別詞

　日本語の類別詞は，対象となる名詞の《外的分類》を指定するものが多い（英語のグループ類別詞もまさにこの部分を指定するが，生物の集合に限られる）。《外的分類》には，生物・無生物の区別や人間・動物といった区別だけでなく，細長いもの，薄く平たいもの，小さな粒状のものといった外的な形状による特徴も含まれる。無生物を指す類別詞は，「〜本」は「細長い」，「〜枚」は「薄くて平たい」，「〜粒」は「小さい粒状」のように外的形状を規定するものが多い。

　4.2.2節で述べたが，英語の計量詞にも，対象物の《外的分類》（すなわ

ち形状）をそのまま表現するものがある。
 (24) a {bar/sheet/stick/ball/cube} of chocolate
bar は「厚みのある板」, sheet は「薄い板」, stick は「細い棒」, ball は「丸い粒」, cube は「立方体」という意味を各々持っているから, たとえば a stick of chocolate は棒状のチョコレートと言うよりチョコレートの棒, a ball of chocolate は丸いチョコレートと言うよりチョコレートのボールと言うほうが英語の発想に近い。すなわち, 元々のチョコレートの形は不定であり, それを棒状やボール状に切り取ったものが a stick of chocolate, a ball of chocolate なのである。

◆内的構成に注目した類別詞
《内的構成》に着目した類別詞は, 《外的分類》に着目したものと比べると数は少ないが, (25)のような例がそれに当たると考えられる。
 (25) 建売住宅2戸, 焼き鳥2串, ロボット3体, 苗木3株
住宅の《内的構成》は玄関（戸）, 居室, 台所, 屋根などを含むが, その中で家の「顔」となる出入り口を指す「戸」を用いたのが「2戸の建売住宅」という表現であり, 焼き鳥の《内的構成》である「鶏肉, 串」のうち「串」で焼き鳥全体を代表させて数えるのが「焼き鳥2串」という表現である。同様に, 人間のような「体つき」に着目したのが, ロボット, 人形, 死体などを数えるときの「〜体」であり, 植物の一部である根の部分に着目したのが「〜株」である。これらはいずれも, 一部分の構成物を用いて対象物全体を表すというメトニミー（metonymy）を利用している。

英語には family, audience など集合名詞（collective noun）と呼ばれるものがあり, 日本人の英語学習で問題を引き起こすことがよくある。たとえば「家族3人」を three families と訳すと間違いになる。
 (26) a. 家族3人＝three members of the family
     （three families は「3組の家族」）
    b. 50人の聴衆＝fifty people in the audience
     （fifty audiences は「50の別々の会場の聴衆たち」）
日本語で「3人の家族, 50人の聴衆」と言えるのは, 「〜人」という類別詞が人間を選択するためである。「家族」という名詞のクオリア構造を考えてみよう（一部省略）。
 (27) 「家族／family」

　　　　《外的分類》　集団(x)
　　　　《内的構成》　配偶関係と血縁関係で結ばれた人間

「家族」は《内的構成》において「人間」を指定しているから，「～人」の選択制限はこの内的構成に示された「人間」という成分を指し，その結果，「3人の家族」という表現が成り立つ。「聴衆」や「群衆」も同様に分析できる。これに対して，英語には「～人」に当たる類別詞がないため，three という数詞だけを family に付けても，family の《内的構成》に言及することができない。したがって，「家族3人」を three families と訳すと間違いになる。three families（＝3つの別々の家族）は《外的分類》である「家族という集団」を数えることになる。

◆目的・機能に注目した類別詞

　無生物を指す類別詞は人工物の種類に言及するものが非常に多い。「バス3台，家3軒，船3隻，包丁3丁，ヘリコプター3機，洋服3着」といった具合であるが，これらの人工物は，人間が何らかの使用目的を持って作っている。「バス」なら不特定多数の乗客を乗せて移動するという目的，「家」ならそこに住んで生活するという目的，包丁なら食材を切るという目的である。このような使用目的は，クオリア構造では《目的・機能》に記載される。たとえば「船」のクオリア構造は概略，次のようになる。

　　(28)　「船」
　　　　《外的分類》　　無生物(x)，人工物，乗り物
　　　　《内的構成》　　船体，スクリュー，エンジン，…
　　　　《目的・機能》　x が人や荷物を乗せて水上を移動する。
　　　　《成り立ち》　　人間が x を製作する。

そうすると，「～隻」という類別詞は《外的分類》の人工物・乗り物という性質に加えて，「人や荷物を乗せて水上を移動する」という《目的・機能》に強く依存することが分かる。なぜなら，水上ではなく空中を移動する飛行機やヘリコプターは「～隻」ではなく「～機」になるからである。

　同じように，たとえば「～軒」と「～校」を区別するためにも《目的・機能》が重要である。これらはいずれも，物理的には建物を指すが，建物の目的・機能によって違いが生じている。「3軒の家」と「3校の高等学校」を比べると，「家」は「そこで人が生活する」という目的・機能が重要であり，「学校」は「そこで学生・生徒が勉強する」という目的・機能

が重要である。「〜軒」と「〜校」はそれぞれ，この《目的・機能》に注目した表現であり，そのため，「*3軒の高等学校」，「*3校の一戸建て住宅」は条件に合わず非文法的となる。

◆成り立ちに注目した類別詞

クオリア構造の《成り立ち》に着目した類別詞はほとんど見られない。「コショウ1振り」の「〜振り」，「お寿司2折り」の「〜折り」，「茶器1揃え」の「〜揃え」は語源的には，成り立ちを表す動詞「振る，折る，揃える」に由来するが，現代の感覚では計量詞と見なすほうがよいだろう。

◆デキゴト名詞

序章で触れたように，名詞は大別すると，具体的ないし抽象的な個物を表すモノ名詞と，出来事や動作を表すデキゴト名詞に分かれ，この区別は《外的分類》で示される。モノ名詞が豊富な類別詞で類別されるのに対して，デキゴト名詞の数え方は限られている。最も単純なのは回数である。つまり，「〜回」は「出来事」という外的分類を持つ名詞に適用する。

(29)　a.　私は毎日腕立て伏せを40回する。（40回の腕立て伏せ）
　　　　　I do 40 push-ups every day.
　　　b.　この1週間で地震が10回もあった。（10回の地震）
　　　　　We have had as many as 10 earthquakes for the past week.

「腕立て伏せ」のような動作，「地震」のような出来事を表す名詞を数えるとき，(29)の例のように，日本語では「〜回」を用いるが，英語では名詞そのものを複数形にして数詞で修飾する。逆に日本語で「40の腕立て伏せ」，「10の地震」というのは不自然であり，英語で *I do a push-up 40 times every day. や *We have had an earthquake 10 times. と言うのもおかしい。

出来事でも，人間が意図的に制御できる開始時点と終了時点を持ち，かつ1つの出来事と別の出来事が区別できる場合——たとえば試合やゲーム——は特定の類別詞を持つことがある。

(30)　野球等の試合＝〜試合，ゴルフ＝〜ホール／〜ラウンド，将棋・囲・碁＝〜手／〜局，野球のヒット＝〜本／〜安打，走行＝グラウンド〜周，ボクシング＝〜ラウンド，バッター＝〜打席

4.3.3 類別詞の多面性

場合によっては，クオリア構造のどの要素に注目するかによって，異なる類別詞が用いられることもある。先に(17)で挙げた「1通のはがき」と「1枚のはがき」を比べると，「1枚」のほうは明らかに，薄くて平たいという形状（外的分類）に言及している。これに対して，「1通」のほうはメッセージを伝えるという目的・機能に着目している。その結果，「机の上に1通のハガキがある」と言うと，誰かから届いた郵便であると推測できるが，「机の上に1枚のハガキがある」と言っても，誰かから届いた郵便物なのか，未使用の紙なのか分からない。「箸1膳」と「箸2本」の違いも，「箸」という名詞のクオリア構造のどの部分に注目するかによって説明できる。

クオリア構造の説明の締めくくりとして，出来事も物体も表すことのできる多義的な「雨」を考えてみよう。

(31) 「雨」
　　　《外的分類》　　自然現象　←　1回／度の雨
　　　《内的構成》　　液体（水）　←　1粒の雨
　　　《目的・機能》　―――
　　　《成り立ち》　　空から降ってくる。　←　1筋／条の雨

「雨」という名詞は，《外的分類》では自然現象という出来事を表すと捉えると，まず出来事を数える「〜回，〜度」という類別詞を使って，「1回の雨」と言える。雨という自然現象は，《内的構成》として「液体」を含み，降ってくるときは水が小さな球体になっているから，「〜粒」で数えることができる。さらに，雨が空から降ってくる落下のプロセスに焦点を当てると，その過程で切れ切れに直線を描いている場合は「〜筋，〜条」で数えられる。このように，クオリア構造を用いれば，名詞が持つ語彙情報のどの部分に着目して数えているのかが明らかにできるのである。

4.3.4 メタファーによる拡張

人間の認識は，物理的なものを基盤として抽象的なものへとメタファーで拡張していくことがよく知られている。たとえば，「上，下」という表現は本来なら地表を基準とした物理的位置関係を表すが，成績や身分，給料，評価など様々な抽象的概念にも適用される。類別詞の用法も，同じようにメタファーによって，物理的・具体的なものから抽象的・主観的なも

のへと広がっていくことが観察される。よく引用されるのは Lakoff (1987) の「〜本」の分析である。「〜本」は元来，細長い物体に適用するが，次のようなものも「〜本」で表現できる。

(32) a. ヒット／ホームラン3本
b. 映画／テレビドラマ3本
c. 電報1本
d. 3本勝負
e. 講演／論文3本

レイコフの説明では，野球のヒットやホームランはボールの飛んで行く軌跡が1本の筋に見えるから，細長いものを指す「〜本」が使われるということになる。映画は，昔はリールに巻いたフィルムを使っていたが，フィルムはリールから出して伸ばすと長い糸状になるから，したがって「〜本」で数えるのだと言う。しかし，電報や勝負，講演，論文となると，なぜ「〜本」になるのか容易には理解しにくい。また，このような拡張は日本語に見られるが，中国語やビルマ語にはないようである。なぜそのように言語間で違いが生じるのか，まだ分かっていない。

5 まとめ

本章では日英語の数の数え方に焦点を当て，類別詞と計量詞の違いを説明した。単体類別詞は日本語にあるが，英語には存在しない。しかし英語にも a crowd of のようなグループ類別詞は少数ある。a handful of や a cup of のような表現は類別詞と似ているが，類別詞ではなく計量詞として捉えるほうがよい。また，英語独自の表現として，不定の質量名詞の一部分を切り取って表現する a piece of のような計量詞がある。

4.3節では，類別詞の性質をクオリア構造の観点から分析することを試みた。類別詞の基礎となるのは，まず，生物か無生物かという人間を中心とした区別であり，その次に形状や機能による無生物の分類がある。無生物では，外観的に認識しやすいものは外的な形状によって類別化されるが，人工物では，それぞれの機能・目的によって細かい類別詞が区別されている。あらゆる類別詞がクオリア構造で十全に説明できるのかどうかは不確かだが，ひとつの理論的アプローチとしては有望だと思われる。

6 さらに理解を深めるために

- 西光義弘・水口志乃扶（編）．2004．『類別詞の対照』［理論，日本語類別詞の認知意味論，外国語との対照の3つの観点から考察した論文集］
- Pamela Downing. 1996. *Numeral classifier systems*. ［日本語の類別詞について詳細かつ体系的に分析した研究書］
- George Lakoff. 1987. *Women, fire, and dangerous things*. （池上嘉彦ほか訳．1993．『認知意味論』）［意味拡張のネットワークの考え方に基づき，「～本」等の類別詞が物理的物体から抽象的概念に広がることを論じている］
- Alexandra Aikhenvald. 2000. *Classifiers*. ［世界諸言語における類別詞の種類や特性を類型論的に考察した論文集］

（影山太郎・眞野美穂・米澤優・當野能之）

QUIZ

日本語にも英語にも数表現をふくんだ諺や慣用句がたくさんある。左側の英語（1～7）と右側の日本語（a～h）で，意味や発想がほぼ同じものを選び，線でつなぎなさい。ただし，日本語には1つ余計なものが入っている。

(1) Two heads are better than one.　　(a) 三三五五
(2) Too many cooks spoil the broth.　　(b) 女三人寄ればかしましい
(3) by twos and threes　　(c) 万に一つも
(4) Three women make (up) a market.　　(d) 再三再四
(5) nine cases out of ten　　(e) 五分五分
(6) thousand-to-one　　(f) 三人寄れば文殊の知恵
(7) fifty-fifty　　(g) 船頭多くして船山に登る
　　　　　　　　　　(h) 十中八九

※答えは323ページ

第2章　モノ名詞とデキゴト名詞

◆基本構文
(A) 1. あそこに {会議室/運動靴/指揮棒} がある。
    2. あそこで {会議/運動会/コンサート} がある。
(B) 1. *3時間にわたる {会議室/運動靴/指揮棒}
    2. 3時間にわたる {会議/運動会/コンサート}
(C) 1. Please come to me.
    {私のところ/*私} に来て下さい。
    2. Please come to my place.
(D) 1. a call, a cut, a hide
    2. 呼び声 (*呼び), 切り傷 (*切り), 隠れ家 (*隠れ)

【キーワード】モノ名詞, デキゴト名詞, 場所名詞, 時間, 結果・産物

1 なぜ？

　一般に，名詞は具体的あるいは抽象的な物，動詞は動作や出来事を表すと考えられている。(A1)に挙げた「会議室，運動靴，指揮棒」などの名詞は具体的な物あるいは場所を表すが，(A2)の「会議，運動会，コンサート」は具体物というより出来事，イベントを表す。(A1)と(A2)は，「～がある」という動詞部分は共通するが，冒頭の場所句の標示が「に」と「で」の違いがある。(A1)の「～に～が」というパターンと，(A2)の「～で～が」というパターンはどのように違うのだろうか。(A1)のガ格名詞と(A2)のガ格名詞を入れ替えて，「*あそこに会議がある」，「*あそこで会議室がある」とすると不適格になるのはなぜだろうか。
　(A1)の名詞と(A2)の名詞は，(B1, 2)の使い方でも差が見られる。なぜ(B1)は不適格なのに，(B2)は適格なのだろうか。また，この(B1)(B2)

の相違は，(A1)(A2)の相違とどのように関連しているのだろうか。

(C1)の英語を日本語に訳すと，「私のところに来て下さい」となる。英語ではCome to me.だけで表現できるのに，日本語で「*私に来て下さい」というのはおかしい。逆に，英語で(C2) Please come to my place.というと，「私の家に来て下さい」という意味になり，「私のところに来て下さい」という日本語とは意味がズレてしまう。どうしてこのような違いが生じるのだろうか。

(D)では，動詞（の連用形）をそのまま名詞に転用した例を挙げている。(D1)の英語は「呼び声」，「切り傷」，「隠れ家」という具体物を表しているが，(D2)の日本語で「*呼び」「*切り」「*隠れ」というだけでは成り立たない。日本語では「声，傷，家」といった英語のcall, cut, hideには現れない名詞を補う必要がある。この日英語の違いはどこに原因があるのだろうか。

2 モノ名詞とデキゴト名詞とは

日本語では「もの」と「こと」が相対する概念として日常よく使われる。「もの」は何か具体的な実体のある物質（あるいは実体があると認識されるもの。漢字では「物」と「者」で区別されるが語源は同じ）を指すことが多い。具体的な形がある（と認識される）ということは，第1章でも述べたように，数えることができるということである。他方，「こと」は，たとえば「そもそも，ことの起こりはこうだ」とか「彼が結婚したことを知らなかった」のように，出来事や状態などの事象・現象を抽象化して表現する。この違いのため，「買う」や「食べる」のように具体的な物体を対象にする動詞は，「いいものを買う／食べる」のように「もの」を選択し，「こと」を目的語にして「*いいことを買う／食べる」とすると非文法的になる。「知っている」のように「もの」でも「こと」でも使える動詞があるが，その場合は，「そんなもの，知らない」と「そんなこと，知らない」のように「もの」と「こと」では指す対象が違ってくる。

このように，「もの」という名詞は物理的・抽象的な実体を持つと認識される物体を表すが，そのような物体のひとつの特徴は，時間的に変動しない（しにくい）という性質を持つことである。たとえば「あそこにポス

トがある」というときの「ポスト」は，ふだんそこを通る限りにおいては，同じポストがずっと存在しているのであって，一刻一刻その姿を変えていくということはない。このような捉え方をされる名詞を**モノ名詞**（entity noun）と呼んでおこう。他方，「こと」は出来事や状態を指し，出来事や状態というのは時間の流れの中で捉えられる（☞『動詞編』，『形容詞編』）。たとえば，「きのう火事があった」というときの「火事」は，出火から消火まで一刻一刻変化していったと想定できる出来事を指す。このような捉え方をされる名詞を**デキゴト名詞**（event noun）と呼んでおこう。

　モノ名詞とデキゴト名詞の基本的な違いは，「時間」の観念がそれ自体に含まれるかどうかということである。(1a)と(1b)を比べてみよう。

(1)　a.　デキゴト名詞
　　　　昨日の火事，3時間の会議，今だけの工事，昼下がりのコンサート
　　b.　モノ名詞
　　　　#昨日のCD，＊3時間の鉛筆，＊今だけの自転車，#昼下がりのポスト

(1a)では，「昨日，3時間，今だけ，昼下がりの」という時間表現がそれぞれ「火事，会議，工事，コンサート」という出来事の発生時間（成立時間）を直接的に述べている。「昨日の火事」と聞いただけで「昨日発生した火事」と理解できるし，「3時間の会議」と聞いただけで「3時間のあいだ行われた会議」と理解できる。しかし，(1b)ではそうはいかない（#印は，意図した意味に唯一的に解釈できないこと，あるいは場面によっていろいろな解釈が可能であることを表す）。「昨日のCD」と言っても「昨日」と「CD」の関係は不明瞭である。昨日買ったCDかも知れないし，昨日聞いたCDかも知れないし，昨日渋谷のCDショップで見かけたCDかも知れない。さらに，「＊3時間の鉛筆」というのは，言い方自体が意味をなさない。強いて言えば，「3時間だけ実体を持ち，その後は消滅してしまう鉛筆」という変な解釈になってしまうだろう。

　以上のように，名詞は基本的にモノ名詞とデキゴト名詞に大別できる。日本語では，モノ名詞の多くは，CDなら「3枚」，鉛筆なら「3本」，自転車なら「3台」のように個別の助数詞（第1章）で数えることができ

る。他方，デキゴト名詞の場合は個別の助数詞はなく，「火事／事件／応募が 3 件」のように件数として表現するか，あるいは「会議／コンサートが 3 回」のように回数として表現することになる。

　モノ名詞とデキゴト名詞のいずれに所属するのかは，個々の名詞ごとに決まっている。たとえば「会議」はデキゴト名詞であるが，「会議室」はモノ名詞である。名詞によってはデキゴト名詞としての意味とモノ名詞としての意味を併せ持つという**多義性**（polysemy；ひとつの単語が関連する複数の意味を併せ持つこと）を備えている場合もある。たとえば「広告」というと，「商品の広告に力をいれる」のように広告活動を指す場合（デキゴト名詞）もあるが，「折り込み広告を見て買い物に行く」のように広告のチラシを指す場合（モノ名詞）もある。

　英語でも同じような違いがある。examination という名詞を例にとると，(2a) の examination はデキゴト名詞，(2b) の examination はモノ名詞としての意味を表している。

　(2)　a. The entrance examination will be held tomorrow.
　　　　　（入試は明日行われる）
　　　　b. The examination was easy.（試験はやさしかった）

(2a) の examination は be held（行われる）という動詞から分かるように，入学試験という行事を意味している。他方，(2b) の examination は easy という形容詞から分かるように，試験の問題そのものを指している。このような多義性は examine → examination のように動詞から派生された名詞に典型的に見られる。arrive から派生された arrival は「到着すること」というデキゴト名詞の意味にも，「到着した物／人」というモノ名詞の意味にも解釈できる。ただし，接辞によっては一方だけのこともある。たとえば，第 3 章で説明する -er（examine → examiner），-ist（piano → pianist），-ee（examine → examinee）などはモノしか指さない。

3　代表的なモノ名詞とデキゴト名詞

[モノ名詞]
　　アイスクリーム，机，リンゴ，先生，ニワトリ，水，空，夢

ice cream, desk, apple, teacher, chicken, water, air, dream
（場所名詞）会議室，運動場，台所，郵便局，居間，自転車置き場
[デキゴト名詞]
会議，運動会，オリンピック，試合，コンサート，事故，地震，爆発
meeting, athletic meet, Olympics, game, concert, accident, earthquake, explosion

4 問題点と分析

本節では，4.1節でモノ名詞とデキゴト名詞の意味的性質をクオリア構造の観点から説明した後，4.2節ではモノ名詞であるのに時間的な概念を含む例を紹介し，さらに4.3節以降は動詞から作られた名詞がデキゴトの意味とモノの意味の両方を発達させることを見ていく。

4.1　モノの存在とデキゴトの発生

モノ名詞とデキゴト名詞の基本的な性質は第2節で概略したが，ここでは「～に～がある／いる」という構文を用いて，両者の違いを確認しておこう。

(3)　a. 目の前に {パソコン／交番／バケツ2杯の水} がある。
　　　b. あそこに {父／幼なじみ／きれいなキジ} がいる。

この構文は**存在文**と呼ばれ，ある場所に何かが存在することを表す（☞第9章）。「XにAがある／いる」という存在文において，「Aガ」に該当する名詞が**モノ名詞**である。

これと比べて，(4)の例はどうだろうか。

(4)　a.（次の日曜日に）小学校で運動会がある。
　　　b. あの交差点では（しょっちゅう）事故がある。

ここでも動詞は「ある」で表現され，存在物を表す名詞は「～が」で標示されている。しかし，(3)と比べて(4)は次の2点で特徴的である。第一に注目したいのは，場所を表す名詞の格標示である。(3)では場所表現が「～に」で示されていたのに対して，(5)では「～で」で標示される。通常，「～に」は「天井にハエが止まっている」のような静止位置を表すから，「ある，いる」という存在動詞となじみやすい（「に」はまた，「駅に

着く」のような着点および「顔ににきびができた」のような発生位置も表すが，これらも突き詰めれば「静止位置」と同じ概念になる）。他方，「〜で」は，「校庭で遊ぶ」，「工場で働く」，「交差点で事故が起こる」のように動作・出来事が発生する場所を表す。

　もう1つ注意したいのは，「ある」という動詞の現在時制の意味解釈が(3)と(4)で異なることである。(3)の「ある，いる」は**状態動詞**で，いま現在の存在を描写する（状態動詞というのは，単純現在時制で使われた場合にいま現在の実際の状態を意味する。☞『形容詞編』第1章）。「目の前に水がある」という現在時制文は実際に今，水があることを表し，「あそこに幼なじみがいる」という現在時制文は実際に今，そこに幼なじみがいることを意味する。これと対照的に，(4)の「ある」はいま現在，その事態が起こっている最中であるという意味にはならない。(4)の現在形「ある」は，そのうちにその事態が起こるという近い将来の意味か，あるいは，その事態が頻繁に起こるという繰り返しの解釈になる。このことから，(4)の「ある」はもはや状態動詞として機能していないことが分かる。実際，(4a)の「ある」は「行われる，開かれる」，(4b)の「ある」は「起こる，発生する」という動的な動詞で置き換えてもよい。(4)の現在形「ある」が近い未来や習慣を表すことは，一般に，出来事や行為を表す動詞が現在時制で使われると，同じように近い将来での発生(5a)や習慣的な繰り返し(5b)の意味になることと並行している。

　(5)　a.　(次の日曜日に) 私たちは結婚式を挙げる。[近い未来]
　　　　b.　(毎朝) カラスがやってくる。[習慣的繰り返し]

このように(4)の「〜で〜がある」という構文において，「〜が」に適合する名詞がデキゴト名詞である。日本語では(3)と(4)の構文の棲み分けがかなり明確になされていて，「〜にモノ名詞が」と「〜でデキゴト名詞が」の組み合わせを入れ替えると，非文法的な文になる。

　(6)　a.　*そこで {鉛筆／ジュース／夢} がある。[モノ]
　　　　b.　*そこに {事故／運動会／会議} がある。[デキゴト]

日本語を習い始めの留学生は「北京でオリンピックがあった」というべきところを「北京にオリンピックがあった」のような間違いをしやすい。日本語教育の現場では，これを単に格助詞の間違いと見なしがちだが，本節で説明するようなモノ名詞とデキゴト名詞の区別を踏まえれば容易に解

決することができる。

　デキゴト名詞は「会議，事故，地震，お祭り，事業仕分け」のように，出来事や動作・活動を表し，名詞ではあるものの，どちらかというと「動詞」に近い性質――すなわち時間の流れとともに変化する性質――を備えている。たとえば「歯を磨く」という動作は，「3分間歯を磨く」，「7時から7時5分まで歯を磨いた」，「毎食後，歯を磨く」のように，時間で計り取ることができる性質を持っている。この性質は典型的なモノ名詞には見られない。たとえば「＊3分間の鉛筆」や「＊7時から7時5分までのジュース」と言っても意味が通じない。ところが，デキゴト名詞はこの種の時間表現を取ることができる。

　　(7)　1時間の会議，今朝の事故，昨日の食事，2日間の運動会

　出来事や動作・活動が成立するためには，時間の流れだけでなく，それが行われる場所が必要である。そのため，(8a)のようにデキゴト名詞は「〜での」という場所表現で修飾することができる。普通のモノ名詞(8b)は「〜での」で修飾しにくい。

　　(8)　a.　大学での会議，渋谷での事故，インドでの地震，料亭での食事
　　　　b.　＊大学での鉛筆，＊大ホールでのピアノ，＊居間での希望

　英語の前置詞には「に」と「で」に当たる区別がないが，それでも現在時制が本当にいま現在の状態を表すかどうかという意味解釈においては，日本語との類似性が観察できる。

　　(9)　a.　There is a meeting room on the second floor.
　　　　　　There are two bottles of orange juice in the refrigerator.
　　　　b.　There is a {party/faculty meeting/football match} (tomorrow/every Wednesday).
　　　　　　There is supposed to be a big earthquake in California.

モノ名詞を含む(9a)の英語は，いま現在，実際に会議室／オレンジジュースが存在することを意味しているが，デキゴト名詞を含む(9b)は，「近い将来に」あるいは「定期的に」行われると解釈されるのが普通である（いま現在，進行中という場合は There is a meeting going on (right now). とか There is an earthquake happening in California. とすると，はっきりする）。

以上では，存在文を手がかりにモノ名詞とデキゴト名詞の区別を説明し，さらに，両者の本質的な相違は時間の概念が関与するかどうかであることを述べた。典型的なモノ名詞は，「鉛筆，自転車，砂」のように単純な物質を表し，そこには時間の概念は関係していない。ここでいう時間の概念とは，ある出来事や動作がどれぐらい継続し，いつ終わったかといった概念——現在・過去という「時制」よりむしろ発生・継続・完了といった「アスペクト」の概念——を指し，それは典型的には動詞が担当する意味概念である。動詞の典型的な機能は時間の流れに沿った事象（すなわち，出来事，動作，変化，過程など）の展開を表すことであり，デキゴト名詞にはそのような時間的（アスペクト的）な概念が多少とも関わっている。

　モノ名詞とデキゴト名詞をクオリア構造で表すと，重要な違いは次のように表されるだろう。

(10) 　　　　　　　a. モノ名詞　　b. デキゴト名詞

《外的分類》	モノ(x)	デキゴト(y)
《成り立ち》		yが場所(w)で発生する。

モノ名詞の成り立ちは様々であるから，(10a)では空欄にしているが，デキゴト名詞の場合は，そのデキゴトが何らかの場所で発生する（あるいは行われる）ことで初めて成立する。《成り立ち》に記載された「yが場所(w)で発生する」という定義によって，存在文においては場所句が「〜で」で標示されるとともに，「ある」が状態動詞ではなく動的な動詞としての意味を担うことになる。

(11)　デキゴト名詞のクオリア構造から存在文への情報提供

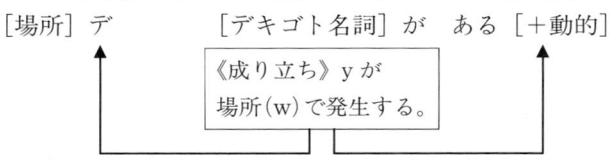

　　　［場所］デ　　　　［デキゴト名詞］が　ある［＋動的］
　　　　　　　　　《成り立ち》yが
　　　　　　　　　場所(w)で発生する。

(11)の図は，デキゴト名詞のクオリア構造に記載された情報が，文を組み立てる際に有効に活かされていることを示している。言語学の標準的な考え方では，文のかなめは動詞であり，動詞の意味構造が主語や補語などの現れ方を決定すると思われてきたが，(11)の分析では，デキゴト名詞の意味情報が，動詞の意味的性質と場所句の格標示に影響していることが分か

る。このように名詞のクオリア構造に記載された意味情報が文の構築に役立つことを，本書のこれからの章でも例証していく。

以上，本節ではモノ名詞とデキゴト名詞を区別する基準として，時間的な概念が関与するかどうかを説明した。モノ名詞は典型的に時間の観念を含まないが，デキゴト名詞は時間の概念を含む。では，その中間的なものはないのだろうか。たとえば，モノ名詞であっても時間的な概念が関与する場合はないのだろうか。あるいは，デキゴト名詞であっても時間的な概念の関与の仕方に程度の差はないのだろうか。この問題は第4.3節で検討するが，その前に，日本語では，モノ名詞の下位分類として「場所名詞」という概念が重要であることを述べておく。

4.2　場所名詞

日本人が英語を勉強するとき，(12)の下線部のような場所表現にとまどいやすい。

(12)　a.　Please come to {me/my place}.
　　　　　 {私のところ／*私} に来てください。
　　　b.　I will be waiting for you at the {restaurant/desk}.
　　　　　 {レストラン／*机} で待っています。

to, at という前置詞はそれぞれ「着点」,「静止位置ないし場所」を表すから，その後に来る名詞も場所を表す名詞が最も自然だと思われるが，英語では me（私）や desk（机）のような個物でもよい。(12a)では，come to my place も正しい英語ではあるが，その場合の place はくだけた言い方で「家」を表す。そのため，Please come to my place. は「私の家に来て下さい」という意味になり，Please come to me.（私のいる場所に来て下さい）とは意味が違ってしまう。他方，日本語では，物理的な移動を表す場合「*私に来てください」はおかしく，自然な日本語にするには「私のところに来て下さい」のように「ところ」を付ける必要がある（ただし，「差出人不明の手紙が私に来た」や「大金が彼に入った」のような一種の所有関係を含意する場合は「ところ」なしで使える）。次のように，「～に～がある」という構文で用いた場合も，「ところ」の有無によって意味が異なる（「ところ」以外に「前，後，上，下，そば」などでも同じことが言える）。

(13) a. 私の {ところ／目の前} に大金がある。
　　　b. 私に（は）大金がある。

(13a)は「～のところに／目の前に」によって場所であることが明示されるから，大金がそこに存在することを意味する存在文（☞第9章）であるが，他方，(13b)は「ところ」なしで「私に」とあるから，この「～に」は物理的な場所ではなく人間（所有者）と捉えられ，「私は大金を持っている」という意味の所有文（☞第9章）になる。実際，(13b)の「大金」は私のお金を指すが，(13a)の「大金」は人から預かったお金のこともあり得る。

このように，日本語では場所を表す名詞（場所名詞）を，単に個物を表す名詞と区別するという意識が強い。場所名詞は，「～に来て下さい」や「～で待っている」の「～」の位置に，「ところ」の介在なしに直接入ることができるという特徴を持ち，具体的には次のようなものが含まれる。

(14) 郵便局，玄関，学校，部屋，交差点，屋上，プール

場所名詞を見分ける特徴をまとめておこう（田窪（2010）第6章；この論文では日本語と中国語，韓国語との比較も行っていて参考になる）。

(15) a. 物理的な移動を「～に着く」などの構文でそのまま使える。
　　　　ようやく {学校／食堂／郵便局／山頂／プール} に着いた。
　　　b. 「ここ，そこ，あそこ」で指せる。
　　　　ここが {学校／食堂／郵便局／物置き／プール} です。
　　　c. 場所を表す「～で」が付く。
　　　　{学校／食堂／郵便局／物置き／プール} で彼を見かけた。

4.3　モノ名詞の中に隠された「時間」の概念

本節では，モノ名詞であるのに時間の観念を含むと思われる例を幾つか紹介する。たとえば「白い紙」と「白紙（はくし）」を比べてみよう。「白い紙」も「白紙」も見た目は同じようなものであり，しかも，どちらも「～に～がある」構文で使えるからモノ名詞である。

(16) 机の上に {白い紙／白紙} が一枚ある。

しかし似ているのはそこまでで，「白い紙」と「白紙」では実際の使い方に大きな違いがある。

(17) 先生が生徒を叱るとき

  a. なんだ，キミの答案，白紙じゃないか！
  b. #なんだ，キミの答案，白い紙じゃないか！

(17a)は，先生が生徒を叱る言葉として有効だが，(17b)は（何か特殊な文脈がない限り）叱っていることにならない。つまり，「白紙」は，単に「白い」というだけでなく，何らかの特別な意味合いを含んでいる。その特別な意味合いというのは，「本来なら何か記入があるべきであるのに，まだ何も書かれていない」という過去の履歴である。この意味が基礎となって，「約束を白紙に戻す」とか「発言を白紙撤回する」といった比喩的な慣用句が生まれる。

 このように「白い紙」が「白色」という色を述べているだけであるのに対して，「白紙」という表現が成り立つためには「これまで書き込みがない」という過去の履歴が重要である。履歴という概念をクオリア構造の4つの要素に当てはめると，《成り立ち》がふさわしい。《成り立ち》というのは，名詞のでき方，原因などを規定する要素である。たとえば「井戸水」というのは「井戸から湧いてきた」という履歴があるからこそ，「井戸水」と呼ぶことができ，「犯人」というのは過去に何らかの犯罪をおかしたからこそ「犯人」と呼べる。「白紙」の場合も同様に，何も書き込みがされていないという履歴（成り立ち）があるからこそ「白紙」と呼べるわけである。そこで，「白紙」という単語のクオリア構造は概略，次のように表すことができる。

  (18) 「白紙」
    《外的分類》 人工物(x)，モノ
    《成り立ち》 x にまだ何も書き込みがなされていない。

「そこにまだ何も書き込みがなされていない」という《成り立ち》の部分に時間の概念が含まれるから，「彼の答案はまだ／ずっと白紙だ。」——「*彼の答案はまだ／ずっと白い紙だ」と比較——のように「まだ」や「ずっと」というアスペクトに関係する副詞をつけたり，「この契約書は一年間白紙のままです」のように継続時間を表す副詞を付けたりすることができる。実際，存在文のおいて「で」で標示された場所表現(19a)と一緒に使うことも可能で，この点もデキゴト名詞と並行している。

  (19) a. その試験で白紙が｛たくさんあった／全くなかった｝。
    b. その試験では白紙がたくさんあるよ。

さらに(19b)のように「ある」を現在時制で用いた場合，いま現在の状態ではなく，近い未来の予測を意味する点でもデキゴト名詞と共通する。

別の例として「手ぬぐい」と「はちまき」を比べてみよう。この2つはどちらも日本式のタオルを指していて同じように見える。ところが，その成り立ちに重大な相違がある。「手ぬぐい」は工場で生産されれば，それで手ぬぐいになる。まだ一度も手を拭くのに使ったことのない新品であっても，手ぬぐいは手ぬぐいである。「手ぬぐい」という名詞が成り立つためには，「手をぬぐうため」という《目的・機能》があれば十分であり，実際に手を拭いたかどうかは問題ではない。これに対して，「はちまき」は，布を頭に巻き付けて初めて「はちまき」と呼べる。その際に使用する布は，典型的には手ぬぐいであるが，現実的にはどんな布でも構わない（もっとも，運動選手がはちまきをするために作られた布が「はちまき」として販売されていることがあるが，それは「頭に巻くため」という使用目的を表すだけで，実際には頭に巻くこと以外の用途に用いても何ら問題はない）。

このように，本来の「はちまき」は，「頭に布を巻く」という動作の履歴があって初めて「はちまき」と呼べるのであり，その目的は「精神統一のため」とか「髪の毛がばらけないように」という具合に実際の状況によって様々である。以上のまとめとして，「手ぬぐい」と「はちまき」の重要な部分をクオリア構造で示すと次のようになる。

(20) | | a.「手ぬぐい」 | b.「はちまき」 |
|---|---|---|
| 《外的分類》 | 人工物(x)，モノ | 人工物(x)，モノ |
| 《内的構成》 | 布 | 布 |
| 《目的・機能》 | xで手を拭く。 | 精神統一など。 |
| 《成り立ち》 | 人がxを作る。 | 人がxを頭に巻いて結ぶ。 |

「はちまき」の他に，「猿ぐつわ」，「目隠し」なども動作の意味を《成り立ち》に含んでいると考えられる。

次に，場所名詞として「自転車置き場」と「事故現場」という2つの複合語を比べてみよう。どちらも場所を表すという点で共通しているが，複合語を構成する前要素と後要素の意味関係が異なっている。すなわち，

「自転車置き場」は自転車を置くための場所という意味で，いま現実にそこに自転車が置かれていても置かれていなくても構わない。「ここは自転車置き場だが，料金が高すぎて，これまで誰も自転車を置いたことがない」と言っても矛盾は生じない。このことをクオリア構造で表すと，「自転車置き場」という名詞は《目的・機能》として「そこに自転車を置くため」と規定されていると考えられる。これに対して，「事故現場」というと，実際に過去のある時点においてその場所で事故が起こっていなければならない。「ここが事故現場だが，ここで事故が起こったことはない」というのは矛盾している。実際に事故が起こったからこそ「事故現場」と言えるから，クオリア構造で表すと，「そこで事故が起こった」という説明が《成り立ち》に記載されていることになる。

(21)　　　　　　　　a. 自転車置き場　　b. 事故現場

《外的分類》	場所(x)	場所(x)
《目的・機能》	x に自転車を置く。	
《成り立ち》		x で事故が起こった。

ここで注目したいのは，《目的・機能》と《成り立ち》が主語，目的語，動詞を使った文の形で記述されているという点である。これまで繰り返し述べたように，一般に動詞は時間の流れに沿った動作や出来事を表す。したがって，「自転車置き場」の《目的・機能》に記された「そこに自転車を置く」という条件も，「事故現場」の《成り立ち》に記載された「そこで事故が起こった」という条件も，理屈の上ではどちらも時間の流れを伴うはずである。しかし，次の2文を比べると，《目的・機能》の記述と《成り立ち》の記述では，時間の関与が異なることが判明する。

(22)　a. 10月9日の自転車置き場
　　　b. 10月9日の事故現場

(22a)は「10月9日にその場所に自転車を置いた」という意味には取れない。たとえば，「これが10月9日の自転車置き場の写真ですが，ご覧のとおり，自転車は一台も置かれていません」と言うことが可能である。つまり，(22a)の「10月9日」は「自転車置き場」を何らかの関係で修飾しているだけで，「10月9日に自転車を置く」という解釈とは結びつかない。他方，(22b)では，(22a)と同じように「10月9日に撮影した事故現場

(実際の事故はそれより前に起こった)」という解釈もできるが,「10月9日に起こった事故の現場」という意味にも取れる。後者の解釈では「10月9日」は《成り立ち》に記載された「そこで事故が起こった」を修飾し,事故の発生した日にちを表現している。

　この違いは,クオリア構造における《目的・機能》と《成り立ち》の役割の違いに由来すると考えられる。すなわち,《目的・機能》というのは,誰が使っても,いつでも同じ機能に保たれる性質(総称的時制;永遠の真理)であるから,特定の日時だけに限定して述べることはできない。他方,《成り立ち》は特定の時間と場所における実際の発生を意味しているから,日時を明示しても不都合はない。

　上例から分かるように,モノ名詞のうち,《成り立ち》に特徴がある名詞は,そこに時間的な概念を含んでいる。このような特徴を持つ名詞は,「白紙」のような無生物名詞や「事故現場」のような場所名詞だけに限られない。たとえば「犬」を表す名詞を2種類に分類してみよう。

(23)　a.《目的・機能》で規定できる「犬」
　　　　番犬(家の番をするための犬),猟犬(狩猟に用いる犬),
　　　　警察犬(警察が犯罪捜査に使う犬)
　　　b.《成り立ち》で規定できる「犬」
　　　　老犬(実際に年老いた犬),愛犬(実際にかわいがっている
　　　　犬),親犬(実際に子を持っている犬)

ここでも,《目的・機能》と《成り立ち》の違いは,かなりはっきりしている。たとえば,《目的・機能》で規定できる「番犬」について,「この犬は番犬なのに,ちっとも家の番をしない役立たずだ」と言えるが,他方,《成り立ち》で規定できる「老犬」について,「この犬は老犬だが,ちっとも年をとっていない」というのは明らかに矛盾している。

　人間を表す名詞も同じように分類でき,そこからさらに興味深い観察につながるのだが,人間名詞については第3章で説明することにして,以下では,動詞から派生された英語と日本語の名詞を調べることにしよう。

4.4　動詞・形容詞が名詞に変わるとき

　動詞や形容詞が名詞に変わることを**名詞化**(nominalization)と言う。本節では,動詞と形容詞が名詞化されたときの意味的な性質を解説し,こ

れらの名詞の統語的な性質については第 8 章で説明する。

　名詞化の方法は，元になる単語（「語基」と言う）に接尾辞を付ける**派生**（derivation）という操作と，明示的な接尾辞を付けずに品詞だけを変える**転成**（conversion）という操作がある。

(24) 　a. 　動詞からの派生

　　　translate → translation, build → building, arrive → arrival

　　　食べる → 食べっぷり，話す → 話し方

　b. 　形容詞からの派生

　　　warm → warmth, kind → kindness

　　　甘い → 甘さ，甘み

(25) 　a. 　動詞からの転成

　　　hit → a hit（ヒット），find → a find（掘り出し物）

　　　動く → 動き，たたく → （鰹の）たたき

　b. 　形容詞からの転成

　　　high → a high（興奮状態），cold → a cold（風邪）

以下では -er (runner, cleaner) や -ee (employee) のように特定のモノ（人間や道具など☞第 3 章）を指す接尾辞は除外して，単純に動詞を名詞に変える接尾辞と転成だけを考察する。なぜなら，本来は動作や出来事を表す動詞が名詞に変わったときにどのような意味になるのかを調べるためには，特定の意味に限定されない意味的にニュートラルな接尾辞（および転成）を用いることが必要だからである。

　動詞が名詞化されると，どのような意味になるだろうか。動詞は元々，動作や出来事を表すから，名詞になってもその意味的性質を引き継ぐことが当然予想される。たとえば，translate（翻訳する）という動詞を名詞化した translation を見てみよう。

(26) 　a. 　The translation of the novel was finally completed.

　　　（その小説の翻訳（作業）がようやく終わった）

　b. 　Peter bought the new translation of the novel.

　　　（ピーターはその小説の新しい翻訳（書）を買った）

(26a) の translation は「翻訳」という行為を指し，これは広い意味でデキゴト名詞に含められる。ところが，(26b) では同じ translation でも意

味が異なり,「翻訳書」という具体物を表すモノ名詞になっている。「翻訳書」というのは,翻訳という行為の結果として生じる産物であるから,**結果名詞**(result nominal)とも呼ばれる。

(26)の translation は -ion という接尾辞を含んでいるが,接尾辞を伴わずに品詞だけを変える**転成**でも同じように,デキゴト名詞の意味とモノ名詞の意味が生まれる。例を挙げてみよう。(27)の walk と「走り」は動作を表すからデキゴト名詞と考えられ,他方,(28)の build と「たたき」は具体的な形を表すからモノ名詞に分類できる。

(27)　a. They went out for a walk.(散歩に出かけた)
　　　 b. 彼は走りが速い。(「走り」=「走ること,走る速度」)
(28)　a. He has a strong build.(頑丈な体格)
　　　 b. 馬肉のたたきを食べたことがありますか？

動詞は出来事や行為を表すはずなのに,名詞化されると,なぜデキゴト名詞だけでなくモノ名詞にもなるのだろうか。それを明らかにするためには,まず動詞の意味の成り立ちについて復習しておく必要がある。『動詞編』と『形容詞編』で繰り返し説明したように,動詞の意味は〈行為・働きかけ〉→〈変化〉→〈結果状態〉という行為連鎖の仕組みで分析できる。たとえば translate(翻訳する)という動詞は概略,次のような意味構造で表すことができる。

(29)　x translates y into z.「x が y を z に翻訳する」
　　　〈x が y に働きかけ〉→〈y が変化〉→〈y が z になる〉
　　　[例]〈先生が英語の小説に働きかけ〉→〈英語の小説が変化〉
　　　　→〈英語の小説が日本語になる〉

これを「先生が英語の小説を日本語に翻訳する」という例文に当てはめると,x が「先生」,y が「英語の小説」,z が「日本語」であるから,「先生が英語の小説を日本語に翻訳する」というのはつまり,〈先生が英語の小説に働きかける(翻訳するための作業を行う)〉という行為によって,〈英語の小説が変化する〉という事態が発生し,最終的には,〈英語の小説が日本語の文章になる〉という結果にたどり着く。このような動詞の意味構造を念頭に置くと,名詞化というものの本質が見えてくる。

接尾辞や転成によって品詞を変えるという操作は,伝統的には形態論(morphology)の研究と見なされていた。形態論というのは単語の形を

分析する研究分野である。ところが，近年，意味論の発達によって，単語の品詞や形を考える際にも意味を重視することが必要であり，意味に注目することによって形態についても新しい知見が得られることが明らかになってきた。本書は全体にわたって，意味の観点から単語や構文を見ているわけであるが，当面の課題である名詞化についても同じように，意味の考察が重要な役割を果たす。つまり，名詞化というのは，単に「動詞を名詞に変える」という品詞の形式的な変化をいうのではなくて，むしろ次のような意味の変化を表すのである（影山 1999a, Kageyama 2001）。

　◎名詞化の本質
　　名詞化という操作は，動詞が持つ意味構造（行為連鎖）の全体あるいは一部分を切り取って，デキゴトまたはモノという名詞の概念に変えることである。

　たとえば，The translation of the novel was completed in one year. という場合の translation という名詞は，(29)に示した行為連鎖の左端から右端まで全体をひとまりの概念にしたものである。つまり，「1年間で完了した」というのは，行為連鎖の左端〈x が y に働きかけ〉から，中間の〈y が変化〉を経て，右端の〈y が z になる〉まで全体をカバーし，左端から右端に行くまでに「1年かかった」ということを表現している。

　同じ translation という単語が，(29)の行為連鎖のどこか一部分だけを表現することもできる。

　　(30)　a. The translation was interrupted because of the accident.
　　　　　　（翻訳は事故のために中断された）（〈行為〉の部分を指す）
　　　　b. The translation was slow.
　　　　　　（翻訳はゆっくりだった）（〈変化〉の部分を指す）
　　　　c. inaccurate translation
　　　　　　（不正確な翻訳）（〈結果状態〉の部分を指す）

(30a)は行為連鎖の中の〈行為〉の部分，(30b)は〈変化〉の部分，(30c)は〈結果状態〉の部分を指すと考えられる。さらに，translation は次のような用法もある。

　　(31)　The translation sold one million copies.
　　　　　（その翻訳書は100万部売れた）

(31)の translation（翻訳書）は，〈y が z になる〉という結果状態の中に

現れる"z"（つまり翻訳された日本語の本）そのものを指すと考えられ，これが「結果名詞」つまりモノ名詞に該当する。(30c)と(31)の違いは分かりにくいかも知れないが，(30c)のtranslationは「出来上がった翻訳が不正確である」という状態を表し，この場合，英語では冠詞なしで使うことができる。他方，(31)のtranslationは出来上がった翻訳本そのものを指し，したがって可算名詞として不定冠詞あるいは複数形語尾が付く。

このように，行為連鎖という意味構造を用いると，動詞が名詞化されたときの多義性（複数の意味）をうまく説明することができる。上に挙げたtranslationは人間（動作主）が意図的に行う動作を表す例であるが，同じような多義性は，意図的な動作主の介入なしに変化だけを表す自動詞にも見られる。たとえば，separateは他動詞「分ける」と自動詞「分かれる」の意味があるが，自動詞として使った場合，動作主の行為を表す部分は含まれず，変化と結果状態だけで構成される。したがって，この自動詞separateが名詞化されてseparationになると，(32)の2種類の意味が生じることになる（伊藤・杉岡 2002）。

(32)　a. The gradual separation of the island from the continent continued.（〈変化〉：島が大陸から分かれる変化過程）
　　　b. After years of separation, she was reunited with her husband.（〈結果状態〉：夫婦が別れた状態）

これに対して，run, laughのように動作・行為を表す自動詞の場合と，bite, tasteのように働きかけだけを表して結果を含まない他動詞の場合は，行為連鎖の中の〈行為・働きかけ〉の部分しか含まないから，下の(33)に示すような名詞は，通常は行為を表すデキゴト名詞になる。これらの名詞は行為の意味のときは"have/take a N"「ひと（名詞）する」という軽動詞構文（影山 1996）で使われることも多い。

(33)　行為を表すデキゴト名詞
　　　a. walk, run, swim, sleep, laugh, smile, cry, bite, talk, look
　　　a′. She had a taste of the soup before she served it.
　　　b. 走り，笑い，泳ぎ，眠り，踊り，遊び，働き，押し，争い
　　　b′. まだ早いので，もうひと働きしよう。

さらに，〈変化〉の意味を含む動詞を名詞化すると，(34)のようになる。

(34) a. 行為／変化と結果状態を含む例
　　　　arrest, destruction, expansion, development, deterioration, starvation, growth（自動詞 grow に対応する意味のみで，他動詞「栽培する」に対応する意味はない）
　　　　育ち，汚れ，乱れ，焦げつき，飢え，疲れ
　　b. 主に行為／変化のみを表す例
　　　　alternation, murder, arrival, change, reduction
　　　　取り壊し，買い入れ，立ち入り，揺れ，動き，切れ
　　c. 主に結果状態のみを表す例
　　　　（良い）出来，（立派な）造り，貸し

次に，モノ名詞の意味を考えよう。本来なら出来事や動作を表す動詞が名詞化された場合，デキゴト名詞になることは当然として，具体物を指すモノ名詞にもなることができるのは，どうしてだろうか。その答えも，行為連鎖を使うと比較的簡単に分かる。

上で説明したように，デキゴト名詞としての解釈は，行為連鎖を構成する〈行為〉，〈変化〉，〈結果状態〉といった出来事の局面のうちどの局面を指すかによって規定することができた。ところが，行為連鎖は，単に〈行為〉，〈変化〉，〈結果状態〉といった要素だけで出来ているのではない。〈行為〉というからには，「誰」がその行為をするのかという情報が必要であり，〈働きかけ〉というからには，「誰」が「何」に対して働きかけるのかという情報が必要である。このように，「誰が」や「何を」といった要素を「意味的な項」と呼んでおく。項（argument）というのは，要するに，主語，目的語，補語に当たるものである。そうすると，これまでは単純に〈行為〉→〈変化〉→〈状態〉と表示してきた行為連鎖は，より正確には，意味的な項を組み込んで次のような形になる。

(35) 意味的な項を組み込んだ行為連鎖
　　　　〈xがyに行為・働きかけ〉→〈yが変化〉→〈yがzの状態・位置〉

この公式で，xに当たるものは「行為を行う動作主」や「出来事を引き起こす原因」などに該当し，yは「行為を受ける側，変化する対象」になり，zは「最終的な状態あるいは位置，最終的な結果・産物」を表す。これを踏まえて，動詞がモノ名詞になるのはなぜかを考えてみよう。

動詞がモノ名詞になると具体的な物体を表すわけであるが，その具体的な物体とは，(35)の行為連鎖に現れる意味的な項（x, y, z）を指す。これが，動詞がモノ名詞になるときの基本的な法則である。具体例を見ていこう。まず，英語で数が多いのは，行為や出来事の結果として生じる「結果」，「産物」，あるいは「変化の対象」そのものを表す**結果名詞**である。日本語の動詞連用形は，そのまま名詞になる場合もあるが，特に1拍，2拍といった拍（モーラ）の数が少ない動詞では，「もの」などの名詞や他の動詞と複合して初めて名詞になるものもある（影山 1999a）。

(36) a. 行為の産物

cry, writing, building, painting, invention, construction, creation, composition, development, publication, translation, revision

叫び（声），発明（品），切り抜き，積み残し，巻き（もの）

b. 所有変化の対象

gift, donation, offering, delivery, assignment, supply, equipment

割当て，差し入れ，借り，貸し，贈り（もの）

c. 変化の産物（自動詞）

happening, occurrence, congregation

汚れ，集まり，固まり，こげ，くぼみ，残り，余り（もの）

d. 思考／伝達の結果（対象）

prayer, hope, answer, talk, feeling, decision, teaching, complaint

考え，思い，悩み，問い，望み，答え，話し，祈り，定め，教え，訴え，決まり，言いつけ，言い伝え，願い（ごと）

変化（移動）の結果が場所を表す場合は，「場所」の意味をもつモノ名詞ができあがる。

(37) 場所

dwelling, lodgment, basement, settlement, beginning, end, parking

住まい，はて，通り，（池の）まわり，突き当たり，吹きだまり，ぬかるみ

(37)の場所名詞で重要なことは，元になる動詞が〈yがzの位置・状態〉という意味を含むという点である。たとえば，dwell（xがyに住む）という動詞は，〈yがzの位置・状態〉を含むからこそ，名詞形 dwelling はzを指して，「住居」という意味になる。「通り」の場合は，これまで例示した意味構造には出てこなかった「経路」という概念が関係している。経路とは，〈yがzを移動〉という意味構造のzに当たる概念である（☞第6章）。「通る」という動詞はまさに〈yがzを移動〉という意味構造を持つから，その結果，「通り」というモノ名詞は"z"という経路を指すことになる。もし，元になる動詞がそのような経路や位置の意味構造を含んでいなければ，できあがったモノ名詞は場所ないし位置を表すことはできない。たとえば「さわぐ」という動詞には場所も位置も関係ないから，「さわぎ」という名詞は場所や位置の意味を持たない。

行為の結果や対象だけではなく，行為を引き起こす側の項を表すモノ名詞もあるが，日英語共に数は少ない。これは，動作主を表す接尾辞（☞第3章）による語形成が生産的であるためだと考えられる。

(38) a. 原因／手段
protection（保護手段）destruction（破滅の原因），transportation, insurance, encouragement, bore
支え，妨げ，覆い，囲い，励み，癒やし
b. 動作主
cook, coach, guide, guard
すり，見張り，見習い，付き添い
c. 道具
lift, catch, drill, watch, measure
浮き，はかり，はたき，ふるい，鋤（すき）

接尾辞を用いた場合にも当てはまることであるが，接尾辞を用いない「転成」については特に，英語と日本語で興味深い相違が指摘できる。すなわち，英語の名詞化は，デキゴト名詞だけでなくモノ名詞も活発に生産するが，日本語の名詞化は，基本的にはデキゴト名詞を作り，モノ名詞を作る場合はかなり限られている。その違いは，英語と日本語で対応する転成名詞を突き合わせてみると，よく理解できる（影山 2002a）。

(39) 結果・産物

a bite：噛み［傷］, a bark：吠え［声］, a burn：やけど（語源は「焼け処」）, a wash：洗い［もの］, a bet：賭け［金］, fries：揚げ［物］, a catch：獲［物］, a cut：切り［傷］, an exhibit：陳列［品］, a (rare) find：めっけ［物］, a kill：獲［物］, a scratch：引っ掻き［傷］, a roast：焼き［肉］, shaves：削り［くず］, a run：打［点］

(39)は結果産物を表す名詞化の例であるが、英語は a bite だけで「噛み傷」, a scratch だけで「引っ掻き傷」のように具体的な結果を表している。ところが、日本語では「噛み」、「引っ掻き」といっただけでは意味が不明瞭であり、「〜傷」と明示しなければならない。このように、日本語のほうは(39)の例で［　　］の中に示した名詞を補う必要があり、［　　］の名詞がなければ日本語として成り立ちにくく、せいぜい、出来事や状態を表す意味にしか取れない。

　この違いは、結果産物の他に、人間や場所、道具などを表す名詞にも一般的に当てはまる。

(40)　人間
　　a cook：料理［人］, a guard：見張り［番］, a cheat：詐欺［師］, a transfer：転校［生］, a suspect：容疑［者］, a stand-by：待機［者］

(41)　場所
　　a hide：隠れ［家］, a transfer：乗り換え［駅］, a rise：のぼり［坂］, a stand：観覧［席］, a walk：散歩［道］

(42)　道具・手段
　　a catch：留め［金］, 取っ［手］, a cure：治療［薬］, a drive：駆動［装置］, a lift：昇降［機］, a permit：許可［証］, a sting：（刺すもの、昆虫の針）, a wrench：（ねじるもの、レンチ）

上の日本語例には、「隠れ（家）」のような和語と、「容疑（者）」のような漢語を含めている。和語、漢語の違いに関わりなく、日本語としては動詞の後ろに名詞を置いて締めくくるのが自然である。

　日本語で難しいのは単純な動詞の名詞化なのか、複合名詞の省略なのかが見分けにくい点である。たとえば、いなり寿司に使う「揚げ」は「油揚

第2章　モノ名詞とデキゴト名詞

げ」という複合語を省略したものであり，「揚げる」という動詞から直接的に名詞化したものではない。同じような例として，「流し台」を省略した「流し」，「登り坂」や「上り電車」を省略した「登り／上り」などが挙げられる。また，「包み」というモノ名詞は「紙包み」を省略したものなのか，それとも「包むという行為」を表すデキゴト名詞がメトニミーによって結果産物の意味になったのか即断しにくいといった曖昧な例も少なくない。それでも，「(先生の) 教え，(家の) 蓄え，(地面の) くぼみ，(羊の) 群れ」のような例があり，これらは1つ，2つと数えることができるから明確なモノ名詞になっていると考えてよい。しかしこのような表現はあまり規則的，生産的に作られるものではない。たとえば，「畳 (←たたむ)」，「太刀 (←断つ)」，「(焼き肉の) タレ (←垂れる)」，「堀 (←掘る)」，「はたき (←はたく)」などは，語源的には動詞から作られたモノ名詞と分析できるが，普段，私たちは動詞起源に気がつかないぐらい意味が特殊化している。

　英語ではモノ名詞を作る傾向が強いという特徴は，形容詞や副詞などの品詞が名詞に転成される場合にも広く見られる。

　　　(43)　a. 形容詞から名詞への転成

　　　　　　three-year-olds（3歳児），valuables（貴重品），a weekly（週刊誌），a monthly（月刊誌），a desirable（望ましい人物），good and evil（善と悪），a regular（常連，レギュラー選手）

　　　　　b. 副詞から名詞への転成

　　　　　　ups and downs（浮き沈み，上がり下がり），ins and outs（一部始終）

　日本語では動詞の連用形を名詞として使うときに，音声上の制限が観察される（西尾1988，影山1999a）。連用形が1拍（モーラ）の動詞（たとえば「見る」の「み」や「来る」の「き」）は名詞として使いにくく，名詞として落ち着かせるためには「チラ見」や「行き来」のように複合語にする必要がある。しかしそれでも，「出」（出が遅れる）など例があることはある。2拍になると，「借り」や「浮き」など少なくないが，それでも複合語にして拍数を増やすと安定度が増す（たとえば「焼け」だけでは具体物をさせないが，後ろに「焦げ」を付けて「焼け焦げ」とするとモノ名

詞になる）。また，逆に，前に接頭辞「お」や修飾語を付けることによってモノ名詞として安定する場合もある（影山 2002a）。

(44) お焦げ，おにぎり，お守り，鯉のあらい，鰹のたたき，ブタの丸焼き，鰺のひらき，ブリの照り焼き

このように，ごく一般的に言うと，英語の名詞化はデキゴト名詞だけでなくモノ名詞も自然に表すことができるのに対して，日本語の動詞連用形は出来事や状態を表すことはできるものの，具体物を表すのは普通ではなく，複合語にしたり前に修飾語を付けたりして始めて自然な言い方になる。

一般に，英語という言語が事物の「輪郭」に注目するのに対して，日本語はそうでないという傾向が見られるが，上で見てきた名詞化における日英語の差異も，同じ傾向に由来するものと言えるだろう（影山 2002a）。つまり，英語のほうは burn と言うだけで，具体物の意味的な「輪郭」を作って「火傷」の意味を表すことができるのに対して，日本語のほうは「焼け」だけでは火傷という意味の結果名詞にはならない。

本節では，動詞が名詞に変わるときにどのような意味になるのかを行為連鎖という動詞の意味構造を用いて説明した。一言でいうと，デキゴト名詞になるときは，基になる動詞の行為連鎖の全体あるいは一部分の局面が表す行為や変化や状態の意味になり，他方，モノ名詞になるときは，行為連鎖の中に示された意味的な項（動作や出来事に関与する主語，目的語，場所などに当たる概念）を表す。

5 まとめ

本章では，まず，名詞の基本的な種類としてデキゴト名詞とモノ名詞の区別を説明し，その区別が，動詞から名詞を作る名詞化の諸現象においてどのように反映されるのかを主として意味の観点から説明した。動詞からの名詞化については，意味や規則性・生産性の違いだけでなく，元の動詞が持つ目的語や補語がどのように引き継がれるかという文法に関わる重要なテーマと相関している。名詞化の文法的な性質については第8章で詳しく説明することにする。

6 さらに理解を深めるために

- 影山太郎．1999a．『形態論と意味』［第7章でデキゴト名詞とモノ名詞を取り上げ，モノ名詞の意味と日英語の視点の違いの関係を説明している］
- 伊藤たかね・杉岡洋子．2002．『語のしくみと語形成』［第3章で日英語のさまざまな名詞化の特徴と語彙表示レベルの関係を説明している］
- Jane Grimshaw. 1990. *Argument structure*.［動詞の項構造についての研究書で，名詞化については第3章に詳しい考察がある］

（影山太郎）

QUIZ

日本語には「もの」という形式名詞を動詞にくっつけた複合語がたくさんある。たとえば，「書きもの（をする）」は「文章を書く」という動作を表すデキゴト名詞であるが，「もの書き」は「文筆家」という意味のモノ名詞である。

次の動詞（の連用形）に「もの」を付けて，モノ名詞になるかデキゴト名詞になるか考えなさい。「もの」が動詞の前に付くか動詞の後に付くかで，意味が変わることもあるから注意。

(1) 編む　　(2) もらう　　(3) 忘れる　　(4) 置く　　(5) 笑う

※答えは323ページ

第 3 章　ヒト名詞と道具名詞

> ◆基本構文
> (A) 動詞＋er：teacher は人間，computer は機械，broiler は若鶏，sneaker は運動靴。
> (B) 動詞＋人：「雇い人」は英語で言うと employer，それとも employee？
> (C) I saw a famous {conductor/*pedestrian} on the train.
> (D) 昨日デパートでプロの {登山家/*登山者} が登山靴を買っているのを見た。

【キーワード】動作主，道具，人を表す接尾辞，クオリア構造，事態解釈，個体解釈

1　なぜ？

　(A)のように英語の -er という接尾辞はかなり自由に動詞に付いて，新しい単語を作ることができる。多くの場合，teacher や singer のように人間を指すか，あるいは，computer や vacuum cleaner のように道具・機械を指すが，broiler は機械（焼き肉用のコンロ）だけでなく，「焼き肉用に育てられた若鶏」も指し，また，sneaker は「こそこそする人」だけでなく「ゴム底の運動靴（スニーカー）」も指す。-er で終わる名詞はどうしてこんなにいろいろな意味を表すのだろうか。-er 名詞が表すことのできる意味の範囲はどのようになっているのだろうか。

　日本語には -er にぴったり当たるものはないが，代わりに(B)の「-人」（雇い人，使用人）や，「-者」（登山者，歩行者），「-家」（登山家，芸術家）などの接尾辞が使われる。ところで，英語では employer は雇う側，employee は雇われる側を表すが，日本語の「雇い人」あるいは「使用

人」は，employer のことだろうか，それとも employee のことだろうか。

(C) では「私は電車で有名な＿＿＿＿を見た」と述べているが，この文で「指揮者（conductor）を見た」と言えるのに，「歩行者（pedestrian）を見た」と言えないのはなぜだろうか。

日本語でも同じようなことが観察できる。(D) では，なぜ「登山家」はよいのに「登山者」はおかしいのだろうか。

2　ヒト名詞，道具名詞とは

英語の -er という接尾辞は，dance → dancer, teach → teacher, drive → driver, pass by → passer-by のように動詞について様々な仕事や行為をする人間を表すことが最も多いが，それに続いて，computer, freezer, dryer, refrigerator のように人間が用いる道具を表す用法も多い。人類は道具を使うことで今日の文明を築き上げてきたわけであるから，言語においては「人間（ヒト）」を表す名詞と「道具」を表す名詞が重要な語彙を形成することが容易に推測できる。本章ではヒト名詞と道具名詞を取り上げ，英語と日本語を比較しながら意味と形態を検討する。ただし，人間を表す名詞といっても，I（私），you（あなた），he（彼）といった代名詞や，man, woman, boy, girl, child のように性別や成人・子供を生物学的に区別するような基本単語は対象外とし，何らかの動作を行ったり何らかの状態を担ったりしているヒト名詞の意味的な性質をモノ名詞とデキゴト名詞との関連において検討する。

本章で取り上げるのは，①dancer, waiter, nurse,「落語家」,「教師」といった職業を表す名詞，②職業ではないが passenger（乗客），passer-by（通行人），customer（顧客）といった何らかの動作を行う人間を表す名詞，③動作でなくても「病人，負傷者，患者，よっぱらい，迷子」のように何らかの状態に陥っている人間を表す名詞などである。また，道具名詞というのは，desk, pencil, car, freezer, dryer, tranquilizer といった手段・道具・乗り物・機械・薬などを表す名詞である。

本章では，これらの名詞の意味をクオリア構造で分析していく。なお，構文的用法については第8章で扱う。

3　ヒト名詞，道具名詞の代表例

【英語の -er 名詞（-or, -ar も含む）】
　人間を表す -er 名詞：teacher, taxi driver, director, conductor
　道具・機械を表す -er 名詞：computer, shredder, refrigerator, mixer

【職業や仕事を表す名詞（英語では -er 以外）】
　・novelist, conductor, cook, English teacher, physicist
　・小説家，落語家，指揮者，登山家，看護師，

【職業・仕事以外を表すヒト名詞】
　・participant, absentee, invalid, world-record holder, vegetarian
　・参加者，欠席者，病人，世界記録保持者，発起人，担い手，受け取り人，もの知り，よっぱらい，迷子

4　問題点と分析

4.1　ヒトを表す -er 名詞とモノを表す -er 名詞

　英語の接尾辞の中で，drive → driver, freeze → freezer, thrill → thriller のような例に見られる -er という接尾辞は，-ion (examine → examination) や -ing (jog → jogging) と並んで最も生産力が大きい接尾辞のひとつである（生産力が大きいというのは，適用する動詞の意味などの条件にとらわれず，新しい単語をどんどん作ることができるということ）。lie → liar, beg → beggar（歴史的には「逆形成」）のように -ar と綴られる場合も，visit → visitor, act → actor, refrigerate → refrigerator のように -or と綴られる場合もあるが，-er, -or, -ar は単なる表記上のバリエーションで，基本的に同じものと考えられるので，以下では "-er" という綴りで代表させる。なお，doctor から -or を取り外した doct や，butcher から -er を取り外した butch はそれだけでは意味がないが，これらは語源的にはラテン語の doctor（教える人），古フランス語 bouchier（雄山羊を扱う人）が英語に入ったものである。言うまでも

なく，twitter（さえずる），wander（さまよう）などの動詞の最後に見られる -er は本章で扱う接尾辞の -er とは関係ない（これらには -er が付いて twitterer, wanderer のようになる）。

　-er は，形態論（単語の作り方），意味論，統語論（文の作り方）のいずれについても興味深い性質を持っている。まず，-er はいろいろな品詞に付くという点で形態論的にユニークである。多くの接尾辞は付く相手（語基 base）の品詞が決まっていて，たとえば，happiness, brightness のような -ness は形容詞だけに付く。他方，-er は動詞に付くだけでなく，名詞，形容詞，数詞などにも付く。

　　(1)　名詞＋ -er
　　　　preschooler, lefthander, infielder, double-header, major leaguers, gardener, hatter, bencher, cottager, DIYer (do-it-yourselfer), villager, header, back-hander, islander, Londoner, New Yorker
　　(2)　形容詞＋ -er
　　　　foreigner, stranger, southerner, Britisher
　　(3)　数詞／数詞付き名詞＋-er
　　　　teen-ager, ten-rounder（10回戦），fiver（5ドル札，5ポンド札），double-decker, quarter pounder, six-footer（6フィートの人／物），one-miler（1マイル競争の選手／競走馬）

このように -er はいろいろな品詞に付くが，どの場合でも -er が付いた単語全体は常に名詞になる。とりわけ生産力が強いのは動詞に付く場合なので，本節では動詞に付く場合に絞って見ていくことにしよう。

4.1.1　「動詞＋ -er」の多様性

動詞に -er が付いた名詞で最も多いのは人間を表す例である。

　　(4)　人間を表す-er 名詞
　　　　baker, boaster, commander, dancer, dweller, follower, gambler, garbage collector, highjacker, hunter, jobhunter, jogger, lifesaver, lover, rider, runner, singer, skater, skier, slayer, stroller, swimmer, taxi driver, teacher, trainer, traveler, waiter, wanderer, writer

これらの名詞から -er を取り外すとその前の動詞が残る。動詞の部分は他

動詞のこともあるし，自動詞のこともある。たとえば baker の bake は「（パンを）焼く」，taxi driver の drive は「（タクシーを）運転する」という他動詞であり，他方，boaster の boast（自慢する）や skier の ski は自動詞である。しかしいずれの場合も，-er 名詞全体はその動作を意図的に行う人——**動作主**（agent）と言う——を指す。

　動作主と並んで道具や機械，あるいは薬などを表す -er 名詞も多い。

　　(5)　道具類を表す -er 名詞
　　　　　boiler, can-opener, dryer, fertilizer, computer, cooker, eraser, fertilizer, food processor, freezer, grinder, heater, humidifier, launcher, lighter, marker, mixer, pencil sharpener, printer, propeller, refrigerator, screwdriver, shredder, shutters, stapler, stretcher, toaster, tranquilizer, washer

道具や機械は人間が使うものであり，多くの場合，人間が直接できないことを代わりにやってくれる。たとえばシャンプーの後で髪を乾かすとき，人間が団扇であおいだり息を吹きかけたりしてもほとんど効果はない。そういったとき，hair dryer は人間の代わりに髪を乾かしてくれる。(5)に挙げた道具名詞はすべてそのように人間の代わりとして機能する。このような場合には動詞に -er を付けて道具名詞を作ることができる。

4.1.2　媒介道具と助長道具

　道具を表す名詞は動詞に -er が付いたものばかりではない。pencil や fork のように単純語（内部をそれ以上分解できない単語）でも道具を表す名詞はたくさんある。Levin and Rappaport (1988) は，道具には媒介道具（intermediary instruments）と助長道具（facilitating instruments）の2種類があることを指摘している。

　　(6)　a.　媒介道具（intermediary instruments）
　　　　　　This gadget opens the can. → gadget＝can opener
　　　　　　The crane loaded the truck. → crane＝loader
　　　　b.　助長道具（facilitating instruments）
　　　　　　*The fork ate the meat. → fork≠eater
　　　　　　*The pitchfork loaded the truck. → pitchfork≠loader

まず，(6a)を見てみよう。This gadget opens the can.（この道具は缶を

開けるものだ）と言える状況が当てはまれば，その道具のことを can opener（缶切り）と呼ぶことができる。同じように「このクレーンがトラックに荷物を積んだ」と言える状況が成り立てば，そのクレーンのことを "loader"（荷積み機械）と呼ぶことができる。缶切りもクレーンも，人間の手では直接，出来ない仕事を，人間と対象物の間を仲介して実行してくれる。これが媒介道具である。

　他方，助長道具というのは，道具が人間の代わりに直接，動作を行うのではない。動作を行うのはあくまで人間であって，道具はその手助けをするだけである。(6b)を見てみよう。*This fork ate the meat.（このフォークが肉を食べた）という状況はあり得ないから，fork のことを "eater" と呼ぶことはできない。"eater" と言えば，必ず，食べ物を食べる人間（あるいは動物）を指す。同様に，三つ叉（くま手）を使ってトラックに干し草を積み込むとき，*The pitchfork loaded the truck.（この三つ叉がトラックに荷物を積んだ）とは言えない。三つ叉（くま手）は干し草をかき集めやすくするだけであって，三つ叉自体が干し草を積み込んでくれるわけではない。したがって，"pitchfork" のことを "loader" とは呼べないのである（(6a)のクレーンの場合と比較）。

4.1.3　行為連鎖と -er 名詞

　この区別を踏まえて先ほどの(5)を見てみると，(5)に挙げられた例はすべて媒介道具に該当することが分かる。このことを〈行為連鎖〉で表すと，次のようになる。

　　(7)　行為連鎖における動作主と媒介道具
　　　　〈A が B を用いて C に働きかける〉→〈C が変化〉→〈C の結果状態〉
　　　［例］Tom opened the can with the new can opener.
　　　　　　The new can opener opend the can.

(7)の図式で，A が動作主 (he)，B が道具 (can opener)，C が缶である。缶を開けようとするとき，動作主 (Tom) はまず道具 (can opener) を操作し，その道具が対象物 (can) に接触し作用する。このような作用の連鎖がある場合，英語では道具名詞を主語にして，The new can opener opened the can. のように「道具格主語構文」(☞第10章) が成り立つ。(5)の道具名詞はすべて，このように道具格主語構文で作文できるはずである。

そうすると，行為連鎖においては，動作主（人間）も媒介道具も左端の〈行為〉の局面に関わり，文構造ではそのどちらでも他動詞の主語になることができる。このように，動作・行為を行う人間，あるいは人間の動作・行為を媒介する道具を外項（external argument）と呼ぶ。

Levin and Rappaport (1988) と Rappaport Hovav and Levin (1992) は，-er 接尾辞は必ず「外項」を指すと主張している。この仮説では，(8a, b)に例示されるような物体，動物，植物を表す名詞も，それ自体が動作を行うから「外項」である。

(8) a. 何らかの動作を行う機器

speaker（スピーカー），tweeter（高音専用スピーカー），woofer（低音専用スピーカー），hooter（警笛），beeper（ポケットベル），recliner（リクライニングシート），shocker（怖い映画や小説）

b. 何らかの動作を行う生物

croaker（蛙，烏など croak するもの），honker（雁），warbler（さえずる鳥），creeper（這う昆虫，つる植物）

この仮説によると，行為を受ける側は -er 名詞の指す対象にならない。たとえば opener と言うと，open する側の人間や媒介道具を指すのであって，open される物（缶など）を指すことはできないことになる。この区別は employer と employee のように，-er 名詞と -ee 名詞が対立する場合には明確である。employer は雇う側，employee は雇われる側を指す。しかし -ee を付けた名詞がないときでも，Levin and Rappaport (1988) と Rappaport Hovav and Levin (1992) によれば，-er は必ず動作をする側を指すとされる。このことを行為連鎖で表すと，-er は左端の〈行為〉を実行するもの（x；外項）を表し，逆に，真ん中の〈変化〉に関わるもの（y；内項），および右端の〈結果状態〉に関わるもの（y；内項）を指すことはできないということである。

(9) 〈x が行為〉 → 〈y が変化〉 → 〈y の状態〉
　　　↑　　　　　　↑　　　　　　↑
　　-er 可能　　　-er 不可　　　-er 不可

〈行為〉の局面を持たず，〈変化〉あるいは〈状態〉の部分だけに関わる動詞——非対格動詞（unaccusative verbs）と言う——は，appear, collapse, die, disappear, exist, end, happen, last, occur などで, これらは -er 接尾辞を拒否する (Rappaport Hovav and Levin 1992: 148)。

(10) *appearer, *collapser, *dier, *disapearer, *ender, *exister, *happener, *laster, *occurrer

(9)の図式で, 外項 x が動作主・媒介道具を表すのに比べると, 変化あるいは状態の担い手である y は内項 (internal argument) と呼ばれる。Rappaport Hovav and Levin の理論では, -er は必ず外項を指し, 内項を指すことはできないということになる。この違いは, たとえば意図的な所有を表す own は owner となるが, 純粋な状態動詞の have は *haver とならないといったことでも確認できる (remainder (残りもの) という名詞があるが, これは古代フランス語の remaindre から来ている)。

しかしながら, この「外項条件」が100％正しいのかどうかは検討の必要がある。たとえば grow という動詞は他動詞 (人間が植物を栽培する) と自動詞 (動植物が成長する) に使え, -er はどちらにも付くことができる。

(11) a. 他動詞に -er が付いた場合：a rice grower (米の栽培者)
b. 自動詞に -er が付いた場合：a fast grower (早成植物)

これを(9)の図式に当てはめると, a rice grower は "x" に, a fast grower は "y" に当たるはずであるから, 外項条件に従っていないことになる。同じように, (12)のような例も (非対格) 自動詞の主語に対応すると思われる。

(12) sinker (野球で打者の近くで沈むボール), slider (野球でピッチャーが投げるスライダー), roller (海の大うねり), breaker (海岸に砕ける波), slider (スライディングドア), roller (ローラー)

こういった例は少ないことは確かだが, 外項条件に対しては反例となる。

また, 次のような特殊な -er 名詞もある。

(13) baker (焼き芋にするための芋), broiler (broil するための若鶏), fryer (フライ用の食材), roaster (ロースト用の肉), steamer (蒸し料理にするための二枚貝), a good keeper (持ちのよい食料)

たとえば baker は She bakes potatoes. という他動詞文の目的語

(potatoes) を指し，同様に broiler は She broils the chicken. の目的語 (the chicken) を指す。これだけでは，-er が目的語（つまり内項）を指しているように見えるが，Rappaport Hovav and Levin (1992: 149) によれば，これらの -er 名詞は実は，(14a)のような中間構文（middle construction）に由来する。

(14) a. This chicken broils well. → This chicken is a good broiler.
b. This fruit keeps well. → This fruit is a good keeper.
c. This book sells well. → This book is a best-seller.

中間構文というのは，This book sells well.（この本はよく売れる）のように，他動詞を自動詞的に使って，主語名詞の特性を述べる文である（☞『動詞編』第7章）。(13)の名詞も，同じように中間構文の主語に対応するというのが Rappaport Hovav and Levin である。中間構文の主語は「内項」ではなく「外項」だと仮定すれば，(13)のような例は外項条件に対する反例ではなく，むしろ外項条件にうまく適合する例だということになる。

しかしそれでも，他動詞の目的語に対応する -er 名詞で，しかも中間構文は想定できない場合もある（影山 1999a，伊藤・杉岡 2002，Lieber 2004）。

(15) layer（層），reader（読本），poster（貼り紙），sinker（釣りの重り），drawer（引き出し），rider（乗馬用の馬），sneakers（スニーカー），slippers（スリッパ），weepers（喪章，婦人用の黒布ベール）

さらに，次のような場所を表す -er 名詞も中間構文と結びつけられない。

(16) sleeper（寝台車），diner，smoker，planter（植物栽培容器），locker（ロッカー：lock in するための場所），sleeper（鉄道のまくら木）

こういった例に鑑みると，-er 名詞は外項だけに限定されるのではなく，対象物や場所を指す場合にも広がっていると考えなければならない。

しかし -er 名詞がいろいろな概念を表すと言っても，数が多いのはやはり人間と道具であり，目的語に当たるものや，非対格動詞の主語に当たるものは少ない。その意味で，「外項条件」は，100%ではないが，かなりの

程度は正しいということになる。そこで，外項条件を絶対的ではなく相対的なものと見なし，-er は外項だけでなく内項も指し得るとすれば，実際のデータをほぼ網羅的にカバーできる。その際に重要なのは(17)のような「-er 名詞になりやすい順序」である（Booij 1986, 島村 1990：78-80なども参照）。

(17) 動作主から被動者への階層
　　　人間動作主＞媒介道具＞変化を被る物体＞状態の担い手

-er は，この階層で左に位置するものほど指しやすい。明らかに，この階層は「行為連鎖」において出来事が玉突き状態で連続していく有様と連動している。すなわち，「人間動作主＞媒介道具」は〈行為・活動〉の局面に関与する物体であり，他方，「変化を被る物体」は〈変化〉の局面,「状態の担い手」は〈結果状態〉の局面に関わっている。

　-er 接尾辞の適用にこのような段階があることは，幼児の言語習得過程で裏付けられる。Clark and Hecht（1982）によると，英語を習得しようとする幼児は，-er 名詞を，道具名詞としてより先にヒト名詞の意味で理解・使用する。

4.1.4 -ee 名詞

　-er 名詞が人間の他，道具や対象物を指すことができたのに比べ，-ee 名詞は人間しか指さない。意味的には，employer 対 employee のペアに見られるように，-ee- は -er の反対の概念を表すように見える。しかし「反対」とはどういうことだろうか。escapee（逃亡者）のように自動詞につく例が少数あるが，これらは元が自動詞であるからそれに対応する使役者を表す -er 名詞はない。したがって，形の上でペアになる -er 名詞との関係で「反対」とは言えないのである。

　-ee 接尾辞の基本的な働きは，他動詞の主語（外項）ではなく目的語（内項）を表すことである（nominate → nominee のように動詞の末尾が切り取られる場合もある）。

(18) adviser/advisor‐advisee, examiner‐examinee, trainer‐trainee, interviewer‐interviewee, payer‐payee, abductor‐abductee, seducer-seducee, nominator-nominee

次の(19)のように再帰構文の目的語（oneself）を指すと思われる例もある。

(19) absentee (← absent oneself 欠席する), devotee (← devote oneself)

enroller（自ら登録している人）と enrollee（名簿に登録されている人）は同じ人物を指すが，元になる動詞の構文が違う。enroller は 'one who enrols in X' であり，enrollee は 'one who enrols himself in X' あるいは 'one who is enrolled in X' である。

　さらに，例は少ないが自動詞（非対格動詞）の主語に当たると思われるものもある。

(20) escapee（逃亡者），attendee（出席者），retiree（退職者），standee（劇場や列車で立っている客），returnee（帰国者），evacuee（避難者。← evacuate）

そこで，-er 名詞が指すもの(x)と -ee 名詞が指すもの(y)を前述の行為連鎖（下に再録）に当てはめると，両者が互いに補い合う（相補的な）関係にあることが明らかになる。

(21) 〈x が行為〉 → 〈y が変化〉 → 〈y の状態〉
　　　　↑　　　　　　↑　　　　　　↑
　　-er 名詞　　　　-ee 名詞　　　　-ee 名詞

すなわち，-er 名詞は行為連鎖の最初の局面（行為）に関わる事物(x)を指し，逆に -ee 名詞は -er 名詞が指さないところ——行為連鎖の〈変化〉ないし〈状態〉——に関わる事物(y)を指すわけである。先ほど，broiler, keeper のように変化の対象を指す -er 名詞に触れたが，これらは人間を表すのではないから，*broilee や*keepee とは言えない。そこで，その穴を埋めるために，broiler, keeper といった表現が用いられるのではないかという考え方も成り立つ（Booij and Lieber 2004）。

　このように，英語では動作をする側と動作を受ける側を明確に表現しようとする。それは，英語という言語が，行為連鎖において動作主の側から結果を見るという指向性が強いことに起因するのではないかと思われる（影山 2002a）。英語と比べると，日本語はそのような強い結果指向性がないから，たとえば「雇い人」という表現のあいまい性を容認することになる。「雇い人」は雇われている人を表すことが多いが，雇い主を指すこともある。他にも，「生産者」は「生産する人」であるが，「逮捕者」は「逮捕する人」ではなく「逮捕された人」である。「厄介者」は「他人に厄介

をかける人」であるが,「さらし者」は「さらされた人」,「お尋ね者」は「指名手配で探されている人」を指す。

4.2 事態解釈と個体解釈

4.2.1 ヒト名詞の中のデキゴト性

　前節では英語の -er が能動的な動作主, -ee はそれとは反対に受身的な被動者を表すことを説明した。しかしこの2つの接尾辞の違いはそれだけではない。trainer と trainee を比べてみよう。trainer は訓練を行う側, trainee は訓練を受ける側を表すが, それだけではなく, trainer はたいていの場合, 職業を指す。たとえば a dog trainer は犬の調教師, つまり「犬の調教を仕事とする人」ということである。「仕事」というのは, いつもそれをしていなくてもよい。家で寝ていて, 実際に犬の調教をしていないときでも, He is a dog trainer. という文は真実を述べている。職業というのは, 意図して辞めないかぎり, たとえ休んでいても, それであり続ける。ところが, trainee と言うと, 何らかの（特に職業に就くための）訓練を受けている人であり, その人は訓練を受けている期間だけ trainee であるが, その期間が終われば trainee でなくなる。examiner と examinee も同じような違いがある。examiner は, ある日, ある時間に行われる試験で試験委員を務める人を指すこともできるが, 検査官という職業を指すこともできる。他方, examinee はある特定の期間に限って試験や検査を受けている人を指す。interviewer はある時間に行われる特定のインタビューを担当する人という意味にも, 職業的にインタビューを専門とする人という意味にも取れる。他方, interviewee と言うと, 普通は, ある特定のインタビューに答える人で, そのインタビューが終わると, もはや interviewee ではなくなる。

　このように, -ee という接尾辞が表す名詞の意味は, その行為が行われる期間だけに成立する。このことは前節(19)-(20)の absentee （そのときに欠席していた人）や enrollee （ある授業に登録していた人）, standee （そのときの立ち見客）, escapee （そのとき逃亡していた人）など再帰構文や自動詞に由来する場合にも当てはまる。

　このように -ee 名詞は, ある特定の時間において実際にその行為が行われたことを前提としている。現実の事態の発生を前提とした意味解釈を**事**

72

態解釈と呼んでおこう。-er 名詞も，そのような場合があるが，それとは別に，職業あるいは恒常的な任務としてその動作を行うという場合にも当てはまる。その結果，人にインタビューすることを職業とする人は大勢いるが，人からインタビューされることを職業にする人は特殊だろう。このように人の職業や職務，役割，機能などを表すことを仮に**個体解釈**と呼ぶことにしよう（影山 1999a）。

事態解釈と個体解釈の違いは，-er と -ee という語尾に限られるものではないし，また，英語だけに限られるわけでもない。たとえば日本語の「落語家」と「落伍者」を比較してみよう。「落語家」は落語をすることを仕事あるいは役割としている人という意味であるから，「プロの落語家」とか「アマチュアの落語家」という表現ができる。しかし落語家は朝から晩まで休みなく落語をしているわけではない。落語をしていないときでも，あるいは極端な話し，これまで一度もまともな落語をしたことがない場合でも，「彼は落語家だ」と言える。これに対して，「彼はその授業での落伍者だ」と言えば，実際に彼はその授業で落伍してしまったわけである。実際に落伍していない人を「落伍者」とは呼べない（宮島 1997）。したがって，「落伍者」は事態解釈，「落語家」は個体解釈の名詞である。

同様の違いを，Pustejovsky (1995: 229) は次のような例で説明している。

(22) a. The violinist is eating lunch at the cafeteria.
b. We met the physicist from the institute on the trail.

violinist, physicist は職業ないし専門家の名前（個体解釈）で，それぞれ「ヴァイオリンを演奏すること」，「物理学を研究すること」を仕事としている。これらは，意図的にその仕事を辞めない限り恒常的に継続する。したがって，(22a)で「violinist が食堂で昼食を食べている」と言っても，そのとき実際にヴァイオリンを演奏しているわけではないし，(22b)で「私たちは山道で研究所の物理学者に出会った」と言っても，その物理学者は山道を歩きながら物理学の研究をしていたというわけではない。このように，(22)に含まれる「カフェテリアで」，「山道で」という場所表現は，たまたまそのヴァイオリン演奏家と物理学者がいた場所を表すに過ぎない。ところが，同じような場所表現であっても，(23)の場合は事情が違っている。

(23) a. The passengers are eating lunch on the plane.
　　　b. Bill is helping a customer in the store.

(23)の passenger（乗客），customer（買い物客）というのは，職業や仕事とは言えない。乗客というのは，乗り物に乗っているときにだけ成立する一時的な性質であり，乗り物を降りて道を歩き出すと，もはや「乗客」ではなく「通行人」になってしまう。したがって，(23a)の「飛行機で」というのはその「乗客」が乗っていた飛行機を指し，the passengers はその飛行機の乗客として昼食を食べているのである。(23b)の customer は「ある店をひいきにしていて，いつもそこで買い物をする顧客」という意味であるから，(23b)の in the store は，その customer が実際にその店で買い物をしていることを意味する。したがって，passenger と customer は事態解釈の名詞である。

　以上を整理すると，人間を表す名詞は次のように2種類に分類することができる。

(24) a. 事態解釈（現実にその動作をした／しているからこそ成り立つ性質）
　　　　　落伍者, passenger（乗客），customer, 来客
　　　b. 個体解釈（いま現実にしていなくてもよい恒常的な仕事・機能）
　　　　　落語家，プロのインタビュアー, physicist, violinist

4.2.2　クオリア構造による分析

　事態解釈と個体解釈の意味の違いをクオリア構造で分析してみよう。上掲(24a)の「落伍者」や「乗客」では，その名詞が成り立つためには，「落伍した」とか「乗り物に乗っている」といった事態の発生が前提となる。これを，「序章」で説明した名詞のクオリア構造に当てはめると，《成り立ち》として記述できると考えられる。これは，同じ水であっても，空から降ると「雨」と呼ばれ，地面から湧き出すと「湧き水，泉」と区別されるのと同じことである。事態解釈名詞にとっては，現実の発生の仕方が重要である。

　これに対して，上掲(24b)の「落語家，物理学者」といった個体解釈名詞にとっては，「そうすることを旨とする（が，現実にそれをしていなくてもよい）」という任務・機能・目的が重要である。これは，たとえば

「冷蔵庫」という道具名詞が,「食料を冷蔵すること」を目的にして作られているのと共通する。冷蔵庫であっても,壊れていて今は実際に食料の冷蔵ができないという場合もあり得るが,それでも,冷蔵庫は冷蔵庫である。落語家が,今は病気だから落語ができないというケースと同じことである。このような任務や機能はクオリア構造においては《目的・機能》として表示できる。

「落伍者」や passenger が実際にある状態に陥った／ある動作を行ったということは,「雨」は実際に空から降ってきた時点で「雨」と呼ばれるというような自然物の成り立ちと似ている。

(25) 「雨」のクオリア構造
　　《外的分類》自然物(x),液体
　　《成り立ち》x が空から降ってくる。

他方,「落語家」や physicist は専門的な仕事の内容を表し,それは人間が作った道具が特定の用途・目的を持つことと共通する。たとえば,「冷蔵庫」は人工物であり,その中に食料を入れて冷蔵保存するという用途を持っていて,その機能はクオリア構造の《目的・機能》に表示される。

(26) 「冷蔵庫」のクオリア構造
　　《外的分類》人工物(x),機械
　　《目的・機能》x の中に食料を入れて冷蔵保存する。

もちろん,「冷蔵庫」や「落語家」も《成り立ち》を持っていて,「冷蔵庫」なら「人間が作る」,「落語家」なら「師匠にお墨付きをもらう」ということが前提になっているが,「冷蔵庫」や「落語家」にとって《成り立ち》は《目的・機能》ほど重要ではない。たとえば「人間が作るもの」なら冷蔵庫のほかに,机,ナイフ,椅子,パソコンなど無数にあるが,それらと冷蔵庫との本質的な違いは《目的・機能》の違いである。同様に,師匠にお墨付きをもらうことで成り立つ職業は落語家のほかにも,漫才師,浪曲家,華道家などいろいろ考えられるが,それらを区別する根本的な要素というと,やはり《目的・機能》に帰着するわけである。そのため,(25)の「雨」と(26)の「冷蔵庫」では際だった意味成分だけを示し,直接的に関係のない意味成分は省略しているのである。

と言っても,人工物では常に《目的・機能》だけが大切で,《成り立ち》

は関係ないというわけではない。たとえば「手切れ金」と「所持金」を比べると,「手切れ金」が「相手と縁を切るため」という《目的・機能》を表すのに対して,「所持金」は「所持するため」ではなく「現実に自分が所持しているお金」ということであるから「所持」の部分は「金」の《成り立ち》を表現している。

◆人工物における《目的・機能》の重要性

多くの人工物にとっては《目的・機能》が最も重要である。これは,人間が飼育している動物にも当てはめることができる。たとえば ox と cow を比べると,ox は「労役用,食用」,cow は「搾乳」という目的を含意している。

人工物にとって《目的・機能》が重要であることをもう少し説明しておこう。たとえば(27)の例文はどのように解釈されるだろうか。

(27) a. John is at his desk.
b. John is on the phone. (Busa 1996: 147)

どちらも at, on という場所を表す前置詞を使っているが,意味は単にジョンがある場所にいるという存在を表すのではない。(27a)でジョンは彼の机にいるということは,「仕事中(勉強中)」を意味する。ジョンが机でおやつを食べているという意味にはならない。(27b)は受話器の上に座っているのではなく,「電話中」という意味である。中高生なら単に「熟語」として覚える用法であるが,クオリア構造を用いると,「仕事中,電話中」という意味がどこから現れるのかが一目瞭然になる。すなわち,desk の《目的・機能》は「そこで仕事または勉強をする」,phone の《目的・機能》は「それで通話する」ということであるから,at, on という前置詞が desk, phone の《目的・機能》から「仕事/通話という動作をしている最中」という意味を取り出しているわけである。

on という前置詞は乗り物を表す名詞の前に置かれると,単にその乗り物に乗っているだけでなく「移動」しているという意味を表す。

(28) a. She was on the {bus/train/plane/ship} when I phoned her.
b. She was in the {bus/train/plane/ship} when I phoned her.

(29a)と(28b)は前置詞が on か in かだけの違いであるが,意味は大幅に異なる。on の場合はバス/電車/飛行機/船に乗って移動中であること

が理解できるが，in の場合は単に「その乗り物の内部にいた」という位置を表すだけで「乗り物による移動」の意味は必ずしも出てこない。つまり，on the bus 全体で「バスに乗って移動中」という意味になる。乗り物ではないが foot に on が付いて "He was on foot when he was hit by a car." のようになると，「歩いている最中」あるいは「走っている最中」という意味になる（英和辞典では "on foot" を「歩いて」と訳していることが多いが，歩いているか走っているかはあまり重要でなく，乗り物に乗っていないという意味）。これらの解釈は，bus という名詞が持つ「乗客を運搬する」という《目的・機能》，あるいは foot なら「人間が立って動くため」という《目的・機能》が，前置詞 on の持つ「活動中」という意味合い（たとえば on the go「忙しく動き回って」や on duty「勤務中で」）と合わさって派生するものと考えられる。

　人工物名詞の《目的・機能》の意味が前面に出ることで，冠詞が省略されることもある（影山 1980）。

(29)　go to {school/bed/church}, in bed, at school（学校で勉強している）, in hospital（入院中）, at bat（野球で打席について）, in prison（服役中）, in office（在職中）

school の《目的・機能》は「生徒・学生に授業をする」ということであるから，at school は「在学中」，go to school は「授業を受けるために学校に行く」ということになる。そうでない別の状況——たとえば，「今，泥棒が学校に侵入している」といった状況——で He is at school. や He went to school. と表現することはできない。同様に，自分自身が入院しているのではなく入院患者の見舞いで病院に行っているときに，He is in hospital. とか He goes to hospital. と言うことはできない。at bat の意味も同様に，bat が「打席でボールを打つためのもの」であるという《目的・機能》から自然に理解できる。

　更に「動詞 play＋単数名詞」という構文が「～ごっこをする」という意味になることにも注意したい。

(30)　play house（ままごとをする）, play store（お店屋さんごっこをする）, play doctor（お医者さんごっこをする）, play school（学校ごっこをする）, play copper(s) and robber(s)（泥棒ごっこをする）, play (at) soldiers（兵隊ごっこをする）

>　　　Cf. play the fool（バカなまねをする，ふざける），play dead
>　　　　　（死んだふりをする），play sick（仮病をつかう）

この構文は，Sean Connery played James Bond in the movie.（ショーン・コネリーはその映画でジェームズボンド役を演じた）のように「芝居の役を演じる」という用法と意味的に通じるところがある。ただし，後者の用法では James Bond was played by Sean Connery. と受身文にできるが，(30)の構文は受身文にできない。

◆《目的・機能》で特徴づけられるヒト名詞

　《目的・機能》の大切さはヒト名詞の場合にも確認できる。次の例の解釈を考えてみよう（Busa 1996: 111）。

>　(31)　a.　John liked the {violinist/lecturer}.
>　　　　b.　John enjoyed the {violinist/lecturer}.

like という動詞を用いた(31a)は，そのヴァイオリン奏者／講師のどのような部分が好きなのかは一概に決められない。violinist を例に取ると，その人の外見が好きなのか，人柄が好きなのか，ヴァイオリンの演奏が好きなのか，いろいろな場合が考えられる。これと比べて，(31b)の enjoy という動詞は，John enjoyed skiing.（スキーを楽しんだ）のように，動作を表す目的語を取るのが基本的な使い方である。つまり，「～を楽しむ」というのは「～すること（動作，行為）を楽しむ」ということなのである。この観点から(31b)を見ると，John enjoyed the violinist. というのは，このヴァイオリンの演奏の外見や性格を楽しんだのではなく，このヴァイオリン奏者の演奏を楽しんだという意味になることが理解される。目的語が the lecturer の場合でも同様に，「その講師の話しを楽しんだ」ということである。このような「動作」の意味は，violinist, lecturer というヒト名詞のうわべには出てこない。動作の意味はこれらの名詞の《目的・機能》——violinist なら「ヴァイオリンを演奏する」，lecturer なら「講演をする」——に含まれるわけである。このような人を楽しませるような動作を《目的・機能》に含まないようなヒト名詞は，enjoy の目的語に置くことができない。

>　(32)　#John enjoyed the {mayor/wife/carpenter}.

>　　　　　　　　　　　　　　　　　　　（Busa 1996: 112）

(32)の例は，市長／妻／大工が何かの動作をするのをジョンが楽しんだと

いう意味には取れないのである。

日本語でも同じような観察ができる。

(33) 私はその｛ヴァイオリン奏者／講演者／家庭教師｝が気に入った。

(33)の日本語は，外見や性格が気に入ったという意味のほかに，「ヴァイオリン奏者」ならヴァイオリンの演奏，「講演者」なら講演の仕方／内容，「家庭教師」なら教え方が気に入ったという意味に取れる。

以上のまとめとして，「落語家」と「落伍者」のクオリア構造を大切な要点だけに絞って示してみよう。

(34)

	「落語家」	「落伍者」
《外的分類》	人間(x)	人間(x)
《目的・機能》	x が落語を行う	
《成り立ち》		あることで x が落伍した

「落伍者」のような事態解釈名詞にとって重要な《成り立ち》という意味成分は時間の流れを背景としている。ここで言う「時間の流れ」とは厳密に言うと「アスペクト」のことである（宮島1997）。つまり，普通に「時間」と言うと時計を見て計ることのできる過去から現在，未来への移り変わりであり，動詞なら過去形や現在形という「時制」で表すことができる。ところが，名詞には時制が付かないから，名詞には文字通りの「時間」というものは存在しない。その代わり，ある単語を使った時点（発話時）と同じ時に起こったのか，それともそれより以前に起こったのかといった区別が名詞の中に見られる。たとえば「落伍者」と言うと，「既に発話時より前の時点で落伍したことがある」という完結した出来事を含む。「彼は落伍者です」という文では，文の時制「です」は現在形であるが，名詞のアスペクトは「発話時より以前に落伍した」ということである。他方，「彼は病人です」というと，文の時制が現在であると共に，「病気にかかっている」という状態がいま現在，成立している。したがって，「病人」という事態発生名詞は発話した時点での状態を表す。以下では説明がしやすいように，「時間の流れ」とか「現在の状態」といった言葉を用いるが，「時制」ではなく「アスペクト」という理解で読んでほしい。

◆ **《成り立ち》で特徴づけられるヒト名詞**

英語と日本語を比較して気づくのは,《成り立ち》で規定される人間名詞で「現在の状態」を表す名詞が日本語にはあるが,英語には欠けているということである。次の日本語を英語に訳すには,形容詞＋名詞の構文を取らざるをえない。

(35) 病人 (a sick person), 死者 (a dead person), 負傷者 (an injured person), 障害者 (a handicapped person), 酔っぱらい (a drunken man, a drunk), 泥酔者 (a drunken person), 迷子 (a lost/stray child)

英語では invalid（病人）という名詞があるが,これは同じ invalid（病気の）という形容詞が名詞に転成されたもののようである。現在の状態を表す名詞が少ないことは人間以外の名詞にも共通している。

(36) 生花 (a fresh flower), 生き物 (a living creature), 汚れ物 (a dirty thing), 凍結資産 (frozen assets), 盛り土 (raised ground)

これらの日本語に当たる英語は,多くの場合, dead, injured, drunken といった形容詞的過去分詞が使われ,これは英語が持つ「結果指向」のためだと考えられる（影山1996）。

　では,事態解釈と個体解釈の本質的な相違はどこにあるのだろうか。それは一言でいうと,「時間の流れ」を反映するかどうかということになるだろう。『形容詞編』第2章で詳しく説明したように,日常の出来事や活動は時間の流れと共に展開していくのに対して,物の性質は時間が経ってもあまり変動しない。たとえば「病人」という性質は時間と共に変化する。昨日病気だった人が今日は病気が治っているかも知れない。「病人」という名詞にとって「いま病気である」という成り立ちが重要なのであり,病気でない人を病人と呼ぶことはできない。したがって,「病人」というヒト名詞は事態解釈の意味を持つ。これに対して,「医者」という名詞が表す性質は時間と共に大きく変わるわけではない。医者という名詞が持つ性質というのは「患者の病気や怪我を治療すること」という《目的・機能》であり,この性質はその人が医者である限り続いていく。したがって,「医者」という名詞は個体解釈の意味を持つと考えられる。

(37) a. 事態解釈名詞 →《成り立ち》に時間の流れを含んでいる。
　　　b. 個体解釈名詞 →《目的・機能》には時間による変化はな

い。

　事態解釈か個体解釈かを見分ける絶対的な診断法はないが，次のような表現ができるかどうかは，両者を見分けるためのある程度の指針になるようである（Pustejovsky 1995, Busa 1996）。まず，(38)では，frequent,「度々の，毎度の」のような頻度表現が一緒に使えるかどうかを見る。

　　(38)　frequent,「度々の，毎度の」のような頻度表現
　　　　　a. 事態解釈
　　　　　　　a frequent passenger（度々その乗り物に乗る人）
　　　　　　　a frequent customer（度々その店に買い物にくる人）
　　　　　　　a frequent winner（度々優勝する人）
　　　　　　　度々の訪問客（その客が度々やってくるという意味で）
　　　　　　　frequent rain（度々の雨）
　　　　　b. 個体解釈
　　　　　　　*a frequent violinist（≠「度々ヴァイオリンを弾く人」）
　　　　　　　*a frequent teacher（≠「度々教える人」）
　　　　　　　*度々の医者（≠「度々患者を診察する人」）
　　　　　　　*a frequent desk（≠「誰かが度々そこで勉強をする机」）

事態解釈は時間の流れを反映するから，頻度表現と馴染むことができるが，他方，個体解釈は実際の時間の流れと関係しないため，頻度表現を付けることができない（頻度表現を付けても，「実際に，度々その動作を行う人」という意味には解釈できない）。

　逆に，次の目安は個体解釈の名詞にだけ当てはまる。

　　(39)　excellent,「優秀な」
　　　　　a. 個体解釈
　　　　　　　an excellent doctor, 優秀な医者
　　　　　　　an excellent nurse, 優秀な看護婦
　　　　　　　an excellent chef, 優秀なシェフ
　　　　　b. 事態解釈
　　　　　　　#an excellent pedestrian, #優秀な歩行者
　　　　　　　#an excellent passenger, #優秀な乗客
　　　　　　　#excellent rain, #優秀な雨

excellent,「優秀な」という形容詞を人工物名詞に使うと，「その物が本

来意図された目的を果たしている度合いが優れている」ということを表す。たとえば an excellent camera は「写真の写りがすばらしい」, excellent wine は「飲み心地, 味わいが優秀」, an excellent violin は「演奏しやすい」ということで, これらはすべて個々の名詞の《目的・機能》がすばらしい程度に達成されるということを意味する。これを doctor のようなヒト名詞に当てはめた場合も同じことで, an excellent doctor「優秀な医者」というのは患者の治療が優れている, an excellent chef は料理の腕前が優れているという意味になるもちろん, たとえば語学力が話題になっているときに That doctor is excellent (in foreign languages). と言うことができるが, 今問題にしているのは, そのような特別の文脈なしに, いきなり That doctor is excellent. と言った場合の解釈である。特別な文脈がないときは, doctor という名詞の意味構造の内部に「何が優秀なのか」という情報を探らなければならない。その情報が名詞の《目的・機能》から得られるというのがポイントである。これに対して, (39b)のような事態解釈名詞に「優秀な」を付けても, 何が優秀なのか分からない。なぜなら, 事態解釈名詞は特定の《目的・機能》を持っていないからである。そのため, (39b)の表現を無理に解釈しようとすると, 何か特別な文脈が必要となる。

　以上述べた事態解釈名詞と個体解釈名詞の区別は人間や道具だけでなく, 動物を表す名詞や場所を表す名詞にも応用できる。動物の例として, 「馬」を表す「3歳馬」と「競走馬」を比べてみよう。「3歳馬」はいま実際に3歳であるから, そう呼べる（事態解釈）。他方, 「競走馬」はいま現実にレースで走っていなくてもよい。競争させるためという目的を持った馬なのである（個体解釈）。

(40)

	「3歳馬」	「競走馬」
《外的分類》	生物(x), 馬間	生物(x), 馬
《目的・機能》		x がレースに出て走る
《成り立ち》	x がいま3歳である	

この考え方を使うと, 場所を表す「事故現場」と「自転車置き場」の違いも, (41)のようにうまく説明できる。

(41)
	「事故現場」	「自転車置き場」
《外的分類》	場所(x)	場所(x)
《目的・機能》		x に自転車を置く
《成り立ち》	x で事故が起こった	

4.3 接尾辞による意味の違い

　英語にも日本語にもヒトを表す接尾辞は多い。本節では，個々の接尾辞の形が《目的・機能》対《成り立ち》という意味の違いに反映されるのかどうかを検討する。第4.1節の最後で触れたように，英語の -ee という接尾辞（employee, nominee, escapee など）は実際にその行為や事態に関わっているという《成り立ち》を表すが，他方，-er という接尾辞は She is a professional writer.（プロの作家）のように《目的・機能》でも，She is the writer of this document.（彼女がこの書類を書いた人です）のように実際の《成り立ち》でも表現できる。

　英語の接尾辞を幾つか例示しておこう。

(42)　a. 《目的・機能》を表す
　　　　　　-*ist*: artist, pianist, alpinist, linguist, anarchist, conformist
　　　　　　-*ian*: librarian, vegetarian
　　　　　　-*ant*: assistant, attendant, consultant
　　　b. 《成り立ち》を表す
　　　　　　-*ee*: employee, nominee, awardee
　　　　　　-*ian*: pedestrian, Parisian
　　　　　　-*ant/ent*: descendant, resident, occupant, opponent, adherent

-ian は事態解釈名詞の形成にも個体解釈名詞の形成にも関わる。たとえば，librarian は「図書館司書」という職業だが，pedestrian（歩行者）は実際に歩いている人である。-ant も同様に，assistant は「助手」という機能を表すが，resident（住民）には「実際にその土地に居住している」という実績が必要である。このように両義性を持つことは -er にも見られる。たとえば同じ killer という単語でも次のaとbでは働きが異な

る。

 (43) a. Oswald is a professional killer.（プロの殺し屋）
    b. Oswald is the putative killer of John F. Kennedy.
     （オズワルドは J. F. ケネディを殺したとされている）

(43a)の killer は「職業」としての意味で,《目的・機能》において「人を殺す」と定義されるが,(43b)の killer は「ケネディを殺した(とされる)」という事態の発生を前提としているから《成り立ち》で規定される。この違いは,後ろに of 句が付くかどうかという用法と関係している（☞第 8 章）。

　また,転成（接尾辞を付けずに品詞だけを変えること）によって動詞から作られた名詞には次のような例が含まれる。

 (44) a.《目的・機能》を表す
    judge（裁判官), cook（コック), guard（ガードマン)
   b.《成り立ち》を表す
    help（役に立つ人／物), rebel（謀反人)

もちろん,元々名詞で,特定の接尾辞で派生されたのではないものも,2 つのタイプに分けることができる。

 (45) a.《目的・機能》を表す
    nurse（看護師), chef（シェフ), ironsmith（鍛冶屋)
   b.《成り立ち》を表す
    fugitive（逃亡者), fiancé（婚約者), thief（泥棒)

次に日本語の場合を見てみよう。日本語は,漢語も含めると英語以上にヒトを表す接尾辞が豊富にある。これらを整理してみると,絶対的に「この接尾辞は《目的・機能》しか表さない」というような限定は難しいが,それでも,この接尾辞は《目的・機能》を表しやすく,あの接尾辞は《成り立ち》を表しやすいといった傾向は観察できる。代表的な接尾辞を例示してみよう（宮島 1997,影山 1999a, 2002b)。

　まず,「落語家,音楽家」のような「-家（か)」を取り上げると,この接尾辞は主として名詞に付き,その名詞が表す活動に専門的あるいは恒常的に従事している人——つまり,職業ないしそれに準じる仕事の名前——を表すのが基本である。

 (46) 落語家,音楽家,芸術家,画家,政治家,写真家,銀行家,実

業家，小説家，文筆家，法律家，建築家

職業名は，「〜を育てる」や「〜をやめる」という構文で用いることができ，また多くの場合，「プロの」という修飾語を付けることも可能である。

(47) 芸術家／落語家／登山家／実業家を育てる（やめる）。

また，「元」や「新進」といった修飾語によって，その仕事に従事する時間関係を述べることができる。

(48) 元小説家，新進小説家

したがって，これらの「-家」はクオリア構造では「語基となる名詞(N)に従事する」というように《目的・機能》で記述することができる。

(49) N-家（か）

　　《外的分類》人間（または職業）

　　《目的・機能》Nに従事する

次に，「-者（しゃ）」を見てみよう。「-者（しゃ）」は，形態的に一字漢字（「学者，走者，泳者」）に付く場合もあるが，多くは「労働者，納税者，希望者」のように2字漢字に付く。杉村（1986）が指摘するように，「-家」が名詞につくのに対して，「-者」は動詞的な意味を持つ要素（動詞的な名詞）に付くことが多い。

(50) 希望者，欠席者，応募者，経営者，納税者，旅行者，志願者，
　　　負傷者，通学者，落伍者，泥酔者，同伴者，訳者，利用者

「犯罪者，共犯者，被害者，加害者」なども，「罪を犯す者，共に犯す者，害を被る者，害を加える者」のように捉えられる（杉村1986）。いずれも，実際に「それを｛行った／被った／持っている｝人」といった現実の意味を表している。以前にも出した例だが，「落語家」は落語をしないでトークショーの司会をやっていても落語家と言えるのに対して，「落伍者」は本当に落伍したという事態の発生を前提としている。

このように，「-者（しゃ）」は多くの場合，実際にその事態を経験したことを意味し，その意味はクオリア構造では《成り立ち》として表現される。

(51) X-者（しゃ）

　　《外的分類》人間

　　《成り立ち》Xが表す出来事・行為が実際に発生した

ただし，すべての「-者（しゃ）」が事態解釈名詞に収まるわけではなさそ

第3章　ヒト名詞と道具名詞

うである。たとえば「(オーケストラ) の指揮者」などは《目的・機能》で記述するほうがよいだろう。

では，「者」を「もの」と読む場合はどうだろう。
(52) 働き者，怠け者，浮気者，孝行者

これらの名詞が表す性質がたった一度成り立っただけで，ある人を「働き者」とか「怠け者」と呼べるだろうか。過去に一度働いた／怠けた／浮気をした／孝行をしただけでは，このように呼べないだろう。むしろ，「働き者」はいつもよく働き，「浮気者」はしょっちゅう浮気をしているという解釈が普通だろう。そうすると，よく働く／よく怠けるといった性質が恒常的になり，その人物の「機能」となっていると考えられ，そうすると，《目的・機能》で記述するのが適切だという分析になる。

5　まとめ

本章では，英語の -er 接尾辞が表す意味から出発して，英語および日本語の動作主名詞を中心に事態解釈と個体解釈の違いを説明した。人間が作った様々な道具は各々独自の目的・機能を持っている。医者や落語家のような名詞も基本的には人間が作った機能，役割，職務を表すもので，《目的・機能》で記述できる。目的・機能は意図的に中止しない限り永続する。他方，「病人，歩行者，乗客，よっぱらい，いそうろう」などは一時的に成り立つ性質を表し，時間がすぎればその性質はなくなってしまう。

従来の一般的な考え方では，時間的な概念を含むのは動詞だけであるとされることが多い。しかし本節の説明からは，名詞であっても「過去に実際にある動作を行った」とか，「いま現在ある状態に陥っている」といった時間の流れを背景とするものがあることが分かった。

6　さらに理解を深めるために

・影山太郎．1999a．『形態論と意味』［本章で述べた事柄をより詳しく説明している。豊富な練習問題付き］
・宮島達夫．1997．「ヒト名詞の意味とアスペクト・テンス」［日本語の人間名詞を内的アスペクトから分類・考察している］

- 島村礼子．1990．『英語の語形成とその生産性』［-er を始め英語の動作主名詞と道具名詞を詳細に考察している］
- 伊藤たかね・杉岡洋子．2002．『語の仕組みと語形成』［動作主名詞や様々な名詞化を意味論の観点から整理している］

(影山太郎)

QUIZ

(1) 次のaとbの空所に，「旅行客」または「旅行家」を入れるとすると，どちらをどちらに入れるのが適切だろうか（ただし，1つの単語は1つの空欄にしか入らないものとする）。
　a. 不況のため，観光地では外国人（　　　）が半減している。
　b. 毎週日曜日のテレビ番組に出演しているあの人は，プロの（　　　）です。

(2) 同じように，次のcとdの空所に，「使用者」と「使用人」のどちらかをどちらかにいれるとすると，どうなるだろうか（ただし，1つの単語は1つの空欄にしか入らないものとする）。
　c. 昔，大金持ちの家には（　　　）が数人いたそうだ。
　d. インドのマラーティー語は（　　　）が9,000万人ほどいると推定されている。

※答えは323ページ

第Ⅱ部
名詞と構文

　第Ⅱ部では，名詞という単語の枠から「名詞句」に移り，名詞句が文の構成にどのように関わるかを説明する。したがって，これ以降は語彙論や品詞論の領域から文法の領域に移っていくことになる。第4章「目的語の省略」では，日本語の主語や目的語が自由に省略されるのに対して英語はそうではないという通説が正しいかどうかを，He drinks (alcohol). や He lost (the election). などの例に基づいて詳細に検討する。第5章「直接目的語と前置詞付き目的語」は，英語では自動詞・他動詞の区別が厳密であると言われるのに対して，She kicked him. と She kicked at him. や She ran down the street. と She ran the street. のように同じ動詞が自動詞にも他動詞にも使えるのはなぜかを明らかにする。第6章「中間経路と移動の範囲」では，移動を表す構文の中で従来はあまり注目されなかった「中間経路」の表現を取り上げ，He pushed his way through the crowd.（群衆を押し分けて進んで行った）を始め幾つかの特殊な構文の性質を明らかにする。

第4章　目的語の省略

◆基本構文
(A) 1. ── What happened to my sandwich?
　　　── Fido ate it./*Fido ate ＿＿＿.
　　2. ──私のサンドイッチはどうなったの？
　　　──ポチが＿＿＿食べちゃった。
(B) 1. He likes to read ＿＿＿ in bed.
　　2. *私はベッドで＿＿＿読むのが好きです。
(C) 1. She wiped the glass./She wiped ＿＿＿.
　　2. She broke the glass./*She broke ＿＿＿.
(D) 1. The cat scratches ＿＿＿.
　　2. ネコというのは＿＿＿引っ掻くものだ。

【キーワード】他動詞，目的語，省略，談話の情報，属性文，ゼロ代名詞，総称名詞句

1　なぜ？

　一般に，日本語は主語や目的語の省略が自由だが英語はそうではないと言われる。確かに(A2)の日本語では「食べちゃった」の前に来るはずの「サンドイッチ」が省略されている（省略された名詞があるはずの場所を「＿＿＿」で表している）のに対して，(A1)の英語では Fido ate の後の目的語 (it) を省くことができない。ところが，(B)を見ると，この考え方が正確でないことが分かる。read という動詞は普通は I read a book. のように目的語を伴って使われる他動詞であるはずなのに，(B1)の英文では read の目的語が表に現れていない。これに対する日本語(B2)では逆に，「ベッドで＿＿＿読むのが好きです」と言うだけでは何を読むのかが分

からず,「週刊誌を」のような目的語が必要である。目的語の省略可能性という点で言うと,(A1, 2)と(B1, 2)は正反対になっている。どのような仕組みで,このような違いが生じるのだろうか。一言で「省略」といっても,英語と日本語ではその性質が違うのではないだろうか。

英語で目的語が省略できるかどうかは,動詞によって違いが見られる。(C1)の wipe（拭く）という動詞は She wiped the glass. のように他動詞として使えるだけでなく,She wiped. のように目的語を持たない自動詞としても使える。他方,(C2)の break という動詞は,「割る」という意味のときは必ず目的語を必要とし,*She broke.（彼女が何かを割った）のようには使えない。She broke. という英語そのものは文法的であるが,その場合は「彼女が壊れた」というような意味になってしまう。wipe と break で,なぜこのような違いがあるのだろうか。

ここまでは主に英語と日本語で違いがあることを見たが,(D1, 2)の例文では日英両言語に共通性が見られる。つまり,「ネコは引っ掻くものだ」のように,主語（ネコ）の性質を表現する文では英語でも日本語でも他動詞の目的語を省略できる。これはなぜだろうか。

2 目的語の省略とは

省略（ellipsis あるいは omission）という言葉は「本来あるはずのものを省く」という意味であるから,省略が成り立つためには,省略のない完全な文が元に存在することが前提になる。たとえば「読む」という動詞は,「私は本を読んだ」のように主語（誰が）と目的語（何を）という2つの**項**（argument）を必要とする他動詞である。文を作るためには,主語と目的語以外に,「昨日」のような時間副詞,「図書館で」のような場所副詞,「熱心に」のような動作様態副詞などがあるが,これらの副詞類は動詞が直接的に必要とする表現ではないから,**付加詞**（adjunct）と呼ばれる。付加詞は付随的な飾りで,元々,文中で表現するかどうかは自由である。したがって,付加詞が表現されていなくても「省略」とは呼ばない。他方,主語,目的語,補語,および動詞は文の骨格を形作る必須要素であるから,これらが省かれている場合が省略にあたる。本章では特に目的語の省略に重点を置いて,一括りに「省略」と呼ばれる現象が性質の異

なるいくつかのタイプに分けられることを明らかにする。

2.1　照応による省略——日本語のゼロ代名詞

日本語で「省略」と呼ばれるのは，たとえば(1)の会話において，Bの答えに現れるはずの目的語「本」が明示的に表現されないといった状況を指す。

(1)　A：　この本，読んだ？（Did you read this book?）
　　　B：　うん，3回も読んだよ。（Yes, I read it three times.）

(1)では，Aの質問文で「本」という名詞が現れているから，Bは繰り返しを避けて同じ名詞を省いている。前に出てきた事物を指すことを **照応**（anaphora）と言うが，日本語では照応のための名詞（代名詞）を省略してしまう。これを「照応による省略」と呼んでおこう。英語には，このタイプの省略はない。(1)Bの返答を英語で表すと，*I read three times. ではなく，I read it three times. のように代名詞 it が必要になる。

日本語でも「うん，それ，3回も読んだよ」のように「それ」を用いることができるが，日本語の「それ」は英語の it とはかなり性質が異なっている。たとえば，相手が何か珍しいものを持っているとき，「ちょっと，それ見せて」のように言うことができる。この場合の「それ」は，英語では Could you show me that? の that に対応し，目の前にある具体物を指し示す働きをしている。日本語の「それ」は「これ」および「あれ」とセットになって **指示詞** と呼ばれ，英語の this または that に対応することが多い。

同じような違いは人間を指す代名詞にも当てはまる。初級英語では he＝「彼」，she＝「彼女」，they＝「彼ら」と教えられるが，これは正確ではない。英語の he, she, they は，先行文脈に現れた（あるいは，談話の状況から誰を指すのか推測できる）人物を指すための文法的な代名詞であり，その人物は自分の身内でも，面識のない人でも構わない。ところが，日本語の「彼／彼女」の使用は，その人物との面識や身分関係など社会的・主観的な面で制限される。たとえば，自分の母親を「彼女」，父親を「彼」と呼ぶのは日本語の慣習から外れるし，自分の恩師を（特に目の前で）「彼／彼女」と呼ぶのは失礼極まりない。英語なら，直接会ったことのない歴史上の人物（たとえば，聖徳太子や卑弥呼）でも he／she で

指すことができるが,日本語で「彼/彼女」を使うのはしっくりこない。

では,英語の代名詞 it, she, he, they に相当する日本語は何だろうか。それは,何も言わずに省略することである。何も言わないということは,声や文字としての姿を持たない「ゼロ代名詞（zero pronoun）」を使うということである。つまり,英語には it, she, he, they という音形を持った代名詞があるのに対して,日本語にはゼロ代名詞（文構造には存在するものの,発音されない代名詞）があるということになる（Kuroda 1965 など）。日本語と同じようにゼロ代名詞を用いる言語には韓国語,中国語,トルコ語,ハンガリー語などいろいろある（Huang 1984, Goldberg 2001 など）。

(2) 　英語の人称代名詞　　　　　　　　日本語のゼロ代名詞
　　　I, my, me / you, your /
　　　it, its / he, his, him / she, her /　　∅
　　　they, their, them

日本語には目に見えないゼロ代名詞があるという考え方を理解するために,(3)を考えてみよう。

(3) 　花子が私のペンを欲しがったので,あげた。

この例で最後に現れている「あげる」という動詞は,「誰が誰に何を」という3つの項を必要とする（3項動詞）。したがって,理屈を言えば,(3)の最後の部分が「あげた」だけで終わっているのは文として不完全なはずである。しかし実際には「あげた」だけで十分に理解できる。なぜなら,日本語の話者は,動詞「あげる」の前には目に見えない主語・目的語・間接目的語——下の(4)では∅で表示したゼロ代名詞——が存在すると理解し,それぞれのゼロ代名詞が指す内容は,「花子が私のペンを欲しがった」という先行文から推測できるからである。

(4) 　∅（＝私が）　∅（＝私のペンを）　∅（＝花子に）あげた。

この場合も,英語では "gave" だけでは文法的に成り立たず,人称代名詞を明示しなければならない。

(5) 　Hanako wanted my pen, so I gave it to her.

以下では英語でいろいろな目的語が省略されているように見える例を観察するが,その際に注意したいのは日本語のゼロ代名詞との相違である。例(4)で見たように,日本語のゼロ代名詞は1つの文の中に複数個現れる

ことができる。他方，これから見ていく英語の省略現象では，1つの名詞句（多くの場合，目的語）しか省くことができない。このことからも，英語の省略は日本語のゼロ代名詞とは異なる性質であることがうかがえる。

2.2 英語における目的語の省略

英語で本来現れるべき目的語が表面に現れないという現象は，用いられる動詞と目的語名詞の意味およびその文が使われる文脈によって左右され，実はかなり複雑である。本章では便宜上，次のA，B，Cの3つの場合に大別する。

A. 眼前指示による省略

話者がしゃべっている現場で目の前にあるものを描写するときに，その名詞を省略することがある。

> (6) a. Simmons intercepts, now he passes. (Rice 1988)（スポーツの実況中継で「シモンズが（ボールを）奪って，パスする」）
> b. Shake well before using.（商品に貼られた使用説明のラベルで「使う前によく振ること」）

(6)で用いられている動詞はすべて他動詞であるのに，目的語なしで現われている。現場の状況から目的語が何を指すのかが分かるから，わざわざ目的語を表現する必要がないのである。同じように，消火器のレバーに"Pull."（引く）とだけ書いてある場合，何をpullするのかと言えば，当然「このレバー」しか考えられない。このように目の前に存在するものを描写する場合は目的語を明示しない。この用法は，英語だけでなく日本語でも，スポーツ中継や料理のレシピ，商品の使用説明などで一般的に見られる。

B. 特定の指示対象を指す目的語の省略

(7a)の例は，特定の指示対象を指す名詞句が省略できるという点で，日本語のゼロ代名詞と一見似ている。

> (7) a. McCain ran in the 2008 presidential election, but he lost (it). [it を省略できる。]
> b. McCain put his cell phone in his bag, but he lost *(it). [it は省略できない。]

(7)では lose（負ける，失う）という動詞が用いられている。「選挙に負

ける」という意味を表す(7a)では，he lost の後に代名詞 it（＝the election）を使って表現することもできるが，省略して he lost. だけで終わることもできる。しかし，同じ lose という動詞でも(7b)の「携帯電話をなくした」のように具体物を紛失するという意味のときは，その名詞を省略することができない。(7b)の*（　）という表記は「（　）内の表現を省略すると非文法的になる。つまり，（　）内は省略不可」という意味を表し，この表記を今後も用いる。

C. 一般的な概念を表す名詞の省略

省略される目的語が一般的な概念を表す名詞（総称名詞句 generic NP）のこともある。

(8) a. I don't smoke (cigarettes). （私はタバコを吸わない）
    b. This dog doesn't bite (people).
       （この犬は（人を）嚙まない）

(8a)は「タバコを吸わない」という主語の主義や習慣を述べている文で，この場合，英語では cigarettes が省略できる。他方，日本語では「私は吸わない」より，「私はタバコを吸わない」のように「タバコを」を付けたほうが自然である。この場合，cigarettes は特定のタバコに限定されているのではなく，タバコ全般を表す。(8b)は「この犬は人に嚙みつかない」という主語の属性を表す文である。この場合も，目的語が省略されることが多く，省略された目的語は，誰か特定の人物ではなく people（ヒト全般）という総称名詞句と理解される。

3 目的語が省略される代表的な動詞と構文

◆英語で目的語が省略される代表的な動詞（Fillmore 1986, Levin 1993, Mittwoch 2005）

【典型的もしくは一般的な目的語が省略される動詞】

例：He drove for ten hours. (a car)

eat (a meal), drink (alcohol), drive (a car), play (music), paint (a picture), chew, sing, draw, write, read, type, study, teach, rehearse, practice, cook, sew, knit, bake, clean, sweep, dust, wash, mend, iron, sow, plough, harvest, weed, hunt

【特定の内容の目的語が省略される動詞】
 例：He lost (the election). Cf. He lost *(the key).
  win (the race) / *(a prize), close (the store) / *(the door)

【再帰代名詞または自分の身体の一部が省略される動詞】
 例：Mary dressed (herself) quickly.　They waved (their hands).
  hide (oneself), bathe (oneself), blink (one's eyes), nod (one's head), shrug (one's shoulder), clap (one's hands)

【目的語の節が省略される動詞】
 例：We had some beer because he insisted (that we have beer).
  promise, try, find out, notice, know, forget, hear

◆目的語省略が起きやすい特殊な構文　(Fillmore 1986, Goldberg 2001, 影山 2003a)

【習慣や典型的な行動】
 Mary likes to read in bed. / He always buys at the best possible price.

【主語の習性・属性】
 That dog bites. / This insect stings. / He hammers and saws like a pro.

【行為の列挙（役割分担など）】
 I washed and he dried. / She cooked while he entertained.

【商品の使用説明】
 Shake before using.（使う前に振ること）/ Store in a cool place.（涼しい場所に保存すること）/ Keep out of the reach of children（子供の手の届かない所に保管すること）

【料理の作り方（レシピ）】
 Stir (the mixture) and pour over the meat.（混ぜてから肉にかける）/ Take the cake mix, 1 cup of water, and 3 eggs. Mix well and beat for 5 minutes. (Massam and Roberge 1989: 135)

【スポーツ中継アナウンス】
 Simmons intercepts, now he passes. Roberts catches and scores.
             (Rice 1988: 206)

4 問題点と分析

　第2節で見たように,談話の中で特定の指示対象を指すとき,日本語ではゼロ代名詞を駆使する。ゼロ代名詞は発音されないから,通常,「省略」と呼ばれている。他方,英語には日本語式のゼロ代名詞は存在せず,代わりに he, she, it, they という有形の人称代名詞が用いられる。言い換えると,英語では文脈から特定される指示物は日本語のゼロ代名詞と同じ意味での「省略」はできないということになる。しかしそれでも,当然あるべき目的語が表面に現れないという現象が英語でしばしば観察される。英語の目的語省略が動詞によって語彙的に制限されることは Lehrer (1970) など古くから知られているが,より最近は動詞の意味構造 (Rappaport Hovav and Levin 1998) や目的語の談話情報 (Goldberg 2001) など様々な要因が関わることが指摘されている。本節ではこれらの要因を解きほぐしながら,日本語と英語の省略の違いを整理する。

4.1 動詞の行為連鎖と目的語の省略

　日本語ではゼロ代名詞があるお陰で,どのような動詞でもその主語や目的語を自由に省略できるのに対して,英語の省略は通常,動詞の直後の目的語に限られ,しかも省略できるかどうかは動詞の意味および用いられる場面によって制限される傾向がある。動詞の意味としてまず重要なのは「使役」および「働きかけ」という概念である。使役というのは,たとえば「父がゴキブリを殺した」と言えば「ゴキブリが死んだ」ということを含意する(必然的に意味する)ように,主語の動作が目的語に状態の変化を引き起こすことを表し,この概念を含む他動詞を「使役他動詞」と呼んでおく。日本語の使役他動詞は,多くの場合,「割る-割れる,育てる-育つ,曲げる-曲がる」のようにペアになる自動詞がある。英語の例としては, kill, break, bend, chop, create, destroy, move, lift, surprise, please などがある。これに対して,「働きかけ」を表す他動詞というのは,たとえば「父がゴキブリをたたいた」といっても父はゴキブリに打撃を加えただけで,実際にゴキブリが死んだかどうかは分からないというように,主語から目的語への接触や打撃を表すだけで,目的語の状態変化までは含意しない他動詞である(詳しくは『動詞編』を参照)。日本語では

「たたく，触る，こする，拭く」といった動詞が該当し，英語の例には wipe, kick, pound, push, pull, scrub などがある。

　使役他動詞と働きかけ他動詞の区別を踏まえて，英語で目的語が省略できるかどうかを見てみると，基本的に，働きかけ他動詞が目的語の省略を許すのに対して使役他動詞は目的語省略を許さないという違いが指摘できる（Fillmore 1986, Brisson 1994, Rappaport Hovav and Levin 1998)。

(9)　a.　目的語の状態変化なし（働きかけ他動詞）
　　　　She pounded (the cage). / She swept (the floor).
　　b.　目的語の状態変化あり（使役他動詞）
　　　　She broke *(the cage). / She killed *(the cockroach).

たとえば(9a) She pounded the cage. では彼女が鳥かごをたたいただけで，鳥かごが壊れたことまでは含意されない。この場合，状態の変化を伴わない目的語（the cage）を省略して She pounded. とすることができる。他方，(9b) She broke the cage. という文は鳥かごが元の状態から壊れた状態に変化したことを意味し，目的語（the cage）が壊れたということは重大なことであるから，それを省略して*She broke. と言うことはできない。

　目的語（the cart）が変化を被るかどうかという点は，次の例で一層はっきりする。

(10)　a.　John rolled the cart, and in fact it moved.
　　　　≠John rolled.（John 自身が転がったという意味なら適格だが，John がカートを動かしたという意味には取れない）
　　b.　John pushed the cart, but it didn't move.
　　　　＝John pushed.　　　　　(Cf. Kiparsky 1997: 496-497)

目的語の位置が変化する(10a)では*John rolled. と言えないが，目的語に変化のない(10b)では He pushed. だけで済ませることができる。

　以上述べた2種類の他動詞の違いは「行為連鎖」でうまく整理できる。

(11)　〈x が y に働きかけ〉→〈y が変化〉→〈y が状態〉
　　　　　　x pounded y　→ y が省略可能
　　　　　　　　　　　　x broke y → y が省略不可能

動詞の表す意味が行為連鎖の左端の局面（すなわち，働きかけ）だけの場

合は，働きかけという動作そのものが重要であるから，その対象物（目的語）は明示しなくてもよい．他方，動詞が変化・状態の局面（行為連鎖の右端）を含む場合は，目的語の変化が重要であるから，その目的語を省略することは許されないのである．類似の現象は第5章の「動能構文」にも見られる．

以上，目的語への働きかけだけを表す他動詞では，その目的語はあまり重要ではないので省略でき，他方，目的語名詞が状態の変化を被ることを表す他動詞では，その目的語が重要であるから省略できないことを述べた．これに対して，日本語のゼロ代名詞はこのような動詞の意味構造に左右されることはなく，「彼女は∅たたいた」と「彼女は∅壊した」には文法的な違いはない．

行為連鎖の意味構造による説明は一見，うまくいくように見えるが，しかし実際には，それでは扱えない例が少なくない．ひとつは，働きかけ他動詞であるにもかかわらず目的語の省略を許さない場合である．たとえば，stroke（撫でる），kiss, caress（愛撫する）などでは目的語の省略ができない．

(12) That cat might harm you. You'd better not stroke *(it)!

(Cf. Goldberg 2005: 232)

(12)の例文でitを省略することはできない．

逆に，使役他動詞であっても目的語が省略できる場合もある．

(13) a. You shall not steal.（盗んではいけない）You shall not murder.（殺してはいけない）　　　　（『聖書』の「十戒」）
b. I spent the afternoon baking.（その午後はずっとパン焼きをした）　　　　　　　　　　　　　　　　（Fillmore 1986: 97）

このような例外が生じる理由を理解するには，動詞の行為連鎖だけでは不十分である．動詞の行為連鎖はあくまで最小限の条件を述べているだけで，英語の目的語省略は実際には様々な要素によって左右される．それらの複雑な要因を整理するために，以下では，省略される目的語が特定の指示対象を指す場合（定名詞句）と，不特定の対象を指す場合（不定名詞句および総称名詞句）とに大別して説明していくことにしよう．まず4.2節で定名詞句の省略，4.3節で不定名詞句および総称名詞句の省略について述べる．

4.2　特定の対象物を指す目的語の省略

　日本語では「僕のクッキーはどこに行ったの」という質問に対して，「あなたのクッキーはポチが食べちゃった」と答えることもできるが，ゼロ代名詞を用いて「ポチが食べちゃった」と答えることもできる。この場合，省略された「あなたのクッキー」はこの会話の話題（topic）である。このように日本語のゼロ代名詞（すなわち省略）は，談話の話題が繰り返されるときに生じる。他方，英語ではこのような談話の話題は省略できず，代名詞で明示する必要がある（Fillmore 1986）。次の会話の答え（B）で代名詞 it を省略すると非文法的になる。

(14)　A:　What happened to that carrot?
　　　B:　I chopped *(it).　　　　　　　　（Goldberg 2001: 512）

(14)はニンジンがどうなったかを問う疑問文であるので，ニンジンは談話の話題であり，省略することができない。前掲(12)の You'd better not stroke *(it). も同様である。このように，日本語の話題は省略されてゼロ代名詞になるのと比べると，英語の話題は省略できないという特徴がある。

　ところが，英語でも次のような例では（　）内の目的語を省略したほうがむしろ自然である。

(15)　a.　McCain ran in the 2008 presidential election, but he lost (it/the election).
　　　b.　The company offered me a job, and I accepted (it/the offer).
　　　c.　I will be late for the meeting, so please start (it/the meeting) without me.

(15)では（　）内の名詞句なしで，lose, accept, start を自動詞的に使うことができる。ここで注意したいのは，（　）内の名詞句に定冠詞 the が付いていることである。定冠詞はその名詞句が指す対象が何であるのかが既に分かっていること（定名詞句）を表している。その意味では，日本語のゼロ代名詞が文脈から特定できる定名詞句を表すのと似ているように見える。では，(15)の英文で（　）内の名詞句を省略した場合，日本語のゼロ代名詞と同じものとして扱うことができるだろうか。また，(15)で

省略可能な目的語は，前掲(14)の場合と同じく談話の話題を表すから，上述の規則によると省略できないと予想される。(14)と(15)の違いは何だろうか。

4.2.1　動詞による制限

　ゼロ代名詞かどうかを見分ける1つの基準は，動詞による制限がないかどうかである。日本語のゼロ代名詞は動詞によって制限されることはなく，どのような動詞であっても自由に使われる。この観点から見ると，(15)の省略は用いられている動詞の性質に大きく依存している。たとえば，(15a)の例を Obama beat McCain.（オバマがマケインを破った）に変更したとすると，目的語 McCain を省略して*Obama beat. とすることはできない。英語では目的語を省略できるかどうかは個々の動詞によるのである。そのため，(16)のように，たとえ意味が類似していても動詞が異なれば，目的語（あるいは動詞直後の前置詞補部や to 不定詞補部）の省略可能性も変わってくる (Fillmore 1986: 99-102)。

(16)　a.　She {found out/*discovered}.（発見する，分かる）
　　　b.　She {promised/*vowed/*pledged}.（約束する，誓う）
　　　c.　I {object/protest/*oppose}.（反対する，抗議する）

4.2.2　モノ名詞とデキゴト名詞

　英語の目的語省略の可能性は個別の動詞に依存するが，それだけではない。興味深いことに，同じ動詞であっても意味によって目的語省略の適否が変わってくる。先ほどの(15a)に戻ってみよう。(15a)の lose という動詞は，他動詞用法では(17)のようにいろいろな目的語を取ることができる。

(17)　他動詞としての lose
　　　He lost {the election/the game/his wallet/his son}.

そこで，仮に「lose という他動詞はその目的語を省略することができる」と考えてみよう。(17)の例文から各種の目的語を省略すると，すべて He lost. となるが，この He lost. という省略文はどのように解釈されるだろうか。実は，He lost. と言うと，the election や the game のような出来事・行為を表す名詞（第2章で述べたデキゴト名詞）が省略されていると解釈され，his wallet や his son のような具体物（モノ名詞）が省略されているという解釈にはならない (Fillmore 1986)。

(18) He lost.＝He lost the {election/game}. (lose＝「負ける」)
　　　≠He lost his {wallet/son}. (lose＝「失う」)

言い換えると，lose という動詞は，「負ける」という意味のときはデキゴト名詞の目的語（the election, the game）を省略できるが，「失う，なくす」という意味のときはモノ名詞の目的語（his wallet, his son）を省略できないということになる。

このことは，「失う」という意味の lose は常に他動詞でなければならないのに対して「負ける」という意味の lose は他動詞と自動詞の2通りの用法があると言い換えてもよいだろう（実際，ほとんどの英語辞典はそのように分類している）。McCain lost the election. という文は「負ける」の意味の lose が他動詞として使われた例であり，他方，McCain lost. という文は同じ意味の lose が「負ける」という意味の自動詞として使われた文なのである。後者の場合，McCain lost in the election. というように「選挙」を直接目的語ではなく前置詞句であらわすこともできる。

このように元々自動詞としての「負ける」という動詞を仮定するなら，McCain lost. は「目的語が省略されている」と考える必要がなくなる。すなわち，(15a)の McCain lost. という自動詞文は McCain lost it. から代名詞 it が省略されたものではないということである。McCain lost it. なら，it は選挙でもゲームでも財布でも構わないが，McCain lost. の場合は選挙あるいはゲームに限られるから，McCain lost it. と McCain lost. はイコールではないということになる。

同じように，(15b)の accept は他動詞と自動詞の2通りの用法を許す動詞であると見なすことができる。他動詞としての accept と自動詞としての accept はかなりの部分で似ているものの，異なる点もある。「提案や申し出などを受け入れる／承諾する」という意味の場合は They accepted (my offer/suggestion). のように，他動詞としてだけでなく，（　）内に示されたデキゴト名詞を表現しない自動詞としても使える。しかし，「品物など（モノ名詞）を受け取る」という意味の accept は They accepted my gift. のように他動詞の用法しかない。They accepted. と自動詞で表現すると，my gift の省略とは解釈できない。

(15c)の start も，他動詞としては「（会議，催し等の活動を）開始する」という意味と，「（機械類を）動かす」という意味，あるいは「（火を）

起こす，（噂を）立てる」といった意味がある。このうち，目的語が省略できるのは「（会議，催しなどのデキゴト名詞を）開始する」という意味に限定される。後の2つの意味で用いられる目的語（エンジン，パソコン，火，噂）はいずれもモノ名詞であり，照応するときには it が必要である。そのため，Let's start. と言うと，何か活動を始めるという意味であり，「エンジンを動かす」とか「火を起こす」といった意味には取れない。

　以上述べたことは，次のようにまとめられる。英語では，目的語が具体物を指すモノ名詞の場合は省略できない（日本語ではゼロ代名詞のお陰でこれが自由に可能）。上掲(14)で目的語（it）が省略できないのは，it が談話の話題だからではなく the carrot（にんじん）というモノ名詞を指すからである。これに対して，目的語がデキゴト名詞の場合は（動詞によっては）省略することができる。後者の場合，省略されたデキゴト名詞は意味的に動詞と一体になって，社会的に意味のある何らかの行為や出来事を表す。これにより，lose (the game/election) なら「敗北する」，accept (the offer) なら「受諾してその行為を行う」というように，見かけ上は目的語なしの自動詞用法になるわけである。

　英語では定（definite）のモノ名詞は省略できないが，定のデキゴト名詞なら省略できることを watch という動詞で確かめておこう。Hudson (1996) は(19)と(20)の違いを指摘している。

(19)　A: Would you watch my suitcase for me while I buy a paper, please?
　　　B: Sure. I'll watch *(it). [it は省略不可]

(19) B の it は A の my suitcase を指し，これはモノ名詞であるから省略できない。ところが，次の(20)では watch は目的語なしで使える。

(20)　Pat danced while Jo watched.

(20) の Jo watched は，Jo watched Pat.（Pat という人物を見ていた）ではなく Jo watched Pat's dancing（Pat が踊るのを見ていた）という意味を表す。つまり，watch は(20)のようにデキゴトが対象である場合に「（動作を）見物する」という意味で自動詞として使われるのである。

4.2.3　目的語名詞以外の省略

　省略は直接目的語だけでなく，前置詞句(21)，that 節(22)，不定詞

(23)にも観察される（Fillmore 1986: 101）。

 (21) a. John waited (for the bus).
    b. Mary applied (for the position).
 (22) a. John ate the cake because Mary insisted (that he eat it).
    b. We {noticed/remembered/know} (that she was blind).
 (23) I {tried/remembered/promised/volunteered} (to go there).

これらの例でも（　）内の表現を省いて John waited. や Mary insisted. のように言うことができるが，これらの省略も，先ほどの(15)の場合と同様に，動詞の意味による制限を受けている。たとえば wait そのものは自動詞として，その後にいろいろな前置詞補語を伴うことができる。

 (24) He waited {for the bus/for her to come/on the customer}.

このうち，「待つ」という意味の wait for the bus, wait for her to come の場合は He waited. のように補語なしで表現できる。ところが，「接客する，給仕する」という意味の wait は必ず on～という補語が必要である。言い換えると，「待つ」という意味の wait は補語（for～）を省略してもよいが，「接客する」という意味の wait は on～という補語を省略できないということになる。そして，「バスを待つ」というのは「バスが来るのを待つ」という意味であるから，この場合デキゴトを表す補語（for～）が省略できるのである。

(21b)の apply は「応募する」という意味で，I applied for the position. と I applied. の2通りの使い方ができる。しかし，同じ apply でも，たとえば「（包帯や絆創膏などを）つける／貼る」や「（薬・化粧品を）つける／塗る」という意味のときは I applied the {bandage/ointment}. のように目的語を明示することが必要である。I applied. とだけ言っても，「絆創膏をつけた」といった意味にはならない。

次の例では，同じ動詞でも，具体物を目的語に取るか不定詞や節を取るかによって，省略の可否に差があることが分かる（Fillmore 1986: 101-102）。

 (25) a. I forgot (to fix it). / I forgot *(the key).
    b. I see (that they're here). / I see *(the rat).

以上のように，英語における目的語（および補語）の省略は自由勝手に行われるのではなく，動詞による語彙的な制限を受けている。ここで「語

彙的な制限」というのは，個別の動詞による制限と，その動詞が要求する目的語名詞の意味的な制限を指す。いくつかの指定された動詞がデキゴトを表す目的語（補語）をとる場合に，その動詞の意味と目的語の意味が一体になって，ひとつのまとまった活動や行為を表現するようになる。意味の構造ではデキゴトを表す目的語が想定できるが，lose a game なら「ゲームを失う」→「負ける」のように動詞と一体の意味を形成するから，表面には現れない。They lost the game. と比べて They lost. が「目的語の省略」のように見えるのは，意味が似ているからにすぎない。同じ lose でも別の意味（「品物をなくす」）では自動詞にならないのである。したがって，本節（4.2）で扱ってきた英語の目的語省略は実は「省略」ではなく，個々の動詞が，意味によって元々自動詞と他動詞に分かれている（あるいは，自動詞なら補語が不可欠のものと任意的なものに分かれている）ということになる。

4.2.4 身体部位名詞の省略

英語の省略が動詞の意味と直接関係するということは，次のように目的語が主語と同じ人物（あるいは主語の身体の一部）を指す「再帰的」（reflexive）な場合にも当てはまる（Rice 1986: 205）。

(26) a. Mark should {wash/bathe/dress} (himself/his hands).
　　　b. He shaved (his beard/his face).
　　　c. John waved (his hand).
　　　d. John shrugged (his shoulders).

wash という他動詞は「手，野菜，食器，車」など様々なものを目的語に取ることができるが，(26a) のように目的語を省略して He washed. と言うと，野菜や車ではなく，主語自身の身体や手足などを洗ったという意味になる。母親が赤ん坊の手を洗ってあげたときは Mother washed the baby's hands. となり，Mother washed. だけでは通用しない。(26a) の bathe と dress も同じように，目的語を省略すると，主語が自分自身の身体に働きかける場合しか表現できない。

(26d) の shrug は，質問されたことを知らないときや困惑を表すときに shrug one's shoulders（肩をすくめる）のように使われる動詞で，「すくめる」というのは必ず，主語自身の肩でなければならない。「他人の肩をすくめる」ということはできない。目的語は主語の身体部分に限定されて

いるから，わざわざ表現せずとも He shrugged. のように自動詞用法でも使える。(ただし，英語でも身体部分名詞が自由に省略できるわけではない。keep an eye on ～(～を見張る)のようなイディオムでは eye を省略できない。)

英語と比べると日本語は逆で，言わなくても分かるはずの再帰的な目的語は省略できない。

 (27) a. 質問を受けた担当者は*(肩を) すくめた。
    b. おじいさんは*(腰を) かがめた。
    c. 首相はその問題に関しては*(口を) つぐんだ。

(27)で目的語が省略できないのは，「日本語では名詞は自由に省略できる」という通念からすると奇妙に思える。しかし繰り返し述べてきたように，日本語の名詞省略は，先行談話から理解される指示対象をゼロ名詞句で表すということである。なるほど，(27)の「肩，腰，口」も，「言わなくても分かる」という点では省略できてよさそうなものであるが，「言わなくても分かる」という理由がゼロ代名詞の場合と異なっている。「もうご飯，食べた？」「うん，∅食べた」のようなゼロ代名詞による省略が先行文脈からの予測によって可能になるのに対して，(27)の「肩，腰，口」が言わなくても分かるというのは，談話からの予測ではなく，「すくめる，かがめる，つぐむ」という動詞の語彙的な意味による。すなわち，「すくめる」のは「(自分の) 肩」，「かがめる」のは「(自分の) 腰」，「つぐむ」のは「(自分の) 口」に各々決まっている，という動詞と目的語との意味的な結びつきが固定しており，このように語彙的に決まっている目的語は，日本語では談話のゼロ代名詞で省略することができないのである。

本節では「日本語のゼロ代名詞に当たる省略は英語には存在しない」という原則に反するように見える例を幾つか考察した。しかし，検討の結果，英語における目的語や補語の省略は，日本語のようなゼロ代名詞による照応のための省略ではなく，個々の動詞によって，そして1つの動詞であっても意味によって，目的語や補語が絶対に必要かそれとも任意であるかという語彙的な使い分けであることが判明した。日英語の違いを次ページの表1にまとめておこう。

【表1】日英語における定名詞句のいわゆる「省略」

	日本語	英語
談話から推測されるゼロ代名詞	あり	なし
動詞の意味による目的語・補語の非表示	なし	・He won/lost. のようなデキゴト目的語
個々の動詞によって指定される身体部位の非表示	なし	・He shaved. のような再帰目的語

4.3 特定の対象物を指さない目的語の省略

本節では、一般的な概念を表す名詞が省略されていると見える現象を考察する。「一般的な概念」というのは、たとえば this book とか my books のように特定の具体物を指すのではなく、I like chocolate. の chocolate（チョコレート全般）のように総称（generic）の概念を表す名詞句のことである。

4.3.1 習慣と総称目的語

総称名詞句というのは通常、現在時制の動詞と共に使われることが多い。

(28) a. He reads <u>Japanese comic books</u>. Cf. He read this book.
     b. I don't drink <u>wine</u>. Cf. I drank the wine she offered me.

(28)の現在時制（reads, don't drink）は現在の一時点だけを指すのではなく、過去・現在・将来にわたる長期的な習慣を表す。長期間にわたる習慣は時間の範囲が限定されないから、そこに関わる目的語も定冠詞や指示詞に示されるような対象物の限定がない。

このように動詞が習慣を表す現在時制を伴って習慣的行為を表す場合に、一般的・総称的な概念を表す目的語が省略されることが多い。

(29) a. Mary reads (books) in her pastime.
     b. He stopped smoking (cigarettes) and drinking (alcohol) for his health.

(29)の例では（　）内の目的語を省略することができる。これらの目的

語名詞（books, cigarettes, alcohol）は各々の文で用いられている動詞（read, smoke, drink）の意味と深く関わっている。特殊な状況でなければ，read と言うと本，smoke と言うとタバコ，drink と言うとお酒を思い浮かべる。逆に，book という名詞からは read という行為が，cigarette という名詞からは smoke という行為が，そして alcohol（これは alcoholic beverages「アルコール飲料」の略）からは drink という行為が自然に連想される。なぜなら，これらの行為は，book, cigarette, alcohol（＝alcoholic beverages）という名詞が持つクオリア構造の《目的・機能》にそれぞれ指定されているからである。つまり，book の《目的・機能》は「人がそれを読む」，cigarette の《目的・機能》は「人がそれを吸う」，alcohol（beverages）の《目的・機能》は「人がそれを飲む」ということなのである。

このように(29)の例では動詞と名詞が互いに相手方を指定するため，その結びつきは慣習化されやすく，その結果，目的語の名詞を言わずに済ませる（つまり省略する）ことができるようになる。ただし，ここでも省略できる名詞と動詞との結びつきは語彙的に決まっていて，その動詞の目的語になれる名詞なら何でも自由に省略できるわけではない。

(30) a. John smokes (　　). [cigarettes, *Marlboros, *a pipe]
b. John drinks (　　). [alcohol, *gin, *water, *coffee]
c. Each afternoon, John reads (　　). [a book, *Ulysses, *the newspaper, *printed matter] （以上，Rice 1988: 204)
d. I spent the afternoon baking (　　). [bread, pastries, *potatoes] (Fillmore 1986: 97)

(30)では，(　　)のところが省略部分であり，そこに（解釈上）当てはまる名詞と当てはまらない名詞を右側の[　　]に示している。たとえば，(30a)の John smokes. というのは John smokes cigarettes. と解釈されるが，John smokes Marlboros. や John smokes a pipe. と同じ意味には解釈されない。大雑把に言うと，省略が可能である名詞は省略できない場合と比べると，その動詞にとって原型的（prototypical）な目的語であると考えられる。Rice (1988) によると，「原型的」な目的語とは，その動詞の意味と強い結びつきを持つだけでなく，もっとも予測されやすい内容をもつ。たとえば，smoke という行為に関わるのは，パイプよりタバ

コ (cigarettes) のほうが一般的であり，より「原型」に近いと言える。さらに，目的語が省略されるのは，他動詞と目的語の組み合わせが社会的に慣習化された一般的な行為——たとえば「読書」(to read books)，「飲酒」(to drink alcohol)，「喫煙」(to smoke cigarettes) ——である。

目的語が総称名詞句の場合，日本語では英語と異なり，省略するとおかしくなる (Sugioka 1986: 89-90)。次の各組で，英語と日本語を比較してみよう。

(31) a. He stopped drinking for health.
   *彼は健康のため，飲むのを止めた。Cf. <u>飲酒</u>を止めた。
  b. She likes knitting.
   *彼女は編むのが好きだ。
   Cf. <u>編みもの</u>（をするの）が好きだ。
  c. As a boy he often stole. (Mittwoch 2005: 246-247)
   *彼は子供の頃，よく盗んだ。
   Cf. よく（人の）<u>もの</u>を盗んだ。

言い換えると，習慣を表す場合，英語と日本語では表2のような違いがあることになる。

【表2】習慣を表すときの目的語の表示

	英　語	日本語
一般的・総称的概念を表す目的語	省略される	「読書／飲酒／喫煙（する）」や「買いもの／編みもの（をする）」のように複合語の動詞概念で表現するか，「ものを盗む」のように具体性のない名詞「もの」を目的語に用いる

　一般的・総称的概念を表す名詞句は，特定の指示対象に言及するわけではないから，談話における省略を表すゼロ代名詞では表せない。その結果，日本語では「編みもの」の「もの」，あるいは「ものを盗む」のような具体性のない名詞「もの」であっても，省略せずに明示しなければならない。これに対して，英語では，things や something のような名詞をわざわざ使うことはしないで，省略してしまう。なぜなら，「飲酒」，「編みもの」といった行為そのものに重点が置かれ，「何を（飲む／編む）」とい

う目的語の内容は取り立てて述べる必要がないからである。

　習慣でなく一時的な動作であっても，行為そのものに重点が置かれ，対象物が何であるのかが問題外の場合は，次のように目的語が省略できることがある。この場合，推測される目的語は something のような漠然とした概念である。

　　　(32)　A:　What is he doing?
　　　　　　B:　He is {cooking/knitting/drawing}.
　　　　　　　　　　　　　　　　　　　　(Mittwoch 2005: 241)

(32)の質問文は「何をしているのか」という動作そのものを問うているので，その答えは He is cooking his lunch. のように他動詞で目的語を明示してもよいが，He is cooking. のように自動詞文で目的語を明示せずに済ませることも可能である。

4.3.2　談話情報と省略

　Goldberg (2001, 2005) も，「目的語が談話の焦点 (focus) や話題 (topic) ではなく動作 (action) そのものが強調されている場合，目的語の情報の際立ち (prominence) は低いから省略が可能である。」と述べ，英語の省略では談話における情報伝達の原則が重要であると主張している。

　　　(33)　a.　The singer always aimed to please.
　　　　　　b.　Pat gave and gave, but Chris just took and took.
　　　　　　　　　　　　　　　　　　　　(Goldberg 2001: 506)

(33a)は「その歌手はいつも（聴衆を）喜ばせようとした」，(33b)は「パットはいつも与える側，クリスはただ受け取る側だった」という意味で，(33a)に people，(33b)に things のような目的語を付け加えるのは不自然である。

　(33)の例で注意したいのは，always（いつも），gave and gave（何度も何度も与える）のように動作の繰り返しが表現されている点である。動作が習慣的に繰り返されることで，動作そのものが前面に出て，「何を」という目的語の内容は重要でなくなる。しかし次のように，一回切りの動作であっても，極めて重要な出来事の場合には目的語を省略することが可能になる (Goldberg 2001: 513)。

　　　(34)　Why would they give him a light prison term!? He <u>murdered</u>!

この場合も，日本語なら「あの男は人殺しをしたのよ！」とか「人を殺したのよ！」のように「人」(a person) という不定の名詞が必要になる。

しかしながら，動作に談話の重点があればいつでも目的語は省略可能かと言うと，そうでもない。

(35)　A: What did you do this afternoon?
　　　B: I just {read/sewed/typed/*watched/*pushed}.
　　　　　　　　　　　　　　　　　　　(Allerton 1975: 215)

read, sew, type なら，これらの動詞の意味から目的語がだいたい予想できるが，watch あるいは push だけで目的語を予想することは困難である。したがって，(35)の質問(A)に対する答え(B)として*I watched/pushed. と言うのは不適格となる（ただし，前掲(10b)や(20)のように目的語が何であるのかが発話の状況から分かる場合は，watch, push は目的語の省略を許す）。

ここまでは，英語で目的語が省略されるのは，その目的語の内容が動詞が表す行為にとって「原型的」である場合か，あるいは，動詞が表す行為そのものに焦点が置かれるために目的語を特定する必要がない場合かのいずれかであるということを見てきた。どちらの場合でも，目的語の省略はどのような動詞でも自由に許されるわけではない。英語の省略では，個々の動詞の語彙的な性質が強く関わっている。

4.3.3　原型的な目的語と慣習化された行為

原型的な行為に含まれる目的語は，特定されすぎても，一般的すぎてもいけない。前掲(30c)の read で説明すると，『ユリシーズ』という特定の題名の小説（ジェイムズ・ジョイス作）を読むことは reading（読書）という行為の個別的な一例ではあるものの，典型的とは言えないから，John reads. と言っただけでは，John reads *Ulysses*. という意味に取ることはできない。逆に，printed matter（印刷物）のような一般的すぎる内容を表す名詞を目的語にもってきても，「原型的」な行為ではなくなってしまう。

この「原型的」という概念は，目的語省略を許す動詞に対しても当てはまる。Rice (1988: 204) は，意味が基本的で単純な動詞の方が省略を許しやすいとして，次のような対比をあげている。

(36)　a. Celia {ate/*nibbled/*bit/*devoured/*chewed/*munched}.

b. Hemingway {drank/*sipped/*guzzled/*swigged}.

eat, drink という基本動詞と比べて，たとえば nibble（かじる）や sip（ちびちび飲む）は特殊な動作様態を表し，目的語の省略が困難である。

　このように，特定の内容をもつ名詞が目的語として省略される場合，動詞と名詞の結びつきが密接であることが重要であり，それは「原型的」という概念で説明できるものが多い。もっとも，上例の drink (alcohol)の場合，私たちの日常生活において「飲む」という行為を考えると必ずしもアルコール飲料が原型的だとは言いにくく，動詞と目的語の結びつきは社会的慣習に由来すると考えた方がよいだろう。日本語の複合語でも，「飲酒（する）」と言うが「*飲水（する）」や「*飲汁（する）」といった表現はない。飲酒は「酩酊状態」という特殊な状態をもたらし，飲酒には年齢制限まであることから分かるように，drink alcohol という行為は社会的な関心が払われ，その特殊性は常に人々の意識にのぼっている。常に意識されているということは，drink と alcohol の結びつきが社会的に固定されているということであり，その結果，alcohol を省略しても「飲酒」だと理解される。

　先に触れたように，英語における目的語省略は動詞が現在時制で習慣を表すことと密接に結びついている。drink という動詞は，(37) の例のように，ある特定の日時における特定の行為を表す場合でも目的語を省略することができるが，その場合，省略された目的語はアルコール飲料に限らず，水やコーヒーでも指すことができる。

　(37)　ある時点における具体的な行為を表す drink

　　　a. She went to the kitchen and poured water. She drank thirstily.　　　　　　　　　　　　　(COCA)
　　　　（彼女は台所に行ってコップに水を注ぎ，ガブガブ（水を）飲んだ）

　　　b. She drank slowly, as if she didn't want to finish the coffee.　　　　　　　　　　　　　　(COCA)
　　　　（彼女は，まるでコーヒーを飲み終えたくないと言わんばかりにゆっくりと（コーヒーを）飲んだ）

　　　c. "He was drinking on duty?" asked Shad.　　(COCA)
　　　　（「彼は仕事中に（酒を）飲んでいたの？」とシャドは尋ね

た)

しかし，習慣を表す場合にはアルコール飲料の省略としか解釈できない。

(38) 習慣・習性を表す drink

I'm sorry to say that I don't drink. I don't smoke. I don't party. (COCA)

(申し訳ありませんが，私は（酒を）飲まないし，（タバコも）吸わないし，どんちゃん騒ぎもしません)

本節では，習慣的行為を表す文において，原型的あるいは社会習慣的に定まった目的語が省略されることを述べた。習慣というのは，いつも行う日常的な「お決まり」であり，したがってその行為の内部を分析的に捉えて，目的語が何であるのかをいちいち述べる必要がない。My father drinks at night every day. と言えば，とにかく何らかのアルコール飲料を飲めばよいのであって，それが日本酒なのかビールなのか焼酎なのかといった中身は関係しない。目的語の中身より，「いつも飲む」という動作そのものが注目されるため，目的語を表出しなくてもよいということになる。

このように考えると，Rice (1988) の原型的（prototypical）という考え方は「社会的に慣習化された行為」という観点から見直したほうがよいかもしれない。Rice (1988) は，用いられる動詞と目的語名詞がそれぞれ原型的かどうかによって分析しているが，drink (alcohol) の場合はそれでは納得のいく説明が困難で，むしろ，「飲酒」という行為の社会性によって説明するほうが適切だろう。同様のことが，次の(39)のような例にも当てはまる。

(39) a. He gave to the charities for many years.
(彼は何年ものあいだ慈善団体に寄付をした)
b. I've got to change for the party. (COCA)
(パーティに行くために着替えなければならない)
c. Do I have to pay first? (料金は先払いですか？)

(39a)の give は "give money"，(39b)の change は "change clothes"，(39c)の pay は "pay the charge" と解釈され，これらの目的語を含む言い換え全体が，「寄付する」，「着替える」，「支払いをする」という社会的に意味のある行為を表している。日本語では「飲酒，寄付，着替え」とい

った複合語を使って形態的に表さなければならない行動や活動を，英語では，動詞と目的語の概念を意味的に一体化し，見かけ上は「自動詞」として表現するということである．

4.4　主語の属性と目的語省略

Mittwoch（2005: 244-246）は，目的語の省略が起きやすい構文として次のような例をあげている．

(40)　a.　Fido bites. / The wool scratches.（傾向）
　　　 b.　This gadget peels, shreds, and chops.（用途）
　　　 c.　He can't add.（能力）
　　　 d.　She directs (films). / She conducts (music).（職業）
　　　 e.　We sell only to wholesalers.（方針）

これらはいずれも，広い意味で主語が固有に持っている属性ないし特性を表すものと捉えられる．前節で述べた「習慣」が，時間の流れにおいてほぼ毎日起こる出来事や動作を表すのに対して，主語の属性というのは，時間の流れと関わりなく持続する性質のことである．その意味で，職業を表す(41)Bのような表現も，主語の属性を表すと見なされる．

(41)　A:　What does your father do?
　　　　　（お父さんの職業は何ですか）
　　　 B:　He {cooks/hunts/teaches at high school}.
　　　　　（料理人／猟師／高校教師です）
　　　 B′:　He is a {cook/hunter/high-school teacher}.

Bの動詞文では他動詞であっても目的語を明示する必要がなく，B′の He is a ＿＿＿. のように職業名詞を用いて言い換えることができる（もちろん，He teaches English at high school.＝He is a high-school English teacher. のように一般的概念を表す目的語を付けることもできる）．

さて，名詞 cook を例にとると，そのクオリア構造は概略(42a)のように表示でき，《機能・目的》として「x が料理を作る (x cooks)」という定義が示されている．すると，(41)Bの He cooks. という動詞文は，名詞 cook が持つ《機能・目的》の部分をそのまま反映していることになる．人間名詞の cook と比較する意味で，人工物を表す refrigerator（冷蔵庫）のクオリア構造を(42b)に示しておこう．

(42)　　　　　　　　a. cook　　　　　b. refrigerator

《外的分類》	人間(x)	人工物(x)
《機能・目的》	x が料理を作る。	x が食品を冷蔵保存する。

冷蔵庫（refrigerator）が「食品を冷蔵保存する」という属性（機能・目的）を持つのと同じように，料理人（cook）も「料理を作る」という属性（機能，職業）を持っている。両者の違いと言うと，冷蔵庫の場合は製造者がその機能を付与するのに対して，料理人は自らの意志でその機能（仕事）を担うようになるということぐらいだろう。

このように，属性というのは主語自身の意志で獲得する場合もあるし，外部から付与される場合もある。属性は，普通は時間の流れに関わりなくほぼ恒常的に成立する性質であるが，しかし次のように限定された期間だけ成り立つ性質のこともある。

(43)　　a. He could <u>read</u> before he started kindergarten.　(COCA)
　　　　b. When my tongue was paralyzed, I couldn't <u>eat or drink</u>.
　　　　　　　　　　　　　　　　　　　　　　　　　(Fillmore 1986: 96)

(43a)は「彼は幼稚園に入る前に字を読むことができた」，(43b)は「舌が麻痺したときは，何も食べたり飲んだりできなかった」という意味で，その時点における識字あるいは飲食の能力を述べている。能力があること（あるいは能力がないこと）は属性のひとつである。そして，属性は一般的な性質を表すから，そこに関わる目的語も一般的・総称的名詞句になり，そのため表だって表現する必要がなくなる。

属性文の主語は，定名詞句のこともあるし，総称名詞句のこともある。次は総称名詞句が主語になり，述語がその属性を表現する例である。

(44)　　a. Dogs <u>bite</u>, and cats <u>scratch</u>.
　　　　b. Humans <u>destroy</u> with guns and bombs, nature with wind and rain.
　　　　c. Football hooligans are bad, but they don't often <u>murder</u>.
　　　　　　　　　　　　　(b, c は Bank of English；影山 2003a)
　　　　d. Tigers <u>kill</u> only at night.　　　　(Goldberg 2001)

これらの文は，特定の時間や場所で起きた出来事を表すのではなく，主語

第4章　目的語の省略

(dogs, cats, humans, football hooligans, tigers) が恒常的に備えている特性を表す。したがって，これらの文に特定の一時点を指すような副詞をつけたり，現在進行形にしたり，あるいは知覚動詞の補文に入れたりすると非文法的になる（影山 2003a：273-274）。

(45) a. *Tigers killed at 10 o'clock last night.
b. *Tigers are killing now.
c. *I saw tigers kill there.

Naess (2007: 138) が挙げる次の例も同様である。

(46) a. Smoking kills.
b. *Smoking killed. Cf. Smoking killed him.

(46a)は「喫煙は死を招くものだ」という意味の属性文であるので目的語の省略が可能だが，これを過去形にした(46b)は特定の出来事を表すため目的語がないと不適切な文になってしまう。

このように，主語の属性を表す英語文では，働きかけ他動詞か使役他動詞かの違いにかかわりなく，目的語が省略されることが多い。日本語でも，働きかけ他動詞のときは(47a)のように目的語の省略が可能である。

(47) a. 犬は嚙む。猫は嚙まない。蜂は刺す。
b. 喫煙は*(ひとを) 殺す。トラは夜に*(獲物を) 狩る。

しかし，(47b)のような使役他動詞では目的語を明示する必要がある。

英語でも，属性文で常に目的語が省略されるわけではない。

(48) a. Beavers build *(dams).
ビーバー（というの）は*(ダムを) 造るものだ。
b. Cats catch *(mice).
ネコ（というの）は*(ネズミを) 捕まえるものだ。

しかし(48)のように総称主語をとる文に現れる目的語は，普通の文の目的語とは異なり，それ自体 (dams, mice) も総称名詞句である。そのため，(48)を受身文に変えると，全く異なる意味になってしまう。

(49) a. #Dams are built by beavers.
#ダム（というの）は，ビーバーによって造られるものだ。
b. #Mice are caught by cats.
#ネズミ（というの）は，ネコに捕まえられるものだ。

(49)の#印は意味的におかしいことを表す。(49)は，「ダム（というも

の）」,「ネズミ（というもの）」という総称名詞句の属性を表す文になってしまい，現実世界の真実からズレてしまうのである。

このように考えると，先に (33),（34）に挙げた Goldberg（2001）の例も，主語の属性（特性，役割）を表現する文として捉え直すほうが適切だろう。

5 まとめ

英語の目的語の省略には，動詞と名詞の語彙的な性質，動詞の意味構造，談話の情報といった様々な要因が関わっている。read（books），drink（alcohol）のように特定の動詞が決まった内容の目的語の省略を許す場合は，原型や慣習によって目的語の内容が理解でき，省略が起こる。lose（a game）や accept（an offer）などは目的語がデキゴト名詞のときに省略を許す。また，pound のような働きかけ他動詞では，動作そのものに重点があるから目的語の省略が可能であるが，対照的に，目的語が変化の主体である break などの使役他動詞では，目的語の変化が重要であるから省略がむずかしい。ただし，使役他動詞であっても，談話の重点が動作に置かれると省略が許される。さらに，習慣や属性を表す文では，目的語が総称概念を表すために，言わずに済ませるのが普通である。

日本語では文脈から理解できるゼロ代名詞が頻繁に使われるため，目的語の省略は英語より自由に起きるはずである。しかし，不特定の目的語の省略は，日本語では英語よりむずかしく，実質的な内容のない名詞「もの」などが使われることが多い。

6 さらに理解を深めるために

- Charles Fillmore. 1986. Pragmatically controlled zero anaphora. ［目的語の省略についての基本文献。特に動詞による違いを述べている］
- Malka Rappaport Hovav and Beth Levin. 1998. Building verb meanings. ［目的語省略と動詞の事象構造の関係について論じている］
- Adele Goldberg. 2001. Patient arguments of causative verbs can be omitted. ［目的語省略について談話の法則を提案している］

- 影山太郎. 2003a.「動作主属性文における他動詞の自動詞化」[目的語省略について出来事文と属性文の違いを提案している]
- Anita Mittwoch. 2005. Unspecified arguments in episodic and habitual sentences. [目的語省略を起こす動詞の種類，目的語の意味的特徴，出来事文と習慣を表す文の違いについて考察している]

（杉岡洋子・影山太郎）

QUIZ

(1)～(6)の各組で，下線部を省略しても元の文と意味がほとんど変わらないのは a, b のどちらだろうか。

(1)　a. She won second prize.
　　 b. She won the contest.
(2)　a. She didn't speak a word.
　　 b. She didn't speak French.
(3)　a. He hid himself under the bed.
　　 b. He hid the money under the bed.
(4)　a. He washed the apple in cold water.
　　 b. He washed his hands in cold water.
(5)　a. The teacher waved me to sit down.
　　 b. The teacher waved his hand to his students.
(6)　a. They craned their necks to see the parade.
　　 b. They craned the boat on to the trailer.

※答えは323ページ

第5章　直接目的語と前置詞付き目的語

◆基本構文
(A) 1.　He knocked the door.（彼はドアをバーンとたたいた）
    2.　He knocked {on/at} the door.（彼はドアをノックした）
(B) 1.　She broke the glass.
    2.　*She broke {at/on} the glass.
(C) 1.　The plane left from Narita. 飛行機は成田から出発した。
    2.　The plane left Narita. 飛行機は成田を出発した。
(D) 1.　She walked down Broadway.
    2.　She walked Broadway. 彼女はブロードウェイ通りを歩いた。

【キーワード】直接目的語，前置詞，動能構文，移動動詞，中間経路

1　なぜ？

「ドアをノックする」を英語で knock the door と訳すのは間違いである。(A2)のように knock on the door または knock at the door としなければならない。knock は他動詞で knock him down のように使えるのに，ドアのノックのときはなぜ on または at が必要なのだろうか。また，同じ前置詞 at を break という動詞に付けると，(B2)*She broke at the glass. のように間違った英語になる。前置詞の入り方にはどのような法則があるのだろうか。

(C)では，英語の leave，日本語の「出発する」はどちらも，from，「から」を付けても付けなくても正しい文になる。leave，「出発する」は自動詞なのだろうか，他動詞なのだろうか。また，from，「から」があるときとないときで，意味の違いはあるのだろうか。

(D)では「ブロードウェイ通りを歩く」を英語で表現すると，walk

down Broadway も walk Broadway も可能である。walk は自動詞のはずなのに，どうして Broadway を前置詞なしで使うことができるのだろうか。down という前置詞があるのとないのとでは，意味はどう違うのだろうか。

2 直接目的語と前置詞付き目的語とは

　学校の英文法では「自動詞」と「他動詞」の区別は厳密なものとして教えられるが，基本構文の例を見ると，自動詞と他動詞の区別がそれほど厳密でないことが分かる。本章では，基本構文の例(A)のように，他動詞であるはずの動詞が前置詞を伴って自動詞的に使われる場合と，逆に，基本構文の(C)と(D)のように元々は自動詞であるはずの動詞が，前置詞を取り除いてまるで他動詞のように使われる場合を検討する。

　直接目的語というのは，英語では John kicked the ball. の the ball のように動詞の直後にくる名詞句を指し，日本語でこれに相当するのは，「ジョンはボールを蹴った」の「ボールを」のように格助詞「を」で標示される名詞句である。他方，前置詞付き目的語というのは，knock on the door の on the door のように名詞の前に前置詞が付いたものを指す。日本語は前置詞ではなく助詞を用い，伝統的な日本語文法では「が，を，に，から，と，で」などはすべて一律に「格助詞」と呼ばれる。しかし文法の観点から見ると，「が，を，（および一部の『に』）」は文法的な格を表し，それぞれ，主語，直接目的語，（および二重目的語構文の間接目的語）に対応する。これに対して，「から，で，と」のように特定の意味概念を表す助詞は，言語学では「後置詞」（名詞の前ではなく後ろに置かれる付随物）と呼ばれ，「格助詞」とは区別される。そのため，本章では，英語の直接目的語に相当する日本語は「を」で標示された名詞句であり，英語の前置詞付き目的語に相当するのは，「が，を」以外の後置詞で標示された名詞句であると考えておく。

　まず第4.1節では，元来は他動詞であるはずの動詞が前置詞を伴って自動詞的に用いられる構文として「動能構文」を取り上げる。逆に，本来は自動詞であるはずの動詞が他動詞的に用いられる場合もある。その例として，4.2節では移動動詞に伴う前置詞が脱落して，見かけ上は他動詞のよ

うに見える構文を取り上げる。

3 前置詞の脱落による交替に関わる代表的な動詞

　Levin（1993: 41-43）を参考に,「動能構文」と「移動動詞に伴う前置詞脱落」に関わりのある動詞を例示する。見出しにアステリスク（*）が付いた動詞グループは当該の構文で使用できない。

◆動能交替に関わる代表的な動詞
【打撃動詞】
　hit タイプ：bang, bash, batter, beat, bump, butt, dash, drum, hammer, hit, kick, knock, lash, pound, rap, slap, smack, smash (where no effect is implicated), strike, tamp, tap, thump, thwack, whack
　swat タイプ：bite, claw, paw, peck, punch (person), scratch, shoot (gun), slug, stab, swat, swipe
　*spank タイプ：belt, birch, bludgeon, bonk, brain, cane, clobber, club, conk, cosh, cudgel, cuff, flog, knife, paddle, paddywhack, pummel, sock, spank, strap, thrash, truncheon, wallop, whip, whisk

【突く動作の動詞】
　dig, jab, poke, stick

【切断動詞】
　cut タイプ：chip, clip, cut, hack, hew, saw, scrape, scratch, slash, snip
　*carve タイプ：bore, bruise, carve, chip (potatoes), chop, crop, crush, cube, dent, dice, drill, file, fillet, gash, gouge, grate, grind, mangle, mash, mince, mow, nick, notch, perforate, pulverize, punch (paper), prune, shred, slice, slit, spear, squash, squish

【壁塗り交替の動詞】
　dab, rub, splash, spray, squirt, swab

【状態変化動詞】

*break タイプ：break, chip, crack, crash, crush, fracture, rip, shatter, smash, snap, splinter, split, tear

*bend タイプ：bend, crease, crinkle, crumple, fold, rumple, wrinkle

*【接触動詞】
caress, graze, kiss, lick, nudge, pat, peck (＝kiss), pinch, prod, sting, stroke, tickle, touch

【push/pull の動詞】
?draw, heave, jerk, press, pull, push, shove, ?thrust, tug, yank

*【破壊動詞】
annihilate, blitz, decimate, demolish, destroy, devastate, exterminate, extirpate, obliterate, ravage, raze, ruin, waste, wreck

【摂取動詞】
eat タイプ：drink, eat

chew タイプ：chew, chomp, crunch, gnaw, lick, munch, nibble, pick, peck, sip, slurp, suck

*gobble タイプ：bolt, gobble, gulp, guzzle, quaff, swallow, swig, wolf

*devour タイプ：consume, devour, imbibe, ingest, swill

【運搬動詞】
*send タイプ：airmail, convey, deliver, dispatch, express, forward, hand, mail, pass, port, post, return, send, shift, ship, shunt, slip, smuggle, sneak, transfer, transport

*slide タイプ：bounce, float, move, roll, slide

◆経路を表す前置詞の脱落に関わる代表的な移動動詞

【移動様態動詞】
run タイプ：canter, climb, cross, fly, gallop, hike, jog, jump, leap, prowl, ramble, ride, roam, rove, row, run, shoot (rapids), stroll, swim, traipse, tramp, travel, trudge, walk, wander

*roll タイプ：bounce, drift, drop, float, glide, move, roll, slide, whirl

【乗り物に関する動詞】
bicycle, bike, canoe, jeep, raft, sail, skate, ski

【有方向移動動詞】
ascend, depart, descend, escape, flee, leave

4 問題点と分析

4.1 動能構文——他動詞の目的語に前置詞を付け加える

本来は他動詞であるはずの kick や cut が目的語に前置詞 at を伴って自動詞的に用いられることがある。

(1) a. He kicked at the ball. (Cf. He kicked the ball.)
    b. Mother cut at the bread. (Cf. Mother cut the bread.)

通常の他動詞なら kick the ball は「ボールを蹴る」, cut the bread は「パンを切る」と訳せるが, kick at, cut at は単に「蹴る, 切る」ではなく, 「~を目がけて蹴る動作を行う」, 「~を目がけて切る行為を行う」というように, 「(意図を持って) ~しようとする」という意味を表す。哲学および心理学の用語で conation という名詞があり, これは「何らかの行為を為そうとする意志や欲望といった心的機能」という意味で「動能 (どうのう)」と訳される。その形容詞形 conative を用いて, conative construction (動能構文) と呼ばれるのが(1a), (1b)のような構文である。動能構文という名称が難しければ, 「働きかけ構文」と呼んでもよいだろう。

4.1.1 動能構文の範囲

動詞の後ろに at が来る文がすべて動能構文 (働きかけ構文) になるわけではない。動能構文とは, 本来なら「他動詞+目的語」となるはずの文を「他動詞+at+目的語」に書き換えたものである。動詞の後に at が来るという点では, (2a, b)のような例も同じ公式に当てはまるから動能構文と間違えやすい。

(2) a. She {looked/laughed/shouted/yelled} at her husband.

　　　　Cf. *She {looked/laughed/shouted/yelled} her husband.
　　b. The dog {ran/jumped} at the boy.
　　　　Cf. *The dog {ran/jumped} the boy.
(2)は動能構文とは認定できない。なぜなら，look, laugh, run 等は元々自動詞で，*She laughed her husband. や*The dog jumped the boy. とは言えないからである。したがって，(2a, b)は単に自動詞の後に「～をめがけて」という目標を表す前置詞 at が付いたものと見なせる。この「目標」という意味は(1)の動能構文で使われた at と共通するから，意味を重視する専門家は look at（Goldberg 1995: 64）や yell at（中右 2003：154）といった自動詞文を動能構文に含めたり，動能構文と関連づけたりする場合がある。しかし，元が他動詞か自動詞かという文法的な区別は重視しなければならない。

　もうひとつ注意したいのは(3)のような例である。
　　(3)　a. The policeman shot at the target.
　　　　　　Cf. The policeman shot {the target/his gun}.
　　　　b. The batter swung at {the pitcher/the ball}.
　　　　c. He aimed (his pistol) at the target.
shoot the target 対 shoot at the target は動能交替の代表例として挙げられることが多いが，shoot という動詞は，射撃の目標物を目的語に取る shoot the target という用法のほか，gun, arrow などの射撃道具を目的語にして，shoot {a gun/an arrow} at the target という構文も可能である。意味から判断すると，shoot at the target という自動詞文は shoot {a gun/an arrow} at the target という他動詞文の目的語を省略したものと考えるのがよい。目的語が省略されているという考え方は(3b)の swing at という表現にも当てはまる。swing（～に向けて物を振り回す）という動詞は，shoot と異なり，目標物を直接目的語に取ることはできないが(4a)，振り回す物体を目的語に取る他動詞文(4b)は可能である。
　　(4)　a. #The batter swung the {pitcher/ball}.
　　　　　　（これだと，「バッターはピッチャー／ボールを振り回した」という意味になる）
　　　　b. The batter swung his bat at the ball.
　　　　　　（ボールを打とうと，バットを振った）

　　　　c. The batter swung his arm at the pitcher.
　　　　　（バッターはピッチャーをなぐろうと腕を振り上げた）
(4b, c)から目的語を省略すると(3b)になるのと同じように，(3c)の aim at the target も，aim his pistol at the target の省略と見なすことができる。そうすると，(3c)は動能構文ではないということになる。
　以上のように，「他動詞＋at＋目的語」（前置詞が on の場合もある）という動能構文には必ずそれに対応する「他動詞＋目的語」がある。これを動能交替（conative alternation）と呼び，他動詞文から動能交替によって作られる自動詞文が動能構文（働きかけ構文）である。
　動能交替に参与する他動詞の多くは，次のように目的語を「省略」して完全自動詞として使われることがある。
　　(5)　a. He kicked.（彼は足を振り上げた／足をバタバタさせた）
　　　　b. She slapped.（ピシャリと音を立てた）
そこで，可能性としては，他動詞が(5)のようにいったん完全自動詞になった後で，at 前置詞句が付いたのが動能構文ではないかという考え方もできなくはない。しかし，動能構文で用いられる動詞には，(6)のように完全自動詞としての用法がないものも少なくない（Dixon 2005: 299）。
　　(6)　a. *He hit.（Cf. He hit at the fence.）
　　　　b. *Mother cut.（Cf. Mother cut at the bread.）
したがって，動能構文は他動詞文と直に対応づけることが必要である。

4.1.2　動詞の意味範囲

　次に，どのような他動詞が動能構文に当てはまるのかを調べてみよう。1980年代中頃に動詞の意味論が本格的に研究され始めて以来，動能交替の可否は他動詞の語彙的意味に強く依存することが指摘されてきた。とりわけ，Guerssel *et al.*（1985）や Pinker（1989）などの研究では，動き（motion）と接触（contact）という2つの意味成分を備えた他動詞だけが動能構文に当てはまるとされる。「動き」というのは主語の手や足の動きのこと，「接触」というのは主語（の手や足）が対象物に触れることである。
　　(7)　a. 動きあり，接触あり［例］kick, hit
　　　　　He {kicked/hit} at the dog.
　　　　b. 動きなし，接触あり［例］touch

　　　　*He touched at the ceiling.
　　c.　動き不明，接触不明［例］break
　　　　*He broke at the glass.

　(7a)の kick, hit が「動き」と「接触」の両方を含むことは，誰しも納得できるだろう。しかし(7b)の touch に関しては，タッチするためには手の動きがあるはずだから，「動き」の成分が含まれると考えることもできる（岡本ほか1998）。しかし，手の動きという意味合いがはたして touch という動詞の意味の一部なのか，それとも現実世界の情報なのかは慎重に検討する必要がある（touch は抽象的な意味では，touch on the issue（その問題に触れる）が可能であり，この場合，動きはない）。これに関連して，Pinker (1989: 108-109) は kiss という接触動詞が動能構文にならないこと（*He kissed at the girl.）を次のように説明している。「誰かにキスをするということは，その相手の方に移動し，相手に接触してから，キスという行為が始まるわけであるが，この場合，唇が相手に接触していることだけが kiss という行為であり，その接触さえあれば，そこに至るまでの動きはなくてもよい」と。この説明を応用すると，touch の場合も重要な意味成分は接触だけで，動きは語用論（現実世界）の問題だから，したがって動能構文(7b)は成り立たないということになる。

　(7c)の break も，この動詞に固有の意味としては「動き」も「接触」も明示しないと考えられる。たとえば（架空の世界では），動きも接触もなしに，念力だけでグラスを割ってしまうことも可能であろう。break という動詞は，とにかく対象物が壊れた状態になればよいのであって，壊し方はどうでもよい。動能構文に生起できる動詞は典型的には，kick, hit, bang, beat, hammer, knock, slap, pound, tap などの打撃動詞であり，これらの動詞は普通，目的語に生じる状態の変化までは含意しない（打撃を加えることで目的語がどんな状態になったかは，一概に言えない）。動能構文に適合して，しかも何らかの状態変化を含意する動詞のひとつは，cut である（Mother cut at the bread.）。Guerssel et al. (1985) や Pinker (1989) によると，cut は「動き」と「接触」の両方を含むことになる。この場合，接触というのは，刃物が対象物に触れることであるから納得できるが，「動き」の有無については異論もあるだろう。Levin (1993: 41) は「切断」を意味する動詞の中で，動能構文に適合するもの

としないものを(8a)と(8b)にふるい分けている。
(8) a. 動能構文が可能な切断動詞
chip, clip, cut, hack, hew, saw, scrape, scratch, slash, snip
b. 動能構文が不可能な切断動詞
bore, carve, chip (potatoes), chop, crush, cube, dice, grind, mash, mince, punch (paper), shred, slice など

しかしこれを見ても，(8a)は「動き」がある，(8b)は「動き」がないと判別するのは困難である。むしろ，動きより重要なのは，切ったあとの結果状態の在り方だろう。

cut というだけなら，どんな切れ方でもよい。(8a)の他の動詞も，意味的な重点は切れたあとの状態よりむしろ切り方のほうにある。cut は鋭利な刃物を使い，saw はノコギリを使う。これに対して，(8b)の動詞は逆に，切り方よりむしろ，切った後の状態を特定している。同じ chip でも，(8a)の chip は He chipped at the rock.（ノミで岩を削る）のように道具の使用に重点を置いていて，この場合は動能構文が成立する。他方，(8b)の chip は，ポテトチップスを作るために，ポテトを薄く切るという意味であり，ポテトチップスになるための「薄さ」が重要である。(8b)の slice（薄くスライスする），chop（肉などを細かく切る），mince（ひき肉（メンチ）にする）なども，切断したあとの対象物の状態を描くため，動能構文で使えない。このことは，打撃動詞の punch (She punched at him. 彼女は彼にパンチを食らわそうとした) が動能構文にできるのに，「紙に丸い穴を空ける」という意味の punch (8b) では*She punched at the paper. と言えないことからも裏付けられる。

4.1.3 動能構文の継続的アスペクト

以上の説明を，動詞が表す出来事の「行為連鎖」を使って整理してみよう（行為連鎖については『動詞編』および『形容詞編』を参照）。
(9) 「行為連鎖」
〈x が y に行為〉 → 〈y が変化〉 → 〈y の状態〉

動能構文に最も馴染みやすいのは，出来事の連鎖において左端の〈x が y に行為〉という活動だけを表す他動詞で，kick, hit, scrub, wipe などの働きかけ他動詞がこれに当たる。

(10) a. I scrubbed away at my teeth. (BNC)
b. She was merrily wiping away at the glass.

この構文では動詞の後に away という副詞が一緒に使われることが多い。この away は「遠くへ」という場所的な意味ではなく「どんどん続けて行う」という動作の継続を表し，He worked away (at his desk). のように使われる。この副詞が共起するということは，動能構文が継続的アスペクトであることを示している。実際，in 時間副詞と for 時間副詞でテストしてみると，in 時間副詞とは整合しないことが分かる（Tenny 1994: 45）。

(11) a. She ate the apple {in/*for} ten minutes.
a′. She ate at the apple {for/*in} ten minutes.
b. She cut the bread {in/*for} an hour.
b′. She cut at the bread {for/*in} an hour.

しかしながら，動能構文で使えるのは純粋に「働きかけ」だけを表す他動詞だけではない。cut のように，目的語の変化と結果を含む動詞でも可能な場合がある。She cut the bread. と言うと，パンは確かに切れているから，行為連鎖で言うと，左端の〈行為〉から右端の〈結果〉までつながっている。(8a, b) で説明したように，変化動詞でも，行為に重点を置く動詞と変化の結果に重点を置く動詞とがある。「意味の重点」というのは行為連鎖の3つの局面の相対的なバランスである。通常なら，cut は刃物，saw はノコギリというように動作主が用いる道具を指定しているから，動作の仕方（主語から目的語への働きかけ）に重点がある。しかし同じ cut や saw でも，(12a, b) のような「結果構文」（☞『動詞編』第6章，『形容詞編』第8章）に置かれると，目的語の変化結果に焦点が移ることになる。

(12) a. Mother cut the bread into thin slices.
（母はパンを薄く切った）
b. He sawed a branch off the tree.
（ノコギリで木から枝を一本切り落とした）
c. Mother cut the bread up.（up は完了を表す副詞）

結果述語――(12a, b) の下線部――は変化した後の状態を描くから，意味の重点は行為連鎖(9)の右端（y の状態）に移っている。他方，動能構文は，「目標」の at を用いることで，何らかの目的を達成しようとする努

力や動作——行為連鎖で言うと左端の「xがyに行為」——に重点を置く。1つの行為連鎖で同時に2箇所に意味の重点を置くのは矛盾するから，したがって，結果構文と動能構文の両方を用いた例文(13)は非文法的になる。

(13)　a.　*Mother cut at the bread into thin slices.
　　　b.　*He sawed at a branch off the tree.
　　　c.　*Mother cut at the bread up. (Cf. Tenny 1994: 45)

打撃だけを表す動詞も同様で，(14a)の結果構文が適格であるのと比べ，(14b)のように動能構文と結果構文をミックスすると非文になる。

(14)　a.　He knocked the man senseless.
　　　b.　*He knocked at the man senseless.

行為連鎖の左端の〈xがyに行為〉というのは，アスペクトで言うと継続的アスペクトである。そのため，普通なら動能構文に適合しないとされる動詞でも，進行形や副詞によって継続アスペクトや繰り返しの意味を補強して，結果を未達成にしておくと，許容可能な文になることがある。

(15)　a.　Sam was carving away at the turkey.
　　　　　　　　　　　　　　　　　(van der Leek 1996: 376)
　　　b.　?Under the table, the cat kept touching at my leg with its
　　　　　front paw.　　　　　　　(Pustejovsky 1995: 242)

(15a)のawayは既に(10)で説明したように，「絶えず，ずっと，続けて」という意味の副詞で，継続的なアスペクトと馴染みがよい。

これに関連して，中右（2003：151）は，動能構文では「同じ動作が繰り返される」として，John kicked the door. ではドアを蹴るのが一回でも複数回でもよいがJohn kicked at the door. では蹴るという行為が何度か繰り返されていると述べている。しかしこれは言い過ぎではないだろうか。実例を見ると，次のように一度（once）や二度（twice）の行為でもあり得る。

(16)　a.　He kicked twice at one suspect.
　　　b.　After dinner Jesse knocked only once on Brennan's bedroom door before opening it.
　　　c.　I pulled only once on the lever, instead of my usual double pull.

　　　　d. I pushed only once on the e-key: so I saw that "nothing"
　　　　　happened at all. （いずれもインターネットからの例）
Dixon (2005: 298) も，He kicked at the door. というのは「ドアを開けようとして一度か二度ドアを蹴った」という状況であると述べている。

4.1.4　意図した目的の未完遂

「動能」という専門用語が「ある目的を達成しようとする意図や試み」を意味するように，動能構文は「動作主がある行為を行おうとして動作を起こすが充分に成功しなかった」ということを表す。中右 (1994: 328) では，shoot the elephant に対する shoot at the elephant を動能構文として捉え，(17a) では弾丸が命中しているが，(17b) では命中（物理的接触）に関して中立的（五分五分）であるとしている。

　　(17)　a. John shot the elephant, *but he missed it.
　　　　　b. John shot at the elephant, and he hit it/but he missed it.
ただし，前述のように，shoot at the elephant は shoot a gun/bullet at the elephant の省略と考えられ，正当な動能構文ではない。

　動能構文の研究で，主語が対象物に接触したかどうかが問題になることがあるが，接触の有無は重要でない。Dixon (2005: 298) は，kick at the ball と kick at the door について次のように説明している。「He kicked at the ball. と聞くと，おそらく彼の足はボールに接触しなかったと推測できるが，He kicked at the door. と聞くと，kick at the ball の場合と異なり，おそらく足はドアに接触している（ただし，ドアは思うように動かなかった）と理解できる。」したがって，前置詞が at の場合，目的語の名詞によって，あるいは主語の意図によって，目的語との接触がある場合もない場合もあり，それは語用論の問題と考えられる。前置詞が on の場合，on は表面接触を意味するから，たとえば John pulled on the rope. というと必ず，ジョンの手はロープと接触している（ただし，ロープは思うように動かなかった）。

　同じようなことを Pinker (1989: 108-109) も述べている。たとえば，John cut at the bread. はナイフがパンに到達していないというわけではない。ナイフがパンに当たっていたとしても，主語が意図したようにうまく切れなかったという意味である。同様に Mary slapped at John. というと，Mary の手が John に届かなかったということではなく，届いたこと

は届いたが，slap（ピシャッと平手打ちする）と表現できるまでには至らなかったという意味である。

このように，主語と目的語が物理的に接触するかどうかは根本的な要素ではない。動能構文の本質は，cut at the bread なら「パンを切ろうとしたが，うまく思い通りに切れなかった」，kick at the ball なら「ボールを蹴って飛ばそうとしたが，うまく蹴れなかった／うまく飛んで行かなかった」というように，意図した行為が思うように完遂されなかったということである。これを日本語で「～しようとした（ができなかった）」と訳すと不十分である。日本語で「～しようとした」と言うと，行為そのものをしなかったという意味だから，cut at the bread を「パンを切ろうとした」と訳すと，主語はナイフを手に持っただけで，まだパンに切れ目を入れていないことになるし，kick at the door を「ドアを蹴ろうとした」と訳すと，蹴ろうとする動作に入る前に止めたことになり，足がドアに当たったことまで意味しない。「～しようとした」ではなく，むしろ「～したが，うまく出来なかった」と訳すほうが近い。たとえば，cut at the bread なら「パンを切ったがうまく切れなかった」，kick at the door なら「ドアを蹴ったが，うまく開かなかった」というように。

ここまでの説明から分かることは，動能構文の主語は基本的に，何かをしようとする意志を持った有生物でなければならないということである。しかし実際には，次のように無生物が主語になる例もある。

(18) a. Rain tapped sharply at the panes.　　　（中右 2003：157）
b. The wind whipped at my hair.　　　　　　（BNC）
c. Ferns and brambles whipped at him, but he didn't feel them at all.　　　　　（BNC）

(18a)のような例について，中右（2003：158）は主語の「雨」が擬人化されていると見なしている。しかし(18c)の主語は植物を表す名詞で，擬人化とは見なしにくい。さらに，このような無生物主語の例では「意図した行為の未完遂」ではなく，実際に出来事が起こっている。したがって，このような例は動能構文ではなく，look at, laugh at のような「自動詞＋at」と関係づけるほうが妥当だろう。

4.1.5　動能構文の本質

以上で概観した動能構文の諸特徴を，英語の結果重視という性質と，用

いられる名詞の性質という観点からまとめてみよう。まず，英語が行為や変化の結果に注目する言語であることを確認しておこう。たとえば，日本語や他の多くの言語では不可能な結果構文が英語では成り立つ（影山1996，『動詞編』第6章）。とりわけ，働きかけだけを表す他動詞，および活動・行為だけを表す自動詞でも結果述語（派生的結果述語）を取ることができる。

(19)　a.　He hammered the metal flat.
　　　b.　The audience laughed the poor actor off the stage.

英語が変化の結果に注目することは，この他にも様々な表現に反映されている（影山2002a）。

このことを行為連鎖で表すと次のようになる。

(20)　行為連鎖における結果の重視

〈働きかけ〉 → 〈変化〉 → 〈結果状態〉

英語の視座　　●━━━━━━━━━▶

比喩的に表すと，英語話者は，左端の働きかけ（すなわち〈行為〉）に視座を置いて，右端の結果状態に視線を向けている（日本語はこのような物の見方をしない。日本語は中間の〈変化〉のところに視座を置いて，物事の成り行きに注目する言語であると考えられる。詳しくは影山2002a）。

このように英語は結果を表現しようとする言語であるから，もし明確な結果が出なかった場合には，結果が出なかったことを表現しようとする。その役目を果たすのが動能構文で，「視線」の図で説明すると次のようになるだろう。

(21)　動能構文の視線

〈働きかけ〉 → 〈変化〉 → 〈結果状態〉

◀━━━━━┄┄┄┄┄

(20)が英語のノーマルな視座とすると，動能構文(21)の視座は逆に行為の方を重点的に見つめている。〈働きかけ〉を受け持つ他動詞は，knock, kick など打撃・衝撃の動詞であるから，動能構文に一番ぴったり当てはまるのはこのグループの他動詞である。あるいは，cut のように結果を含意する動詞であっても，用いる道具などを特定するために〈働きかけ〉に意味的な重点がある他動詞も可能である。逆に，変化の結果状態を詳しく述べるような動詞──たとえば切断動詞であっても，slice や punch（a hole）など——は，結果に置かれた重点を取り消して，働きかけのほうに意味的重点を移すことはできないから，したがって，動能構文に当てはまらない。

　この違いを一層鮮明に示してくれるのは，被動目的語（affectum object）と結果目的語（effectum object）の対比である。たとえば「掘る」という動詞は「地面を掘る」とも「穴を掘る」とも言える。地面は元々存在するものであり，平らだった地面を掘ることによって穴が出来る。元々存在して動作を受ける目的語（「地面」）が被動目的語，動作の結果として生じる目的語（「穴」）が結果目的語である。英語の動詞 dig も同じように2通りの用法があるが，動能構文が可能なのは被動目的語の場合だけで，結果目的語は動能構文になれない。

　　(22)　a.　The squirrel dug the ground.
　　　　　　　The squirrel dug at the ground.
　　　　　b.　The squirrel dug a big hole.
　　　　　　　*The squirrel dug at a big hole.

　kick, hit, knock などの打撃・衝撃動詞は目的語の変化結果に頓着しないから，動能構文にふさわしい。ただし，Levin (1993: 41) は，接触・衝撃動詞の下位区分として "SPANK verbs" (23) を挙げ，これらは動能構文で成立しないことを指摘している（spank は，罰としてお尻を平手打ちすること）。

　　(23)　birch, bludgeon, cane, clobber, club, cosh, cudgel,
　　　　　cuff, knife, paddle, sock, spank, strap, thrash, whip など

同じ平手打ちでも，slap は slap at the boy と言えるのに，なぜ spank は *spank at the boy と表現できないのだろうか。その理由を van der Leek (1996: 376) は次のように説明している。すなわち，spank 動詞群にとっては，単なる働きかけだけではなく，目的語として表される人物を平手打ちすることで「罰則として精神的な苦痛を与える」という結果が重要である。「罰」という意図された結果が明確であるから，spank 動詞群は動能構文には適合しない。

　ただし，「罰」というような曖昧な概念は，たとえば break が含意する「目的語が原形を留めない姿になる」というような，動詞自体の意味とは異なっていて，行為連鎖には直接的に表示されない。しかし，行為連鎖に

付随する「動作目的」には記載されていると考えられる。たとえば spank の意味構造は次のようになる。

(24) spank
行為連鎖：〈x が y に「平手で」働きかける〉
動作目的：〈x が y を罰する〉

同じように，thrash なども懲罰を目的とし，また，clobber, wallop などは「相手を打ち負かすため」という目的を持つ。このように動作目的が明確に指定された動詞は，その動作目的が「結果」に準じるものとして扱われ，そのため，動能構文は成立しにくい。また，knife（ナイフで殺傷する）や sock（ひどく痛めつける）のように変化結果を含む動詞も当然，不成立である。他方，hit, kick などの単純な打撃動詞は，特定の動作目的を持たないから，動作の部分だけを際立たせる動能構文に適合する。

先ほどの(23)の動詞リストを詳しく見てみると，ひとつ気がつくことがある。それは，これらの動詞の多くが名詞から派生された動詞（名詞転成動詞☞第7章）であり，しかも，その名詞は人に対して罰を与えたり，殺傷したりするために作られた人工物を表すということである。たとえば，birch は「生徒の懲罰に使うカバの枝むち」，bludgeon や club は「武器としてのこん棒」，cudgel は「武器あるいは懲罰用のこん棒」，flog, whip は「処罰用のむち」，strap は「せっかん用の革ひも」，paddle は「懲罰用の櫂」。これらの動作目的は，それぞれの名詞が本来備えているクオリア構造に含まれるものであり，名詞が動詞に変わっても引き継がれる（☞第7章）。

(25) birch（名詞）　　　　　→　　birch（動詞）
意味：枝むち　　　　　　　　　意味：枝むちでたたく。
動作目的：生徒を処罰する　　　動作目的：生徒を処罰する。
ためにたたく。

動能構文の理解に名詞の情報が活用されることは，名詞転成動詞だけではない。kick at the ball と kick at the door を比べてみよう。ball（サッカーボール）は，「蹴ることによって飛ばす」という《目的・機能》を持っている。そのため，kick at the ball は，「蹴って飛ばそうとしたが，うまくいかなかった」という意味になる。また，door は「動くことで部屋を開閉する」という《目的・機能》を持つ。したがって，kick at the door は「蹴って開けようとしたが，うまく開かなかった」という意味に解釈される。

最後に，食べ物の摂取を表す動詞を見ておこう。第3節で挙げた gobble タイプ (bolt, gobble, gulp, guzzle, quaff, swallow, swig, wolf) と devour タイプ (consume, devour, imbibe, ingest, swill) は，食べ物を咀嚼するだけでなく，喉から胃に通すという「結果」を含んでいる。この結果含意のために，動能構文からは除外される。他方，eat タイプ (drink, eat) と chew タイプ (chew, crunch, gnaw, lick, munch, nibble, peck, sip, slurp) は食べ物に対して唇，歯，あるいは舌を当てるという働きかけだけを意味し，胃の中への移動までは含意しないために動能構文が成り立つ。

これらの摂取動詞（特に lick, gnaw, nibble, sip など）は対象物（食べ物）にたどり着くまでの「動き」は持たないと考えられる。Guerssel et al. (1985) の分析によると「動き」という意味要素が動能構文の成立に必要なはずであるが，摂取動詞はこの意味制限を満たしていないのに動能構文で成立する。したがって，「動き」という意味条件は再検討の必要があるだろう。

以上から，動能構文は，動詞が明確な結果状態を含意したり，あるいは動詞（または動詞の元になる名詞）が明確な動作目的を持つ場合には成り立たないということが分かった。もちろん，kick や hit などの動作も実生活では何らかの目的を持って行われるが，それは動詞に固有の目的ではなく，使用場面に即したその場だけの語用論的な目的に過ぎない。ここに，動詞あるいは名詞という言語形式が指定する意味（結果や動作目的）と，実世界において語用論的に意識される動作目的とが異なる性質を持つことが明らかになる。すなわち，能動構文という言語の形式にとって重要なのは，あくまで動詞や名詞の言語としての意味であって，その場その場で生じる語用論的な意味合いではない。これは，人間の認知機能の中で言語が自律的なシステムかどうかという重要な問題と関係していて面白いテーマである（言語の意味と語用論的意味の違いについて更に影山 2005 を参照）。

4.2 移動経路構文——自動詞の補部から前置詞を省略する

本節では，自動詞に伴う前置詞を省略することで見かけ上，他動詞的になる例として移動構文を取り上げる。

4.2.1 移動動詞の指向性

移動というのは時間とともに場所が移っていくことで，たとえば私が家から学校に行く場合，自宅が起点（Source；出発点），学校が着点（Goal；到着点）であり，途中で通っていく道筋は中間経路（Route）である（☞『動詞編』第2章）。

(26)　自宅から学校への移動

　　　　　　　|自宅|───────────▶|学校|
　　　　起点（〜から）　中間経路（〜を経て）　着点（〜に）

日本語では「から／を／に」という助詞を名詞に付けて，それぞれ起点／中間経路／着点を表す。英語なら，起点は from（あるいは，out of, off (of)），中間経路は along, down, through, across など，着点は to（あるいは，into, onto）のように前置詞で表すのが基本である。

起点，中間経路，着点のうちどれを重点的に表現するかによって，移動動詞は(27)のように分類できる（影山 1997c）。

(27)　a. 起点指向の移動動詞

　　　　leave, depart, escape／（部屋から）出る，出発する，逃げる，脱出する，去る，離れる，発車する，発つ

　　b. 着点指向の移動動詞

　　　　arrive, reach, enter, return, come, approach（目標指向）／着く，到着する，入る，戻る，来る，届く，近づく（目標指向）

　　c. 中間経路指向の移動動詞

　　　　ascend, descend, proceed, advance, fall, sink, rise／上がる，下がる，上昇する，下降する，進む，前進する

ある動詞がどのグループに属するのかは，たとえば「3時に」のような一時点を表す副詞を付けてみると分かる。「来る」は，「九州から来た（起点）」とも「東京に来た（着点）」とも「この道を来た（中間経路）」とも言えるが，「から，を，に」を伏せて単に「彼は3時に来た」とだけ言う

と、3時にここに来たという「到着」にしか取れない（Cf. 森山1988）。したがって、「来る」は着点指向と認定できる（英語のcomeも同じ）。

4.2.2 着点指向の移動動詞と前置詞の脱落

通常、英語では着点は to, into, onto という前置詞で標示される（go to the office, go into the room, go onto the stage）が、着点指向の動詞は、着点を重視するがためにそのような前置詞を用いないものがある。前置詞を用いないということは、着点を表す名詞が動詞の直後に来るということで、reach や enter がこれに該当する。

(28) a. We reached {the town/*to the town}.
b. She entered {the house/*into the house}.

enter は、enter into a discussion のように「議論などを始める」という意味のときは into が必要だが、それ以外は into なしで使われる。語源的には enter の en- が "into" という概念に相当するわけで、このようにある意味概念が動詞の中に組み込まれることを「編入（incorporation）」と言う（Gruber 1976, 影山 1980）。enter は見かけは他動詞であるが、意味構造では自動詞的で、"into" という意味概念を編入している（つまり、組み込んでいる）。

(29) 意味構造：　GO INTO　 the house
実際の表現：　*enter*　　 the house

意味概念を表すGOとINTOがくっついて一語enterになったため、結果として、残された名詞（the house）は「目的語」のように見える。

この考え方を利用すると、意味としては自動詞なのに見かけは他動詞のようになる場合をうまく扱うことができる。たとえば、reach は "to" という概念を、approach は "toward" という概念を、leave は "from" という概念を編入している（reach=GO TO, approach=GO TOWARD, leave=GO FROM）と考えると、前置詞が表面上、姿を消すことによって、見かけは、名詞が動詞のあとに続くことになり、「他動詞」のように見えるわけである。

他方、日本語の場合、着点は「に」で標示する必要があり、「*駅を着く」、「*会社を入る」、「*手が天井を届く」のように、着点を「を」で標示することは不可能である（韓国語ではこのようなヲ格が可能だとされる）。

第5章　直接目的語と前置詞付き目的語

4.2.3　起点指向の移動動詞と前置詞・後置詞の脱落

　着点の反対は起点で，起点を表す"from"「〜から」の概念は日英語ともに編入が可能である。英語では leave, depart, escape, flee（逃げる）など，日本語では「去る，出る，離れる，降りる，発つ，出発する，脱出する」などで，これらは前置詞 from あるいは後置詞「から」を使うこともできるが，前置詞・後置詞を用いずに，出発点を直接目的語の形（日本語ではヲ格）で表すこともできる。

　　(30)　a. The plane left (from) Narita Airport.
　　　　　b. 飛行機は成田空港 {から／を} 出発した。

　学校文法では「を」も「から」も格助詞と呼ばれるが，この2つは性質が異なる。「から」は起点という意味だけを明確に表すが，「を」は「駅を出る（起点）」，「花瓶を割る（変化の対象）」，「彼を嫌う（感情の対象）」，「涙が頬をつたう（移動の中間経路）」など様々な意味用法があり，「を」の意味を1つに特定することはできない。それはちょうど，英語の直接目的語（動詞の直後に来る名詞句）が，leave the station（起点），run a mile（距離），cross the river（中間経路），break the vase（変化の対象），love him（感情の対象）など様々な意味を表す場合があるのと同じことである。つまり，日本語の「を」は特定の意味を持つのではなく，直接目的語という文法的な働きを担っているわけで，たまたま，英語の場合は直接目的語という文法機能を「動詞の直後」という位置で表し，日本語では「を」（対格）という形態で表しているのである。したがって，「家から出る」と「家を出る」の違いは，「から」対「を」の対比としてではなく，「カラ有り」対「カラ無し（つまり，ヲ格）」として捉えるべきである（影山 1980）。

　このように考えると，英語の leave home と日本語の「家を出る」はどちらも意味の構造では起点の概念（FROM）を編入し，FROM が表面に現れないため，結果的に「家」home が「直接目的語」として現れることになる。

　では，from「から」を明示した場合と，明示せずに起点を「直接目的語」として表した場合とでは，意味はどう違うのだろうか。from「から」は元来，出発地点を表すから，それを明示して He left from Narita Airport.「彼は成田空港から出発した」のように言うと，「他の飛行場ではな

く成田空港から」というように出発点が成田空港であることが強調される。他方，from「から」を明示せずに He left Narita Airport.「彼は成田空港を出発した」と言うと，「その場所をあとにした」，あるいは「その場所と関係を絶って別の土地に行った」というような意味合いになる。そのため，物理的な出発点を述べる(31)の文脈では「から」が適切である (影山 1980：45)。

(31) ［バス乗り場を探しているとき］
青森行きのバスはどこ{から／*を} 発車しますか？

逆に，起点になる名詞と主語との機能的な関係を絶つことをほのめかす場合は「から」より「を」が好ましい。次の2文を比較してみよう。

(32) a. 先生のお宅は，駅前でタクシー{を／*から} 降りて，そこから徒歩で1分ほどのところです。
b. ピストルを持った男が私に，乗っていたタクシー{から／*を} 降りるように命じた。　　　　　(影山 1980：46)

(32a)の主語はタクシーの乗客である。タクシーの機能は乗客を運ぶことであり，乗客が「タクシーを降りる」ということは客としての役割がそれで終わるという意味になる。他方，(32b)では「私」はまだ乗客としてタクシーに乗り続けていたいのに，むりやりタクシーから降ろされる。このように純粋に物理的な動きだけを表す場合は「から」のほうが適切である。これらの例からわかるように，「を」を用いると物理的にだけでなく機能的にもそこから離脱する（それを止めてしまう）という意味合いが強くなる。

起点を「から」で表すか「を」で表すかについて，三宅 (1996) は(33)のような興味深い指摘をしている（b'とcは筆者の作例）。

(33) a. 太郎が部屋{から／を} 出た。
a'. 煙が煙突{から／*を} 出た。
b. 太郎が車{から／を} 降りた。
b'. 荷物が車{から／*を} 降りた。
c. 対向車がセンターライン{から／を} はみ出て，こっちに向かってきた。
c'. ひざがスカート{から／*を} はみ出た。

(33a, b, c)のように，主語が人間（あるいは「自動車」のように人間が

操縦するもの）で自ら動くことが可能な場合は「から」でも「を」でも許される。しかし，(33a′, b′, c′)のように主語自らが意図的に移動しない物体の場合は「を」は不適格である。さらに三宅（1996）は，これと同様の違いが韓国語と中国語にも見られることを指摘している。

なぜ主語の性質によってこのような違いがあるのだろうか。三宅（1996）は，上述の「編入」と統語構造の「非対格性」という仮説を用いて構造的な分析を示している。しかしそのような構造的分析とは別に，意味機能からの説明も可能である。先に見たように，「から」を明示すると物理的な移動の起点が強調され，他方，「を」を用いると，純粋に物理的な移動よりむしろ，起点として表される名詞と主語として表される名詞の機能的な関係の分離が表明される。「妻が家を出た」と言うと，物理的に家から出て行くというより，「家庭と縁を切る／家出する」という意味合いが強い。ところが，「目から涙が出る」という状況では物理的な落涙しか考えられない。涙が目と「縁」を切るといったことはあり得ない。「太郎が車を降りた」でも，太郎と車との機能関係（乗客あるいは運転手としての役目）がそれで終わったという含みが読み取れるが，「荷物が車から降りた」と言っても，そのような機能的意味合いは認められない。このような主語と起点名詞との機能的な関係を止めるか止めないかを制御できるのは，意志を持つ有生物主語に限られる。したがって，起点を「を」で標示できるのは意志を持つ主語だけであるということになる。

上述のような意味用法の差が生じるのは「から」と「を」，fromと直接目的語という形式の対比があるためである。「を」自体が固有に特定の意味を持つというわけではない。前節の動能交替も同じで，他動詞文と自動詞文という2通りの表現形式があるために，意味の違いが生じるのである。

ちなみに，移動の着点でも「に」と「を」の交替が見られることがある。

(34) a. 私はひさしぶりに彼女｛を／*に｝訪れた。（＝訪問した）
b. ようやく春が彼女｛に／*を｝訪れた。（≠訪問した）

(34a)の「〜を訪れる」は「〜を訪問する」と同じく，訪問が主語の何らかの目的に伴って起こることを含意する。(34b)のように主語が意図的な目的を持たない無生物名詞の場合は物理的な着点を表す「に」しか許され

ない。

4.2.4 中間経路を表す前置詞の脱落

　中間経路は英語では along, over, down, up, by, through, across などの前置詞で表現されるが，これに対応する助詞（後置詞）は日本語に存在しない。その代わり，日本語ではこういった英語前置詞の概念はそのまま動詞の意味の一部として編入されている。たとえば，「越える」なら GO OVER,「（トンネルを）抜ける」なら GO THROUGH,「横切る」なら GO ACROSS,「通過する」なら GO BY というようになる。OVER, THROUGH などの中間経路の意味概念が動詞に組み込まれると，あとに残されるのは中間経路を表す名詞だけであり，この名詞が「直接目的語」として現れることになる。

(35)　「トンネルを抜ける」

　　　意味構造：　　<u>GO THROUGH</u>　　トンネル

　　　実際の表現：　　　抜ける　　　　　トンネル（を）

日本語の中間経路指向動詞は常に，THROUGH などの概念を編入していて，後置詞と「を」との対立はない。したがって，前節の「ヲ格による起点標示」に見られたような主語の意図性による制限は起こらない。

(36)　a.　スパイダーマンは壁をつたって地面に降りた。（生物主語）
　　　b.　雨水が壁をつたって床に落ちた。（無生物主語）

(36a, b) では主語の意図性と関わりなく「を」の標示ができる。それはおそらく，日本語という言語が物事の過程（移動の場合は中間経路）を重視する性質を持つことに由来するのではないかと推測される（影山 2002a）。

　他方，英語のほうは途中の過程より，最終的な結果を重視する言語である。そのため，英語で中間経路をわざわざ「直接目的語」として表現しようとすると，特別な意味制限が課されることになる。ただし，pass the station, cross the street, pierce the wall のような場合は意味の制限はない。なぜなら，pass（＝GO PAST），cross（＝GO ACROSS），pierce（＝GO THROUGH）のように動詞自体が中間経路の概念を含んでいるからである。

　意味の制限が生じるのは，動詞自体に中間経路の概念が含まれない動詞

で，典型的には移動様態動詞（manner-of-motion verbs ☞『動詞編』第2章）——swim, walk, run, roll, slide のように移動の様子を表す動詞——である。こういった動詞でも，前置詞を使えば，中間経路を自由に表現できる。

(37)　She walked down the street from home to her office.

また，移動様態動詞はどちらの方向に進むかという方向性はそれ自体で持っておらず，位置を変えずにその場で歩く（walk in place）ことさえできる。つまり，移動様態動詞は起点指向でも着点指向でもないし，中間経路指向でもない。起点指向でも着点指向でもないことは，前置詞の from や to を省略できないことから分かる。

(38)　a. She walked from her office. → *She walked her office.
　　　b. She walked to her office. → *She walked her office.

She walked home.（家に歩いて帰った）は正しい英語だが，この場合は home が 'to one's home' という意味の副詞になっている。

では，中間経路を表す前置詞を省略するとどうなるだろうか。

(39)　a. She walked past the post office.
　　　　→ *She walked the post office.
　　　b. She walked by my house. → *She walked my house.
　　　c. She walked down Broadway.
　　　　→ ○ She walked Broadway.

past（〜を通り過ぎて）や by（〜のそばを通って）のように小さな通過点を表す前置詞は省略できない。(39c)の down（〜に沿ってずっと）のように，ある程度長い道のりを表す前置詞なら省略できそうである。前置詞を削除することによって，次のような特別な意味が生じることになる。

◆全面的移動と「偉業」

前置詞の down や up, along を用いて She walked {down/up/along} Broadway. と言うと，ブロードウェイ通りのどこからどこまでという制限はない。ほんの2〜3ブロック歩いただけでも可能である。ところが，前置詞を外して walk Broadway とすると，「ブロードウェイ通りの端から端まで」といった意味に理解されるのが普通である。「端から端まで」とか「全面にわたって」といった意味は次の例で鮮明に現れる（『動詞編』p. 56）。

(40) a. She was the first woman to swim the Channel in a record 15 hours.
   b. He could not fly the Atlantic because of the condition of his plane.

実際，前置詞を伴うと，for two hours（2時間ずっと）はよいが，最終点への到達をほのめかす in two hours（2時間で）は不整合になる(41a)。

(41) a. She walked {down/up/along} Broadway {for/*in} two hours.
   b. She walked Broadway {for/in} two hours.

逆に，前置詞がない(41b)では，端から端までという解釈が普通になり，in two hours（2時間で全行程を歩いた）のような時間副詞がふさわしい。ただし，「端まで行こうと思ったが，2時間歩いたところで止めた」とか「2時間歩いたけれどまだ最終点に着かなかった」といった場合には for 時間副詞が認められる。次の例も同じ。

(42) Mary paddled the Allegheny River {for days/in three months}.（メアリーはカヌーでアレゲニー河を{何日も／3ヶ月で}下った）   (Tenny 1995a)

では，移動様態動詞が前置詞を伴わないときに生じる制限は「経路が広い面積に及び，それ全体にわたって移動する」という意味合いだけだろうか。中間経路を表す名詞が広い面積を持つかどうかを判断するのに絶対的な基準はない。それでも，常識的に「大きい」と思われるものについては，前置詞の省略が可能である（43a, b=Schlesinger 1995b: 65; c, d=Dixon 2005: 300）。

(43) a. John swam {the lake/??the pond}. Cf. swam in the pond
   b. Jack climbed {the mountain/*the bed}.
      Cf. climb onto the bed
   c. She jumped {the six-foot fence/*the snail}.
      Cf. jump over the snail
   d. *I Can Jump Puddles*.（本の題なので単語の先頭が大文字）

池と比べると湖は広く，ベッドと比べると山は大きく，カタツムリと比べると6フィートの塀は高い。(43a, b, c)では，これらの大きな障害を制覇するといった「偉業（feat）」(Schlesinger 1995b)の意味合いが生じ

る。(43d)は「水たまりを跳び越える」という意味で，健常者なら「水たまり」を跳び越えても偉業とは見なせないから，不適格になるはずである。しかし *I Can Jump Puddles* というのは，オーストラリア人作家のAlan Marshall のベストセラー自伝小説のタイトルで，脊髄性小児麻痺をわずらったこの作家にとっては，小さな水たまりでも跳び越えることが有意義な偉業になる。

　ここでもまた，日本語で「高い塀を跳び越える」と「水たまりを跳び越える」を比べた場合，英語の「偉業」のような意味合いの違いは生じない。それは，日本語では中間経路は必ず「を」で示され，それと対比する表現がないためである。他方，英語では前置詞の有無という形式の差があるため，上述のような「意味の棲み分け」が発生するのである。

　さて，以前に「子供が家を出る」と「*涙が目を出る」のように，日本語では起点を表すヲ格標示に主語の意図性が関与しているという観察に触れた。同じような違いが，英語の中間経路についても指摘されている。

　　(44)　a.　Laura {climbed/jogged/swam/walked/bicycled/canoed/skied/drove/rode} the course.
　　　　　b.　*The package {drifted/dropped/glided/rolled/slid/swung} the course.　　(Tenny 1995b；『動詞編』p. 58)

(44a)は人間が主語であり，移動を意識的に制御できるが，他方，(44b)の主語は無生物なので，意識的な制御ができない。生成文法では，動作主が意識的に制御できるような動作・活動を表す自動詞は非能格動詞 (unergative verbs)，意図を持たない無生物を主語に取り，自然発生的な出来事を表す自動詞は非対格動詞 (unaccusative verbs) として区別され，それぞれが異なる統語構造を持つと考えられている。(44a)と(44b)の違いは，そのような仮説を用いて構造的に説明できるかも知れないが，別の可能性としては，先ほどの「偉業」という意味的な概念を利用することもできる。人間が長い道のりをずっと climb/jog/swim/walk などの動作をして進んで行くというのは偉業であるが，小荷物 (package) が同じく長い道のりを移動しても，その小荷物自体の偉業にはならないから，(44b)で前置詞を省くと不適格になる，という説明も可能だろう。

5 まとめ

　本章では，前置詞の有無によって自動詞と他動詞が「交替」する現象を2つ取り上げた。1つ目は動能構文で，本来は他動詞であるものが，目的語に at（あるいは on）を付けることで自動詞的になる。前置詞の有無による違いは「部分的・間接的な働きかけ」対「全体的・直接的な働きかけ」として特徴づけることができるだろう。たとえば，He knocked the door (down). という他動詞文では目的語（door）が直接的に大きな作用を受けているが，He knocked on/at the door. という動能構文にすると，knock が持つ「強く（たたく）」という意味が薄れて「軽くたたく」という「ノック」の意味になる。他方，日本語では「ドアをたたく」と対立する「*ドアにたたく」という形式が存在しないため，「ドアをたたいた」と言ってもドアへの影響の度合いは不明である。しかし日本語でも「を」と「に」の交替を許す動詞が少数あり，それらについては，「を」＝「全体的・直接的作用」，「に」＝「部分的・間接的作用」という差異が感じられる。

　(45)　a. 彼の手が私の髪｛に／を｝触った。
　　　　b. 的に矢を射た／矢で的を射た。
　　　　c. 父親を頼る／父親に頼る。

(45a)の違いは明白だろう。「私の髪に触った」は軽く触れている程度で，意図せずにそういう事態が起こったのかも知れないが，「私の髪を触った」となると，彼の動作が意図的であることが確実で，二人の間柄によっては騒動になりかねない。(45b)でも，「的に」at the target とすると矢が命中したかどうか不明であるのに対し，「的を」the target とすると命中していると確信できる。(45c)でも，「に」より「を」のほうが全面的に頼っている感じがする。

　前置詞の有無によるこのような違いは，動能構文として取り上げられたことのない play という動詞にも応用できる。たとえば，I play tennis. というと，ある程度本格的にテニスをしていることを意味するが，I just play at tennis. のように at を入れると，「遊び半分で軽くテニスをやっている」という意味合いになる。インターネットからの例を追加しておく。

　(46)　a. I started to play at the violin when I was about 9 years

old, but I didn't practice.
b. I also play some mandolin, I play "at" the violin.

さらに，類似の違いは場所格交替（壁塗り交替；『動詞編』第4章）や与格交替（二重目的語構文；『動詞編』第5章）で見られる。

(47) a. He loaded cartons <u>onto the truck</u>.
b. He loaded <u>the truck</u> with cartons.
(48) a. She sent a package <u>to {her father/New York}</u>.
b. She sent <u>{her father/*New York}</u> a package.

本章で取り上げたもう1つの構文は，移動動詞に伴う前置詞・後置詞の脱落である。この場合も，前置詞・後置詞の有無によって意味的な違いがある。特に英語で中間経路を表す前置詞が脱落して名詞がそのまま「直接目的語」になると，「全体的」や「偉業」といった意味合いが発生する。この場合も，前置詞・後置詞がある場合とない場合という形式の対立があるために特殊な意味合いが発生するのである。たとえば，I know him. 対 I know of him.，He read the book. 対 He read from the book. のように (Cf. Anderson 1984)。

6 さらに理解を深めるために

- R. M. W. Dixon. 2005. *A semantic approach to English grammar*.［第11章で前置詞の有無による微妙な意味差を明快に説明している］
- I. M. Schlesinger. 1995b. On the semantics of the object.［様々な構文にわたって直接目的語と前置詞付き目的語の違いを整理している］
- Frederike van der Leek. 1996. The English conative construction［動能構文の意味を詳細に検討しているが，説明が多少分かりにくい］
- 中右　実．2003.「英語の『動能』構文」［動能構文の諸特性を簡潔に分かりやすくまとめている］
- 影山太郎．1980.『日英比較　語彙の構造』［意味概念の編入という理論を用いて前置詞の脱落など様々な現象を分析している］

（影山太郎・高橋勝忠）

QUIZ

　今から30年以上も昔，ボストンマラソンの女子の部でRosieという人が当時としては大記録で優勝した。ところが後になって，当日のマラソン参加者から感想を聞いてみると，誰もこの女性がコースを走っているところを見た記憶がないという。さらに，当日の観衆の中から次のような証言をする人が現れた。「僕はゴールの800メートルほど手前で観戦していたが，Rosieが観衆の中からコースに飛び出して，そのままゴールに入っていくのを見たんだ。」後で判明したことだが，この女性はそれより前に開かれたニューヨークシティマラソンでも良い記録で優勝し，そのとき，レースの最中の時間帯に彼女と地下鉄の中で話しをしたという証言者まで現れたというのだ。このことから，ボストンとニューヨークのマラソン主催者はこの女性の優勝を取り消す処分を下した（ただし，本人は今なお，自分は不正をしていないと主張しているようである）。

　さて，上の証言者の言い分が真実だとすると，この状況を表現する英語としては，次の(1)と(2)のどちらがより適切だろうか（Cf. Anderson 1984）。

(1)　Rosie ran the Boston Marathon in 1980.
(2)　Rosie ran in the Boston Marathon in 1980.

※答えは323ページ

第6章　中間経路と移動の範囲

◆基本構文
(A) 1. 私は東京 {まで/に} バスで行った。
　　 2. 私は展望台 {まで/*に} 5キロ登った。
(B) 1. Billy jumped into his mother's arms.
　　 2. Billy jumped his way into his mother's arms.
(C) 1. Nancy sang her way down the staircase.
　　　　（ナンシーは歌を歌いながら階段を下りて行った）
　　 2. Nancy sang her way to fame.
　　　　（ナンシーは歌手として名声を得た）
(D) 1. 彼は家までずっと口をきかなかった。
　　 2. He didn't say a word all the way home.

【キーワード】移動，中間経路，「まで」，one's way 構文，all the way

1　なぜ？

　この章では，ある場所から別の場所に移動することを表す表現で，従来，あまり取り上げられなかったものを見てみる。(A1)では，「東京まで行った」と「東京に行った」は実質的に同じ意味であるように思えるが，(A2)では「まで」と「に」が違うことが明確にわかる。なぜ，(A1)では「まで」と「に」が同じように見えるのに，(A2)では違いが現れるのだろうか。
　(B1)は「ビリーが母親の腕の中に跳び込んだ」という意味だが，(B2)は少し違って，「ビリーはピョンピョンと跳びながら母親の腕の中に行った」という意味である。この2つの例文の唯一の違いは，his way という名詞があるかないかである。この way を日本語で「彼の道を」と訳すと，

意味が成り立たない。一体，この his way はどのような役割を果たしているのだろうか。

同じ way は（C1，C2）にも見られる。(C1)が「ナンシーは歌を歌いながら階段を下りて行った」という意味であることは何となく理解できるが，(C2)はどうして「ナンシーは歌手として名声を得た」という意味になるのだろうか。

最後の(D)では，日本語の「家までずっと」という部分が英語では all the way home に対応する。どちらも「一言もしゃべらなかった」ということを表現しているが，それだけでなく，主語が「家に帰った」という移動の意味も同時に表している。字面ではどこにも「帰る」とか「行く」といった移動の動詞はないのに，どうして移動の意味が現れるのだろうか。

2　中間経路と移動の範囲とは

第5章でも述べたように，移動というのはある場所（起点）から別の場所（着点）に位置を移すことであるが，現実的には瞬間移動というのはないから，図解すると(1)のように，移動物が漸進的に位置を変えていくという状況になる。

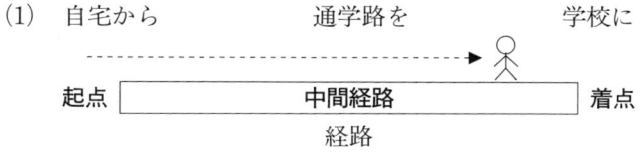

(1)　自宅から　　　　　通学路を　　　　　　学校に

起点　　　　中間経路　　　　　着点
経路

I walked down the street from home to school.

(1)の例では「自宅から（from home）」が**起点**，「学校に（to school）」が**着点**であり，両者の間をつなぐ空間が**中間経路**（route）である。第5章で見たように，中間経路は日本語では「公園を歩く」，「横断歩道を渡る」のように一貫して「を」で標示されるが，英語では walk down the street の down のように前置詞を用いる場合と，walk the street のように前置詞を省いて中間経路を直接目的語のように表現する場合とがある。

中間経路の内部構造を，時間の流れと移動物の位置との関係で図解すると，概略，(2)のようになる。

(2) 「移動」のイメージ

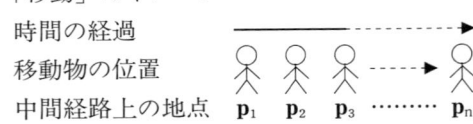

　　　時間の経過
　　　移動物の位置
　　　中間経路上の地点　p_1　p_2　p_3　………　p_n

中間経路の最初の位置（つまり，移動の起点）を p_1 とすると，時間が左から右へと流れるに従って，移動物の位置は p_1 から p_2 へ，p_2 から p_3 へと連続的に変化していく。(2)の図は一般的なイメージであるので，中間経路上の地点は p_1, p_2, p_3 … というように一直線に描かれているが，実際には中間経路の形状と移動地点は様々で，英語では前置詞によって指定される。

(3) 中間経路を表す英語の前置詞

　a. by：一地点のそばを通る。

　b. past：一地点を一方から他方へ通り過ぎる。

　c. across：ある平面を横方向に一方から反対側に渡る。

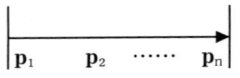

　d. through：三次元的空間の内部を一方の端から他方の端へ行く。

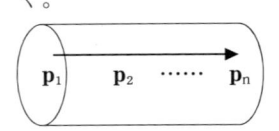

　e. over：進路に横たわる障害となるものを越えて進む。

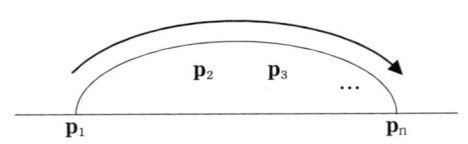

　f. along：細長いと見なされる平面をその長さ方向に進む。

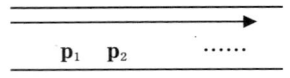

　g. down：物理的・心理的に高いところから低いところへ，あ

るいは通路に沿って今いるところから目標点に向かって進む。

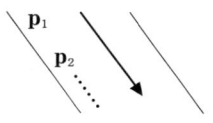

　　h．up：物理的・心理的に低いところから高いところへ進む。

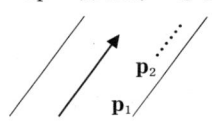

　これらの前置詞の中で，2つ以上の地点（p_1　p_2…）を含むものは，終端が特定の値（p_n）で指定されているものと，「…」になっていて終端が指定されていないものとがある。前者は(3c) across, (3d) through, (3e) over, 後者は(3f) along, (3g) down, (3h) up である。終端が指定されているものは，その p_n が中間経路の境界になるから「有界的」であり，終端が指定されていないものは境界がないから非有界である。［ここでひとつ訂正：『動詞編』pp. 44-46 では中間経路に関わる前置詞をすべて非有界的としたが，上記のように across, through, over は有界的（p_n がある）と見なすのが正しい。］

　英語ではこのように移動の方向を前置詞ないし副詞で表すことが多いのに対して，日本語はほとんど常に，動詞で移動の方向を表す。たとえば，go through は「～を通り抜ける，貫通する」，go across は「～を横切る，横断する」，go　past は「～を通り過ぎる，通過する」，go over は「～を越える」のようになる。これは，動詞が「移動」を表すだけでなく「経路」の意味まで含むということである（☞第5章および『動詞編』第2章）。

　さて，中間経路は，一点だけで表される by や past を除くと，何らかの長さを持っているから，ある時間内でその経路に沿って移動物が動いた距離は「500メートル」や two miles といった数量詞で表すことができる。

　(4)　a．バスは国道を500メートルほど進んだだけで止まってしまった。
　　　　b．I walked a mile or so down the road.

「500メートルほど」，a mile or so は，(2)の図では p_1 地点から p_n 地点まで

の距離を表している。つまり，p_nとp_1の差（距離）が「500メートルほど」，a mile or so になるわけである。また，p_1にあたる地点とp_nにあたる地点を「～から～まで」という形で具体的に表現することもできる。

 (5) a. バスは3丁目の停留所から4丁目の停留所までほんの500メートル進んだだけでエンストを起こした。
    b. I walked a mile or so from the pub to my hotel.

　移動に関する従来の研究では，移動が起こる中間経路の性質についてはあまり議論がなかった。本章では，中間経路を表す名詞の性質を中心に説明していく。まず第4.1節では，移動の範囲と移動の最終目的地との違いを日本語の「に」と「まで」の違いに基づいて明らかにし，そこに距離表現がどのように関わるかを見ていく。次の4.2節では(6)のように way という名詞を含む英語独特の構文に焦点を当てて解説する。

 (6) Governors had to push their way through student pickets to attend their meeting. (D. Lodge, *Changing Places*：影山1997c)
   （大学の理事たちは会議に出るために，学生達のピケを押し分けて進んで行かなければならなかった）

最後に4.3節では，英語の way および日本語の「まで」が(7)のような面白い表現を発達させていることを見る。

 (7) a. On Shinkansen I read comics all the way to Tokyo.
    b. 新幹線で，私は東京までずっと漫画を読んでいた。

(7a)の英語は(7b)の日本語と同じ意味を表している。漫画を読むという行為は，主語が静止したままで行える行為であるが，それにもかかわらず，(7)では「漫画を読みながら東京まで行った」という移動が含意される。この移動の意味合いは，(7a)では all the way to Tokyo, (7b)では「東京までずっと」という中間経路を表す副詞句によって生み出されている。

3　代表的な中間経路の表現

【英語】
・中間経路を表す前置詞：go through the tunnel, go across the desert, go over the hill, go down the street, go along the river, go past

his house, go by the store
・移動の到達範囲を表す前置詞：go as far as the gate
・方向を表す前置詞・副詞：go toward the building, go northward
・距離表現：walk two miles
【日本語】
・ヲ格名詞句：トンネルを抜ける，坂を登る，空中を落下する，垣根を跳び越える，橋を渡る，高速道路を進む，本州を縦断する，大陸を横断する
・到達範囲を表す名詞句：北京まで行く
・方向を表す名詞句：南へ下る
・距離表現：300メートルほど歩く

4　問題点と分析

4.1　距離表現と「まで」と「に」

　日本語では移動の終わりを示す助詞に「まで」と「に」があり，(8)のような使い方では，両者にほとんど違いがないように見える。
　　(8)　東京スカイツリー{に／まで}行くにはどうしたらいいですか？
しかし次のように中間経路（「登山路を」）や距離表現（「5キロ」）を補うと，「に」と「まで」でたちまち違いが現れる。
　　(9)　a. 二人は登山路を6合目{まで／*に}歩いた。
　　　　　b. 私は展望台{まで／*に}5キロ登った。
「登山路を歩いた」，「展望台に登った」だけならよいのに，「*登山路を6合目に歩いた」，「*展望台に5キロ登った」と言うとおかしくなる。しかしどちらの場合も，「に」を「まで」に置き換えると，「登山路を6合目まで歩いた」，「展望台まで5キロ登った」のように自然な日本語になる。
　このような「まで」と「に」の違いは，山登りのような物理的移動だけでなく，次のような例でも見られる。
　　(10)　a. 分厚い教科書をなんとか200ページ{まで／*に}読んだ。
　　　　　b. ご飯を茶碗の半分{まで／*に}食べたところで電話が鳴っ

た。

「に」と「まで」はほとんど同じ意味を表すように思えるのに，なぜこのような差異があるのだろうか。その答えは行為連鎖の意味構造で分かる。

他の章でもたびたび説明しているように，行為連鎖というのは，動詞が表す意味を動作や変化の連続として捉えたものである。たとえば，「私がレポートを書いた」という状況は概略，次のように分解できる。

(11) 「私がレポートを書いた」の行為連鎖

〈行為〉　　→　　〈変化〉　　→　　〈結果状態〉
私が用紙に　　　用紙が文字で　　　レポートが
働きかける　　　埋まってくる　　　出来上がる

この例では，もともと白紙だった用紙に文字が書かれ，最終的にレポートが出来上がるという状態変化がある。とりわけ重要なのは〈変化〉の部分で，作業の進み具合によって，「レポートを3分の1まで書いた」とか「半分まで書いた」のように仕上がった分量を「~まで」で表現できることである。作業の進み具合を表すこの「まで」は，上掲(9)で使われた移動の進み具合を表す「まで」と同じものであると考えてよいだろう。

「まで」という助詞の現れ方を手がかりにすると，「歩く」や「登る」のような物理的な移動も(11)とほぼ同じ形の行為連鎖で捉えることができる。

(12) 「二人は富士山頂に登った」

〈行為〉　　　→　　〈移動〉　　　→　　〈結果位置〉
二人が手足　　　　二人の身体が　　　　二人が富士
を動かす　　　　　山道を進んでいく　　山頂にいる

「登る」という移動は主語が手足を動かすことで可能になる。手足を動かすことで身体全体が前に進み，最終的には山頂にたどり着く。このように考えると，「レポートを書く」も「富士山頂に登る」も，あるいは「犬小屋を作る」も「小説を読む」もすべて，〈行為〉→〈変化ないし移動〉→〈結果状態ないし結果位置〉という同じ図式に集約される。なぜなら，「レポートを書く」の「レポート」，「犬小屋を作る」の「犬小屋」が最初と最後で姿が変化するのと同じように，「富士山に登る」と「小説を読む」も，時間と共に進んでいく地点（ページ）が変化するからである。このように，対象物の形状あるいは中間経路上の地点が徐々に変化するという共通

性があるために,その変化した度合いを「半分まで」のように表現できる。

(13) a. 私はレポートを半分まで書いた。
　　 b. 私は犬小屋を半分まで作った。
　　 c. 私は小説を半分まで読んだ。
　　 d. 二人は富士山を半分まで（五合目まで）登った。

そして,徐々に変化する（進んでいく）という概念は,行為連鎖の中の〈変化〉または〈移動〉の部分に位置づけることができる。

(14) a. 〈行為〉→〈移動＋中間経路〉→〈結果位置〉
　　 b. 〈行為〉→〈変化＋中間経路〉→〈結果状態〉

ここで,もう一度,(12)の例「二人は富士山頂に登った」と(13d)の例「二人は富士山を半分まで（五合目まで）登った」を比べてみよう。小さな違いであるが,(12)では「富士山頂に」とあるところが,(13d)では「富士山を」となっている。「に」と「を」を入れ替えると,不自然な日本語になる。

(15) a. *二人は富士山頂を登った。Cf. (12)
　　 b. ?*二人は富士山に半分まで（五合目まで）登った。
　　　　 Cf. (13d)

まず,(15a)が不適格な理由は簡単である。「登る」と一緒に使われる「を」は道のりを表すから,「富士山頂」という一点を表す名詞とは整合しない。これに対して,(15b)では「富士山に登る」という言い方は正しく,また,「半分まで登る」という言い方も正しいのに,両者を合わせた「?*富士山に半分まで登る」は不自然になる。それは,「富士山に」と「半分まで」が互いになじまないからである。「富士山に登った」と聞くと,普通は「山頂（終点）に着いた」と理解されるため,その後に「半分まで」が続くと,矛盾してしまう。図解すると次のようになる（詳しくは影山2010）。

(16) 移動範囲と旅の最終点

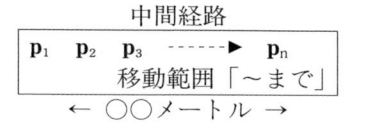

中間経路　　　　　　　　　最終位置（着点）
p_1　p_2　p_3　------▶　p_n　　「〜に」
移動範囲「〜まで」
← ○○メートル →

第6章　中間経路と移動の範囲　　155

既に見たように，移動というのは中間経路上を p_1 から p_2，p_2 から p_3…のように進んで行くことであり，ある時間内に到達した地点を p_n とすると，その到達範囲を「p_n まで」（英語なら as far as～）あるいは距離句で表すことができる。

　　(17)　二人は山道を6合目まで約10キロメートル{進んだ／登った}。
このように「まで」句と距離表現はほとんど同じものと見なしてよい。
　これに対して，「～に」は距離表現と一緒に使うことができない。
　　(18)　*二人は山道を6合目に約10キロメートル{進んだ／登った}。
このような違いが生じるのは，「まで」と「に」が行為連鎖において異なる位置を占めるためである。具体的には，(16)に示したように，「まで」が指す地点はあくまで中間経路上にあるのに対して，「に」が指す地点は中間経路とは切り離された別のところ——最終的な静止位置——にある。つまり，「A地点まで行った」というと，出発点からA地点までの中間経路を前提としており，したがって「その道をA地点まで5キロ行った」のように中間経路「その道を」と距離「5キロ」の両方を明示できる。ところが，「A地点に行った」という表現では，「いまはA地点にいる」という最終位置だけが表だって示されるから，「*その道を5キロ，A地点に行った」のように距離と最終位置を同時に表出することができないのである。

　上掲(16)の図は単にイメージを示しただけなので，それを行為連鎖の意味構造に組み込むと次のようになる。

　　(19)　〈行為〉 → 〈移動＋中間経路 p_1 p_2 … p_n〉 → 〈静止位置〉
　　　　　　　　　　　　　　　　　　　　　　↓　　　　　　　　↓
　　　　　　　　　　　　　　　　　　　　「～まで」　　　「～に」

(19)は中間経路を経て，最終的な静止位置に行き着くまでの雛形を表している。もし中間経路上を移動するだけで，最終的な静止位置（「～に」）がなければ，(20)のように表示できる。

　　(20)　〈行為〉 → 〈移動＋中間経路〉
　　　　　a. 彼は大通りを200メートルほど歩いた。
　　　　　b. He walked about 200 yards along the street.

英語では，(20)にさらに最終的な着点（to～）を継ぎ足して，(21b)のように言うことができるが，日本語では(20)に「～に」を継ぎ足すと非文

法的(21a)になる（影山 1997c）。

(21) a. *彼は大通りを200メートルほど<u>銀行に</u>歩いた。

　　　b. He walked about 200 yards along the street <u>to the bank</u>.

なお，(20)の行為連鎖の図で左端の〈行為〉は「歩く，走る，泳ぐ」といった身体動作を主として表すもので，そのような身体動作が関与しない場合——たとえば「ボールが飛ぶ，風船が上昇する，涙がこぼれ落ちる」のような非意図的な移動——では〈行為〉の部分が省かれて，(22)のようになる。

(22) 〈移動＋中間経路〉

　　 a. 涙が頬を流れ落ちた。

　　 b. 風船が<u>上空1000ｍの位置まで</u>上昇した。

本節では，日本語の「まで」句，距離表現，そして「に」句を比べることで中間経路の役割を明らかにした。「まで」句および距離表現が中間経路上の移動範囲を表すのに対して，「に」句は最終的な静止位置を表すため，両者をミックスして使うことはできない(21a)。他方，英語ではその違いが曖昧になっていて，(21b)のように中間経路と最終的着点を並べて用いることが自由に許される。英語だけでは気づかなかったことが，日本語と比べることで明らかになったのである。

最後に，「まで」と「に」が本質的に異なるという結論を補強するために，別の事例を見ておこう。

(23) a. 私は東京まで夜行バスで行った。（しかし，東京より先は別の乗り物に乗って移動した。）

　　 b. 私は東京に夜行バスで行った。（旅は東京で終わった。）

(23)では「夜行バスで」という移動手段を表現している。移動手段は中間経路上の移動の仕方を表すから，(23a)では「東京までは夜行バス，それより先は別の交通手段」という解釈が得られ，この場合，「東京」は旅の最終点ではない。他方，「東京に」を用いた(23b)では，夜行バスで東京に行き，旅はそこで終わりという含みになる。

次の例は，梯子の一番上まで登ろうとしている状況で発した言葉である。この状況では，「まで」は適格だが，「に」は不自然だろう。

(24) 梯子の途中｛まで／*に｝上がった／登った。

(Beavers 2008: 295)

次例の「往復する」は目的地に行って、また戻ってくることを意味する。

(25) 東京から福岡｛まで／*に｝一日で往復した。

東京に戻ってくるのが最終的な目的であるから、「福岡に」とすると、そこで旅が終わってしまい、(25)は成り立たない。

4.2 英語の one's way 構文

4.2.1 one's way 構文の仕組み

英語では、He pushed his way through the crowd.（彼は人混みを押し分けて進んで行った）のように way という名詞を用いた構文が小説、雑誌、新聞など描写力が要求される書き物で頻繁に使われる。それらを意味の観点から大別すると、(26)、(27)、(28)のように3つのタイプに分類することができる（他にもいろいろな分類があるが、ここでは影山（1997c）の考え方を紹介する）。

まず、(26)の**移動手段型**というのは、動詞が表す動作——(26a)なら shoulder（肩でかき分ける）という動作——が推進力となって前へ進むことを表す。

(26) 「移動手段」型

動詞が表す動作をすることによって移動が起こる。すなわち、その動作が移動の原動力となる。

    a. Nicolo shouldered his way through the crowd towards the Princess. (BNC)

    （ニコロは王妃のところへと群衆を肩でかき分けて進んだ）

    b. There are cases of students buying their way into some private universities. (E. O. Reischauer, *The Japanese*：影山 1997c)

    （学生が金を使って大学に入るというケースもある）

次に、(27)の**随伴動作型**というのは、動詞が表す動作——(27a)なら laugh and chat（談笑する）——が移動にたまたま付随するという状況を表す。

(27) 「随伴動作」型

動詞が表す動作をしながら進んで行く。その動作は本来は移動

と無関係で，たまたま同時並行的に進行する。

 a. They laughed and chatted their way into the hotel.
               （BNC）
  （彼らは談笑しながらホテルに入っていった）

 b. ... we'd bought and bought our way up the Italian peninsula. (H. Brodley：影山 1997c)
  （私たちは買い物をしまくりながらイタリア半島を北へと進んで行った）

最後に，(29)の**移動様態型**は，動詞が表す動作——(29a)なら inch（インチきざみで少しずつ）——が移動そのものの様子を表す場合である。

(28)　「移動様態」型

  動詞が表す様態（様子）を伴って進んで行く。移動するときの様子を，動詞が描いている。

 a. I inched my way along the wall towards the narrow opening.   （BNC）
  （私は狭い開口部の方へ向かって壁伝いに少しずつ進んでいった）

 b. The frightened Mouse splashed his way through the neighbouring pool. （*Alice's Adventures in Wonderland*）
  （驚いたネズミは近くの水たまりにポシャンと飛び込んだ）

これらの例文で用いられた way は，次のような特徴を持っている。まず，(29)のように「通路，道，方向」という具体的な意味を持つ独立した名詞としての way とは少し異なる。

(29)　a. Will you tell me the way to the station?（駅に行く道）
  b. Huge rocks blocked my way.（道をふさぐ）
  c. I met her on my way home.（帰り道で）

(29a, b)の way は動詞（tell, block）に対する目的語，(29c)では前置詞（on）に対する目的語として働いている。これに対して，(26)-(28)の way はいずれも「道」と直訳できない。たとえば(26a)の shouldered his way は「彼は道を肩で押した」とは訳せないし，(27a)の laugh と chat は自動詞だから「道を談笑した」とは言えない。(28a)の inch も「少しずつ動く」という自動詞なので，my way を目的語として扱うことはできな

第6章　中間経路と移動の範囲 159

いはずである。
　(26)‐(28)のwayを副詞と見なす可能性もあるが，しかし次のような純然たる副詞のwayとは同等に扱えない。
　　(30)　Life doesn't always come your way.
　　　　（人生はいつもあなたの望む方向に行くとは限らない）
(30)では主語がlifeであるのに対して，wayにはyourという所有格が付いている。この場合，lifeとyourは互いに関係がない。このように，副詞のwayに所有格が付いていても，それは主語を指すとは限らない。
　これに対して，(26)‐(28)の構文に現れるwayには必ず所有格が付き，しかもその所有格は主語と同一指示でなければならない。(26a)では主語Nicoloに対応してhis　wayとなり，(27a)ではtheyに対応してtheir wayとなり（theirが複数形であってもwaysとはならない），(28a)ではIに対応してmy　wayとなっている。このようにwayには主語と呼応する所有格が付くので，(26)‐(28)の構文を総称して**one's way構文**と呼んでおこう（one'sは主語に応じて，my, his, her, its, your, theirと置き換わる）。
　この構文のone's wayという表現は，文法的には副詞としてよりむしろ目的語（つまり名詞）としての性質を持っている。英語では動詞と目的語の間に副詞を割り込ませることができないという原則があるが，この原則が当該構文にも当てはまる。(31a, b) は良いが，(31c)は非文となる(Jackendoff 1990)。
　　(31)　a.　He pushed his way forcefully through the crowd.
　　　　　b.　He forcefully pushed his way through the crowd.
　　　　　c.　*He pushed forcefully his way through the crowd.
　　　　　　（彼は力ずくで群衆を押し分けて進んだ）
one's way構文が持つもうひとつの特徴は，wayの後に移動方向を表す前置詞句（あるいは副詞，不変化詞）が必須であるという点である。たとえば，(26a)からthrough the crowdを削除してHe shouldered his way.とすると，「彼は自分の道を肩で押した」という変な意味になり，「押しながら進んで行った」という移動の意味にはならない。
　以上を整理すると，one's way構文は(32a)の文構造を持ち，意味的には3つのタイプ(32b)に分類できる。

(32) a. 構造：主語ᵢ＋動詞＋oneᵢ's way＋方向句
b. 意味：
・移動手段（例26）：動詞が表す動作をすることによって移動が起こる。
・随伴動作（例27）：動詞が表す動作と移動が同時並行的に進行。
・移動様態（例28）：動詞が表す様態で進む。

前述(26b)と(27b)を比べると分かるように，同じ動詞でも，解釈によってタイプが異なることがある。別の例として(33a)と(33b)を比べると，同じ dance であっても意味関係が違う。

(33) a. 随伴動作：She danced her way up and down Strawberry Lane. (COCA)（彼女はストロベリー通りを踊りながら行ったり来たりした）
b. 移動手段：A poor child from the ghetto danced her way to stardom. (COCA)（スラム街出身の貧しい少女がダンサーとしてスターダムにのし上がった）

(33a)は踊りながら通りを行ったり来たりしたということなので，踊ることと移動することの間には直接的な因果関係はない。たまたま，2つの動作が同時的に起こっているだけなので，随伴動作型である。他方，(33b)ではダンサーとしての活動を続けることで最終的にスターになったという意味であるから，dance はスターダムにたどり着くまでの移動手段を表している。

4.2.2 中間経路としての way と方向句

この構文は行為連鎖を用いると，どのように分析できるだろうか。ここでは，one's way とそれに続く方向句が全体として「移動＋中間経路」に当たることを説明しておこう。

(34) one's way 構文の行為連鎖
〈行為〉　　→　〈移動＋中間経路〉
He pushed　　his way through the crowd.
We bought　　our way up the Italian peninsula.

(34)に例示した through the crowd, up the Italian peninsula が中間経路を表すことは，もう明らかだろう。3つの意味タイプのいずれにおいて

も，実例で多く現れる前置詞・副詞は，through, up, down, across, along, over, past, upstream などであり，これらは第2節で説明したように中間経路を表している。これらの前置詞の中には，through, across のように有界的なものもあるが，along, down, upstream, あるいは toward のように非有界的で，まだ最終的な目的地に到着していないことを表す前置詞もある。その点で，前置詞句は着点指向でなければならないとする説（Goldberg 1995）や，前置詞句が目的地への到達を表すものでなければならないとする説（Marantz 1992: 183）は事実に合わない。She pushed the door open. のような結果構文は完結的アスペクトでなければならないが，one's way 構文のアスペクトは完結のことも未完結のこともあり得る。(35)は未完結アスペクトの例。

(35) a. Julia pushes and shoves her way along the sidewalk.
(COCA)
（ジュリアは歩道に沿って人混みを押しのけて進む）

b. I got out of the car and smoked my way toward the restaurant. (COCA)
（私は車から降りて，タバコをすいながらレストランの方へ行った）

c. He was literally a fish out of water floundering his way among strangers. (COCA)
（彼は文字通り，見知らぬ人たちの間をまごつきながら進む陸に上がった魚だった）

Goldberg (1995) は方向性のない among などは不適格であるとしているが，(35c)のように among あるいは between を用いた実例は少なくない。

興味深いのは日本語の「まで」に当たる as far as も現れることである。

(36) a. I struggled down to the station and half-dozed my way as far as Bristol.
（私は苦労して駅に行き，ブリストルまでは半分寝ていた）

b. He surfed his way as far as the semi-finals.
（彼はサーフィンの競技で準決勝まで勝ち進んだ）

as far as を用いた例で，インターネットの検索では次のような面白い例も見つかった。

(37) a. The river began to turn back to the left, the thunder increased in intensity and volume, ... I was determined to ... swim/push my way <u>as far as I could</u>.
（私は出来るところまで水を押し分けて泳いで行こうと決心した）

b. I plowed my way as far as I could —— which was probably not more than 50 pages —— <u>of Smith's own novel</u>.
（私はスミス自身の小説を出来るところまで——たぶん50ページも行ってなかっただろうが——苦労して読み進んだ）

(37a)の as far as I could は as far as I could swim/push my way ということで，第2節で述べた「移動範囲」を指している。(37b)でも同じように as far as I could は，as far as I could plow my way ということだが，最後に of Smith's own novel（スミス自身の小説の）という前置詞句が付いていることが興味深い。この of 句は前のほうの my way を修飾しているものと考えられる。すなわち，my way of Smith's own novel（スミス自身の小説という道のり）ということであり，ここで way という名詞が通路（この場合は読み進む小説のページ）を指していることが明らかになる。

このような考察から，one's way 構文における way は中間経路における「通路」（street や road にあたる概念）を指し，その後に続く方向句は移動の方向や到達範囲を表すと分析できる。one's way の one は主語を指すから，one's way という部分だけで「主語が通路を動いて行く」という意味を表すわけである。言い換えると，「way+方向句」が中間経路上の移動を表し，その結果，主動詞自体が移動の意味がなくても，文全体は移動の意味を表現することになる。

以上のように前置詞の現れ方からして，one's way 構文は中間経路を主体に表現する構文であると捉えることができる。もちろん，最終的な着点を表す to や into が one's way のすぐ後ろに現れることもあるが，次の(38)のように，先に中間経路（past the barman）を表現しておいて，その後に着点（into the card room）を出すことも多い。

(38) I ... talked my way past the barman and into the card room.
(T. Gallagher：影山 1997c)

第6章 中間経路と移動の範囲 163

(しゃべりながらバーテンのそばを通り過ぎて，トランプ室に入って行った)

one's way 構文が本来，中間経路上の移動を表す構文であることは，距離表現の付き方からも裏付けられる。

(39) a. Angeli would have had to hack his way <u>a mile and a half</u> through dense undergrowth to come close to the poolside.
(プールサイドに近づくには，茂ったやぶを斧で1マイル半も切り倒しながら進まなければならなかっただろう)

b. They worked their way <u>several yards</u> further.
(さらに数ヤード苦労して進んだ)

このように，one's way 構文は，way を通路とする中間経路上の移動を描写するものであり，主動詞がその移動にどのように関わるかによって，移動手段，随伴動作，移動様態の3つのタイプに大別できる。以下では，それぞれのタイプをさらに詳しく説明しよう。

4.2.3 移動手段型

one's way 構文が最もよく使われるのは，動詞が移動の手段を表す場合である。特に動詞に注目して，次の例を見てみよう。

(40) a. Is it true that Obama worked his way through college?
(オバマ大統領が苦学して大学を出たというのは本当ですか？)

b. I decided to lie my way out of a tricky situation. (BNC)
(私は嘘をついて微妙な状況から抜け出そうと決めた)

c. Tiger Woods parred, birdied and eagled his way to a win.
(タイガー・ウッズはパーとバーディとイーグルを連発して勝利にたどり着いた)

(40a)の work は文字通り「働く」という意味で，自分で働いてお金を稼ぐことで大学を卒業するという意味になる。ちなみに，2008年7月付けのインターネットサイトには「オバマの選挙運動のうたい文句として，He worked his way through college. と言われているが，実際にはふた夏，アルバイトをしただけで，『苦学して大学を出た』というのは語弊がある」と論じている。事の真偽は別にして，work one's way through college というイディオムは単なるアルバイトではなく，文字通りの「苦学」を意味

することが理解できる。

　ちなみに，同じ thumb（名詞転成動詞☞第 4 章）を用いた移動手段でも，(41a)と(41b)では具体的な thumb の使い方が異なることに注意。

(41)　a.　After high school graduation, he thumbed his way around the United States.　　　　　　　　　　　　　　　(COCA)

　　　　（高校卒業後，彼はヒッチハイクでアメリカ中を回った）

　　　b.　I thumbed my way through the stiff sheets of suffering and death.　　　　　　　　　　　　　　　　　　(COCA)

　　　　（私は苦しみと死の固い紙（写真集）を指でめくっていった）

このように主動詞が表す動作を行うことによって初めて前途が切り開かれるというのが，この「移動手段」の意味である。この用法で使われる動詞は(42)のものを含め，非常に多い。

(42)　beat, bulldoze, cleave, cut, dance, dig, elbow, fight, force, kick, pick, pierce, plough, pump, push, squeeze, thrust, tunnel, wedge

これらのうち，cut, cleave, dig, plough, bulldoze などは文字通り，地面を切り開いて道を作るという意味を表し，また，push, beat, elbow, kick のように進行方向にある障害物を倒すことによって道を作るという意味合いの動詞も少なくない。また，work, fight, force のように道を作るための苦労や力の行使を表す動詞もある。さらに，職業に応じて，歌手なら sing することによって，絵描きなら paint することによって，ダンサーなら dance することによって，あるいは，(40c)のようにゴルファーなら par, birdie, eagle をとることによって，高い地位に登り詰めるという言い回しもよく見られる（この型は基本的に one's way と方向句の両方が必要だが，push/force through the crowd のように one's way なしで「押し分けて行く」という意味を表す場合もある）。

　この用法では，元々は道のなかったところに道を作ったり，障害物を押しのけたり，あるいは，元々道があったとしても「卒業への道」とか「優勝への道」のようにたやすくは進むことができない道であったりする。そのため，移動手段型には，苦労，障害物，困難といったニュアンスがつきまとう。

　しかしながら，そもそも，「道を作る」という意味合いはどこから出て

くるのだろうか。歴史的には，移動手段型のone's way構文はmake one's wayに由来するとする説がある（Jespersen (1909-1949: Part III)，国広 (1967, 1993), Salkoff (1988), Goldberg (1995), 影山 (1997c)など）。すなわち，make one's wayは直訳すると「自分の進む道を作り出す」という意味であり，そこから「道を作り出すことによって進む」という意味になったという説である。Oxford English Dictionaryによると，移動の意味のmake one's wayの初出が1400年であるのに対して，Israel (1996)は移動手段を表す他の動詞は1500年代の終わりになってから出現したと報告している。

歴史的な発達の真偽は，にわかには決められないが（歴史的資料については Israel (1996)を参照），しかし少なくとも現在の英語では，make one's wayとone's way構文とは統語的な枠そのものが異なる。すなわち，one's way構文では方向句が必須であるが，make one's wayは方向句なしでも「移動」を表すことができる（(43)はインターネットからの例）。

(43) a. The driver made his way, and made his way, and made his way, and finally couldn't move anymore.
b. At dusk he made his way. But when he climbed down the garden wall, he received a terrible shock.

また，make one's wayは，one's wayを省いてmake＋方向句だけでも移動を表すことができる（影山 1997c）。

(44) a. He made towards the door.（ドアのほうに進んだ）
b. The burglar had made off before the police arrived.
（泥棒は警察が到着する前に逃げ去っていた）

このようなことから，なぜ現在の英語で移動手段という意味合いが生じるのかという問題は，歴史的な発達過程と切り離して考えてみる必要がある。その手がかりとなるのはwayという名詞そのものの性質である。

wayには少なくとも2つの意味合いがある。ひとつは「道路」という意味だが，この意味のときはhighway, freeway, motorway, bikeway, Broadwayのように複合語になるのが普通である。その点で, roadやstreetが単独で「道路，道」を表すのと違いがある。road, streetのクオリア構造を考えてみよう。roadやstreetは《外的分類》が

場所で,《目的・機能》はその場所を人や車が通行するということである。ところが, way の場合は単独ではそのような《目的・機能》を持ちにくく, たとえば motorway となって初めて「その場所を自動車 (motor-car) が通行する」という《目的・機能》が確立される。

では, road, street と比べて, way の特徴はどこにあるのだろうか。それは「作り方」である。road, street は人間が意図的に作ったものである。他方, way は人間や動物, 車が進むことで初めて出来るものであり, これが way の《成り立ち》である。それは獣道 (けものみち) を考えれば理解しやすい。獣道というのは動物が山野を往来することで自然に出来た山道である。英語の way の場合も, Tell me the way to the station. と言って, *Tell me the road to the station. と言わないのは, way が特定の道路を指すのではなく, 通行の道筋という意味を持つからである。同じように, clear the way (邪魔物を取り除いて道をあける), block his way (行き手を塞ぐ), The barrier gave way. (障害が取れて, 通り道が出来た), I gave way to the ambulance. (救急車に道を譲った) のような way も「既存の道路」ではなく「これから進む道筋, 行く手」を表す。このことから, road と way のクオリア構造は概略, 次のようにまとめられる。

(45)

	a. road	b. way
《外的分類》	線的な場所(x)	線的な場所(x)
《目的・機能》	人や車が x を通行する。	(人や車が x を通行する。)
《成り立ち》	人間が x を建設する。	人や車が通ることによって x が作られる。

way のクオリア構造(45b)の最重要点は「人や車が通ることによって作られる」という《成り立ち》で, そこには「人や車が通る」という移動の意味と, 「作られる」という作成の意味とが含まれている。また, 「〜することによって」という表記は手段を表している。way が持つこれらの意味情報を, たとえば push one's way through the crowd (群衆を押し分けて進む) に当てはめると, 次のようになる。

(46)　push one's way through the crowd の意味の合成

第 6 章　中間経路と移動の範囲

```
〈行為〉 →        〈移動〉      +      中間経路〉
 push          ┌─────────────┐      through the crowd
               │  one's way  │
               │《成り立ち》人や車が通る│
               │ことによって作られる │
               └─────────────┘
```
⟹ push することによって way が作られる。すなわち，push することによって群衆の間に道を切り開いて進んで行く。

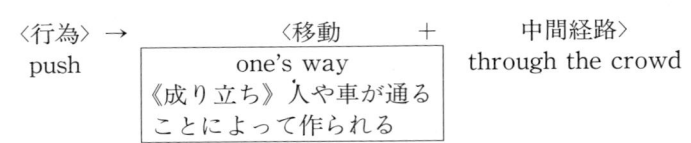

このように考えると，移動手段型の one's way 構文は，way という名詞のクオリア構造の《成り立ち》に記載された意味情報を手がかりにして，構文全体の意味が合成的（compositional）に——すなわち，主動詞と way と方向句の3要素の意味をしかるべき手順で合成することによって——解釈される。また，道を作り出すためには，それなりの努力や苦労が必要であるから，「障害物」や「努力」といったニュアンスも，way のクオリア構造から間接的に読み取れる。

このような合成的意味論の分析に対して，Goldberg（1995）などは，構文文法（Construction Grammar）と呼ばれる理論において，one's way 構文の意味解釈は合成的に組み立てることはできず，したがって「構文的なイディオム」を形成すると論じている。しかし構文的イディオムであるとしても，「道を作り出す」といった意味合いがどこから生じるのかを別途，恣意的に指定しなければならない。本章の分析では，way のクオリア構造の《成り立ち》の部分に既に「通行することによって作り出される」という意味情報が示されているから，構文的イディオムというような特殊な概念を持ち込まずとも，文を構成する単語の意味から自動的に説明することができるのである。

4.2.4 随伴動作型

上述の移動手段型の one's way 構文で用いられる動詞は，移動の原動力となる大きな努力を必要とするような動作を表していた。これに対して，「〜しながら移動する」という意味の随伴動作型の one's way 構文では，主動詞の表す動作は移動するために必要不可欠ではない。例を見てみよう。

(47) a. They laughed and chatted their way into the hotel.
　　　b. Dolly's brother burped and belched his way to the stand.

(COCA)

（ドリーの兄はゲップを連発しながらスタンドのところへ行った）

c. He'd just panted and puffed his way up Pilan Hill's two-mile jogging trail.　　　　　　　　　　　　(COCA)

（彼はあえぎ，息を切らせながらピラン・ヒルの2マイルのジョギング道を登り切った）

　これらの例では，なぜ随伴動作という意味が出てくるのだろうか。先ほどの移動手段型に用いられた way では，「通ることによって道が生じる」という《成り立ち》が重要だったのに対して，(47)のような例では，主動詞の動作に関わりなく，もともと道が存在する。たとえば(47a)では主語が笑ったりおしゃべりしたりしなくても，既にホテルに行く道はある。その既存の道を通っていくだけであるから，「笑い」や「おしゃべり」は付随的な動作を表すことになる。

　そこで，(45b)に掲げた way のクオリア構造をもう一度見てみよう。今度着目したいのは《目的・機能》の部分で，「人や車が x を通行する」という記述になっている。随伴動作の例文は，この《目的・機能》を利用して，「主動詞が表す動作を行いながら，既存の道を通行する」という意味に解釈される。この場合，「通ることで作り出す」という《成り立ち》の意味は関与しないから，移動手段の場合と異なって，障害物を乗り越えるとか苦労して進むといったニュアンスは発生しない。

4.2.5　移動様態型

　最後に，移動様態（移動していく様子）を表す場合を考えよう。移動様態というのは，多くの移動動詞に元々含まれている要素であり，次の2種類が区別されている（☞『動詞編』第2章）。

(48)　2種類の移動様態動詞

　　a. run 型（移動推進動作）

　　　run, walk, jog, swim, jump, fly, crawl, march, toddle, trudge など，主語の意図的動作によって移動が引き起こされるもの

　　b. roll 型（狭義の移動様態）

　　　roll, slide, bounce, bound, dash, drift, float, glide,

slither など，主語の動作に関わりなく移動していく様子そのものを描くもの

これらは元来，移動を表す動詞であるから，直接，様々な方向を表す前置詞をとることができ，通常は one's way は不要である。

(49) a. *Bill {walked/ran} his way down the hallway.
(Jackendoff 1990: 297)

b. *He swam his way from one end of the pool to the other.
(高見・久野 2002：87)

しかしながら，この原則に反して，移動に困難が伴うと見なされる状況では walk, swim などの移動動詞でも one's way を付けることができる。

(50) a. The novice skier walked her way down the ski slope.
(Goldberg 1995: 205)

(そのスキー初心者はスロープを苦労して歩いて降りて行った)

b. Even if she fell in, Jack told himself, she could probably swim her way out. (BNC)

(彼女はたとえ水の中に落っこちても，たぶんなんとか自分の力で泳いで浮かび上がってくるだろうと，ジャックは自分に言い聞かせた)

(50)のような例は，walk の「歩く」，swim の「泳ぐ」という動作自体を強調した文と見なせる。つまり，通常なら walk だけで手足を動かす動作とそれに伴う移動の両方を表すのに対して，(50)では her way が移動の意味を担当するから，その結果，walk, swim は「歩く，泳ぐ」という動作の意味を集中的に表し，「苦労して懸命に歩く／泳ぐ」という解釈になる。

また，次のような場合は，困難という意味合いより，way が持つ中間経路としての意味合いのほうが重要になる。

(51) a. Willy jumped into Harriet's arms.

b. Willy jumped his way into Harriet's arms.
(Jackendoff 1990: 224)

Jackendoff の説明では，(51a)は主語がハリエットの腕の中に一足飛びに飛び込んだという意味であるのに対して，(51b)は主語がハリエットのと

ころまで何度か跳びはねながら辿り着いたという意味になる。本章の分析では，後者の意味は，way が何らかの長さを持った通路を表すことから自動的に導き出される。

　以上は移動推進動作を表す run や jump の説明だったが，純然たる移動の様子を表す狭義の移動様態動詞はどうなるだろうか。

(52)　a. Because he was so small he could worm his way through the crowd.　(*Cambridge International Dictionary*)
　　　（小柄だったので，雑踏の中をモゾモゾとすり抜けて行くことができるほどだった）

　　a′. Because he was so small he could worm through the crowd.

　　b. The water gurgled its way into the drain.
　　　　　　　　　　　　　　(*COBUILD Word Bank*)
　　　（水がゴボゴボと配水管に流れていった）

　　b′. The water gurgled into the drain.

(52)の例（影山 1997c）では，a と b が one's way を伴う実例だが，そこから one's way を省略した a′, b′ の対応文も実質的な意味の違いはない。違いがあるとすれば，one's way を伴ったときには，移動の起こる通路（つまり way）が認識されるために移動距離がより長く感じられるということぐらいだろう。その違いは，jump を用いた(51a)と(51b)の違いと同じ性質のものと考えられる。

　本節では，古くから論じられてきた one's way 構文を 3 つの意味タイプに整理し，それらの意味が way という名詞が持つクオリア構造の意味的性質から導き出されるという分析を示した。

4.3　「東京までずっと寝ていた」構文

　本章は，移動に関わる経路表現のうち中間経路に着目し，移動の距離や移動の手段などを説明してきたが，ここまで扱った現象ではいずれも，あくまで主動詞が軸となり，中間経路は動詞の従属物として振舞っていた。文の中心は動詞であるから，これまで見た現象はいわば「普通」の現象と言える。これに対して，主従関係が逆転し，意味的には動詞が従，中間経路が主になる構文がある。具体例を見てみよう（影山 2003b）。

(53) a. 新幹線で，私は東京まで（ずっと）寝ていた。
　　　b. 彼女は家まで（ずっと）一言も口をきかなかった。

これらは「東京まで」，「家まで」という到達範囲を表す句を用いることで，そこに行き着くまでずっと主動詞の表す動作・状態が続いたことを意味する。これらの例文から「まで」句を削除すると，移動の意味はなくなる。

では，「まで」を「に」に取り替えるとどうなるだろうか。

(54) a. *新幹線で，私は東京に（ずっと）寝ていた。
　　　b. *彼女は家に（ずっと）一言も口をきかなかった。

(54)では移動の意味が現れないだけでなく，文そのものが日本語として成り立たない。なぜ(53)では主動詞そのものは移動を表さないのに，「～まで（ずっと）」を補うと移動の意味が生じるのだろうか。ここで注意しておきたいのは，(53)の用法の「まで」が次のように時間の範囲を表す「まで」とは異なるということである。

(55) a. 貴乃花は千秋楽までずっと痛みをがまんした。
　　　b. 私は，親子の姿が見えなくなるまでずっと手を振っていた。

時間を表す「まで」では，なるほどその時点に至るまで時間は流れているが，主語が物理的に移動することはない。

1つの可能性として，(53)は「東京／家に着くまで」と言い換えられるから，この「まで」も時間副詞の用法であり，単に「～に着く」が省略されただけではないかという考え方ができるだろう。しかし，時間副詞の用法なら，それに対応して「いつまで」という疑問文を作ることができるはずであるが，(53)の文を疑問文にするときは，「いつまで」ではなく場所を表す「どこまで」が必要になる。

また，「数学が好きだ」や「親友だ」などの状態性の述語は物理的な移動に伴って行われる行為ではないから，時間用法の「まで」とは共起するが，場所の「まで」とは共起しない。

(56) a. 高校までずっと｛数学が好きだった／彼と親友だった｝。
　　　（時間）
　　　b. *正門までずっと｛数学が好きだった／彼と親友だった｝。
　　　（場所）

このように，(53)の「まで」は時間を表す「まで」と区別する必要があ

る。

　実際,(53)に相当する表現は英語にもあり,そこでは明らかに時間副詞ではなく,移動に関わる副詞が使われる。例文を見てみよう(Kageyama 2004)。

(57)　a. I slept all the way to Tokyo on Shinkansen.
　　　b. Tony didn't say a word all the way back to the hotel.
　　　　　　　　　　　　(Jake Allsop "A Spray of Heather")
　　　（トニーはホテルに戻るまでずっと一言も発しなかった）
　　　c. ... some of us had to stand up the whole way to Parma.
　　　　　　　　　　　　　　　　　　　　　　　　　(BNC)
　　　（僕たちの何人かはパルマまでずっと立っていなければならなかった）

英語では(57a, b)のように all the way がよく使われるが,(57c)のように the whole way で表されることもある。どちらも文全体としては空間的な移動を表している。ところが日本語の場合と同じく,sleep, not say a word, stand up といった動詞そのものは移動の意味を持っていない。

　(53)と(57)の類似性から推測すると,日本語も英語も中間経路に関係する表現——「まで」と way ——が文全体の移動の意味をもたらしていることは疑いの余地がないだろう。とりわけ,「まで」の意味が重要になる。第2節で説明したように,「まで」は始点から中間経路に沿って移動が進んだ到達範囲を表す。たとえば「大阪から東京まで」というと「大阪から始まって東京に至るまでの全範囲」という意味になる。その結果,(58)は大阪から東京に移動する間ずっと雨だったことを意味する。

(58)　大阪から東京までずっと雨が降っていた。

英語も同じで,(59)の英文は(58)の日本語と同じ移動の意味を伝えている。

(59)　It was raining all the way from Osaka to Tokyo.

日本語では「まで」自体が通路の全面を表すのに対して,英語の way は範囲を示さないから,「ずっと」という意味で all を加えて all the way とするか,あるいは whole (全体) を加えて the whole way とすることで「まで（ずっと）」と同じ意味になる。

そこで，(53), (57)の構文は概略，次のように分析することができる。
(60) a. 新幹線で，私は東京まで（ずっと）寝ていた。
= ［私が寝ていた］という出来事が東京まで動いて行った。
b. I slept all the way to Tokyo on Shinkansen.
="I slept" という出来事が Tokyo までずっと動いて行った。

この分析では，「東京まで動いて行った」という部分がいわば「主節」であり，「私が寝ていた」の部分は従属節になっている。普通の文——たとえば「私は東京まで車を運転した」——なら「車を運転する」が主動詞で，「東京まで」はその主動詞に従う副詞である。これをノーマルな構文とすると，(60)の意味解釈では主従の関係が逆転して，「東京までずっと」という移動を含意する副詞が主節になり，「私が寝ていた」はその副詞を補う要素になっている。このような主従逆転現象は from や to など普通の前置詞では起こらない。なぜ，「まで」，all the way にだけそのような特異な現象が起こり得るのかと言うと，それは第 2 節の(2)で図解したように，中間経路はその内部に物体の位置と時間の推移を含んでいるからである。普通なら主動詞の意味に従属しているはずの，この中間経路の意味構造が，主動詞より前面に出て，「主動詞の表す動作が中間経路に沿って進行する」という意味になったのが，(53), (57)の一風変わった構文であると考えられる。

5　まとめ

従来，移動に関する研究では，文の完結性（telicity）に重点が置かれ，最終的な到着（to～, into～など）を表す文が盛んに論じられてきた。しかしその反面，移動の途中段階を表す中間経路に関する研究は比較的少ない。本章では，これまで軽視されてきた中間経路に光をあてて，中間経路が最終的な着点（静止位置）とは異なる性質を有することを指摘した。とりわけ，中間経路上の到達範囲を表す「まで」が，最終的な静止位置を表す「に」とは異なる本質を持つことを明らかにした。また，中間経路の性質を理解することで，one's way 構文や「東京まで寝ていた」構文がなぜ「移動」の意味を表現できるのかをうまく説明することができた。

6 さらに理解を深めるために

- 影山太郎．2010．「移動の距離とアスペクト限定」［日本語の「に」と「まで」の相違や距離表現との関係を語彙概念構造で分析している］
- Michael Israel. 1996. The *way* constructions grow．［one's way 構文の歴史的な発達をタイプ別に論じている］
- 影山太郎．1997c．「第3章 単語を超えた語形成」［one's way 構文を3種類に分け，各々の意味的性質をコーパスからの実例で考察している］
- 高見健一・久野暲．2002．『日英語の自動詞構文』［機能主義的統語論の観点から one's way 構文の意味的制約を詳細に考察している］
- Taro Kageyama. 2004. *All the way* adjuncts and the syntax−conceptual structure interface．［「東京までずっと寝ていた」に当たる英語構文の特徴を検討し，語彙概念構造で分析している］

（影山太郎・境倫代・磯野達也）

QUIZ

wayを使ったイディオムを下に集めた．左側の英語（1～7）が表す意味を右側の日本語（a～h）から選び，線でむすびなさい．ただし，日本語には1つ余計なものが入っている．

(1) by the way　　　　(a) はるか先に
(2) in the way　　　　(b) はるばる
(3) on the way　　　　(c) ある意味では
(4) No way.　　　　　(d) 始まっている
(5) way ahead　　　　(e) ところで
(6) in a way　　　　　(f) じゃまになって
(7) under way　　　　(g) あり得ない
　　　　　　　　　　 (h) 途中で

※答えは323ページ

第Ⅲ部
名詞と動詞の連携

　第Ⅲ部では，名詞と動詞が連携して文全体の構造を作り上げることを説明する。第 7 章「名詞が動詞に変わるとき」では，bike（自転車）→ to bike（自転車で行く）のように英語で名詞がそのまま動詞として用いられる例を取り上げ，元になる名詞のクオリア構造が動詞用法の意味を左右することを述べる。第 8 章「名詞化と項の受け継ぎ」では，動詞と同じように名詞にも「項」があることを，相対名詞や，動詞・形容詞の名詞化の現象から明らかにする。第 9 章「存在と所有の表現」では，属格（John's picture）と of 前置詞（the picture of John）の違いなど名詞句における所有表現を説明した後，「彼の家に車が 3 台ある」（存在）と「彼には車が 3 台もある」（所有）のような動詞を用いた存在文と所有文の関係を明らかにする。最後に，第 10 章「構文交替と項の具現化」は本書だけでなく前 2 作（『動詞編』，『形容詞編』）も含めた 3 部作全体の締めくくりとして，同じ表現でも文中での現れ方が異なる場合——構文交替と呼ばれる現象で，たとえば She cut the bread with the knife. と The knife cut the bread. に見られる the knife の 2 通りの現れ方——を行為連鎖と名詞の意味の両面から明らかにする。

第7章　名詞が動詞に変わるとき

◆基本構文
(A) 1. The car was full of bottled water and canned food.
  2. He helped her feed and water the horse.
    （彼は，彼女が馬にえさと水をやるのを手伝った）
  3. If every American adult biked to work just once a week, we'd reduce fuel consumption to below 1990 levels.
    （もしアメリカ人の大人一人一人が1週間にたった1回自転車で出勤すれば，燃料消費を1990年のレベル以下に減らせるのに）
  4. He e-mailed the draft to his home computer.
    （彼は下書き原稿を自宅のパソコンに電子メールで送った）
(B) 1. She buttered the bread **with cheap margarine**.
    （彼女はパンに安物のマーガリンを（バター代わりに）ぬった）
  2. He pocketed the money **in the right pocket**.
    （彼は右のポケットにお金を入れた）

【キーワード】名詞転成動詞，語彙的意味，語用論的意味，クオリア構造

1 なぜ？

　英語では(A)に挙げた bottle, can, water, bike, e-mail のように，本来はモノを表す名詞がそのままデキゴトを表す動詞として頻繁に用いられる（(A)の例文はいずれも Corpus of Contemporary American English [COCA] から）。これらは，「名詞転成動詞」（名詞がそのままの形で動詞に鞍替えしたもの）と呼ばれ，実に多種多様な意味を表現できる。(A1)の bottle, can はそれぞれ「瓶に詰める」，「缶に詰める」のように「詰める，入れる」という意味で，「瓶，缶」は詰めるための容器を表す。(A2)

のwaterは「水の中に入れる」ではなく，「水をやる」あるいは「（庭や道路に）水を撒く」という意味になる。(A3)のbikeと(A4)のe-mailはどちらも手段を表すが，bikeは自動詞として，e-mailは他動詞として使われている。興味深いことは，これらの動詞用法を知らなかった読者でも，(A)の例文の意味は容易に理解できるということである。日本人の私たちでも，こういった名詞の動詞用法を容易に理解できるというのは，ある意味ですばらしいことである。一体，私たちの頭の中のどのようなメカニズムがこれらの理解を容易にしてくれているのだろうか。

(B)では動詞（下線部）と前置詞句（太字部分）に意味的な重複が見られる。(B1)では動詞の部分で「butterをぬった」と言っておきながら，with cheap margarineという前置詞句が付け加えられている。(B2)も同様に，動詞は「pocketに入れた」と言いながら，前置詞句でin the right pocketと継ぎ足している。このような「重複」はどう説明できるだろうか。

2 名詞が動詞に変わるとは

名詞は物の名前を，動詞は動作・出来事を表すと考えられがちであるが，この対応がきれいには成り立たないことを既に第2章で見た。すなわち，名詞にはモノ名詞とデキゴト名詞があり，特に動詞が名詞に変わる名詞化においては，元の動詞の性質がかなりの程度に引き継がれ，名詞であっても動作や出来事を表す。また，第3章では動作主を表す名詞を分析したが，そこでも名詞の中に動詞的な性質が潜んでいることを見た。本章では，その逆パターンとして，名詞が動詞に変わると，どのような意味になるのかを検討する。

2.1 英語の名詞転成動詞

英語では，book（本，帳簿）→ to book（予約する）のように，形の変化なしに名詞を動詞に変えることができる。このような動詞を**名詞転成動詞**と呼んでおく（「名詞転換動詞」ともいう）。例外的に，shelf（棚）→ shelve（棚に置く），house（家）→ house（泊める，収容する）のように最後の子音が無声音 [f], [s] から有声音 [v], [z] に変化するもの

もあるが，これらは昔の英語の名残で，現在残っているものは極めて少ない。

(1) a. She weeded and watered the flower-bed.
  b. He taxied back fast to where a Land Rover waited.
  　　　　　　　　　　　　　　　　　　　　　　(COCA)
  c. The boy pocketed the money and ran out of the pub after his father.　　(BNC)

(1a)の weed（雑草）は「草むしりをする」，water は「水まきをする」という動作で，文全体は「彼女は花壇の草むしりをして水をやった」という意味になる。意味を分析的に考えると，weed（雑草）は花壇から取り除かれる物体であり，逆に，water（水）は花壇に撒かれる物体である。ここでは，取り去るのと撒くのとで逆方向の動作を表すことがおもしろい。(1b)の taxi は「タクシーで行く」という意味で，taxi は移動の「手段」を表す。(1c)の pocket は「ポケットの中に入れる」という意味だから，pocket という名詞自体はお金を入れた「場所」を表す。

英語で名詞が動詞に転成されるときは，元になる名詞の意味に応じて，出来上がった動詞の意味も多種多様になる。しかも，既存の辞書に載っていない新しい動詞も日々出現している。たとえば IM（インスタントメッセンジャー），game（コンピュータゲーム），iPod，Starbucks といった新しい名詞や固有名詞がどんどん動詞化し，(2)のような使用例がインターネットの各種サイトに現れている。

(2) a. They aren't e-mailing, they are IM-ing. They aren't playing or recording, they are gaming or i-Podding.
  b. I think they are starbucking right now.（Starbucks の複数形語尾 -s が脱落していることに注意）

英語における名詞から動詞への転成は極めて活発で，英語話者は初めて聞く単語でも，適切な文脈があればほとんど問題なく推測し理解することができる。さらに，自動詞か他動詞か，あるいはどのような前置詞を取るのかといった文法的な使い方まで英語話者はきちんと理解している。本章では，名詞から動詞への品詞の転換をスムーズにさせる仕組みを，元の名詞の意味（クオリア構造）および出来上がった動詞の意味と文法的性質の観点から考察する。

2.2 日本語の「名詞＋る」

　本章では，英語の名詞転成動詞をメインに取り上げるので，日本語については触れない。ただ，日本語でも名詞が動詞として用いられることがあるので，ここで説明を加えておく。日本語で名詞を動詞化するには(3a)と(3b)の方法がある。

(3)　a.　名詞（の一部分）に「-r」を付けて動詞語幹を作る。
　　　　　　事故　→　事故る，事故った，事故らない
　　　　　　コピー　→　コピる，コピった，コピらない
　　b.　名詞に「する」を付ける。
　　　　　　お茶する，スタバする，写メする

(3a)で「事故る，コピる」という「る」形だけを見ると，名詞に直接「る」が付いているように見える。しかし，実はそうではない。もし「事故る」が単純に「事故＋る」なら，過去形にした場合も「事故＋た」となるはずであるが，「*事故た」はおかしい。また，否定形も「事故＋ない」で「*事故ない」となるはずであるが，これも間違っている。正しい形は，過去形なら「事故った」のように促音（-っ）が入り，否定形なら「事故らない」のように「ら」が加わる。「コピる」に対する「コピった」，「コピらない」も同様である。一体この「-っ」や「ら」は何だろうか。その正体はローマ字書きにすると，明らかになる。

(4)

	事故る	コピる
現在形	jikoru	kopiru
過去形	jikotta	kopitta
否定形	jikoranai	kopiranai

　日本語の動詞は語幹（時制が付かない部分）の形によって大きく2種類に分かれる。

(5)　a.　母音終わりの語幹：tabe-（食べる），yame-（止める）
　　b.　子音終わりの語幹：ik-（行く），mawar-（回る）

母音終わりの語幹(5a)の場合は，そのまま「る」または「た」が付いてtabe-ru，tabe-taとなり，否定形はtabe-naiとなる。ところが子音終わりの語幹(5b)の場合，時制が付くと子音に変化が起き，たとえば「行く」ならik-ruがik-u（-ruのrが脱落），ik-taがit-ta（ik-のkが後続のtと

第7章　名詞が動詞に変わるとき　　181

同じ発音（つまり促音）に同化）のようになる。同様に，「回る」なら mawar-ru が mawar-u になり，mawar-ta が mawat-ta のように語幹末尾の -r が促音になる。さらに否定形は，母音終わりの語幹では tabe-nai（食べない）のように nai だが，子音終わりの語幹では ik-anai（行かない），mawar-anai（回らない）のように anai となる。

　以上を踏まえて，再度，(4) を見てみると，「事故る，コピる」の語幹は単純に jiko, kopi ではなく，実は jiko+r, kopi+r のように "r" が付いていることが分かる。

(6)

	事故る	コピる
語幹	jiko+r	kopi+r
現在形	jiko+r-ru → jiko+r-u	kopi+r-ru → kopi+r-u
過去形	jiko+r-ta → jiko+t-ta	kopi+r-ta → kopi+t-ta
否定形	jiko+r-anai	kopi+r-anai

「事故る」なら，まず jiko（事故）という名詞に "r" が付いて，jiko+r という動詞の語幹に変わる。この jiko+r に「る」語尾を付けると，jiko+r-ru → jiko+r-u（ru の r が脱落）となり，「た」語尾を付けると jiko+r-ta → jiko+t-ta（+r が後続の -ta の影響で促音化して t に変わる）となる。否定形は -anai が付いて，jiko+r-anai（事故らない）となる。

　このように，(3a) のパターン（「事故る，コピる」）は名詞に直接「る」が付いたのではなく，いったん "r" という接尾辞によって名詞が動詞語幹に変化したあと，活用語尾が付くのである。その意味で，"r" という接尾辞は一文字の子音に過ぎないものの，名詞を動詞語幹に変えるという重大な役割を果たしている。ただし，この仕組みは古くからあるようだが，現在の日本語としては一般的でないため，自由に適用することはできない。適用しても俗語的な文体で，一般には使えない。

　もう1つのパターンは (3b) のように名詞に「する」を付けて動詞化する方法である。通常，「する」が付くのは，「ダイエット，登山，メール」のように動作を表す複雑デキゴト名詞（☞第8章）であり，単純なモノ名詞に「する」を付けて「*ペンする」や「*石鹸する」のように言うことはできない。そのため，(3b) のような例でも，「する」の前に来る名詞はモノ名詞ではなくデキゴト名詞の性質を帯び，「お茶する」は「お茶（ある

いはコーヒーなど）を飲んで休憩する」のように「休憩」といった動作的な意味が生じる（「お茶，お絵描き」などは第8章の分類で言うと，単純デキゴト名詞と思われる）。

3 代表的な名詞転成動詞

　本節では，名詞転成動詞に関する古典的な研究である Clark & Clark (1979) から代表的な例を示す。ただ，その中には，即興的に作られて一般に定着していないもの（下の例では ⁺記号で表示）や，逆に，今の英語ではあまり使われないものも含まれるから注意が必要である。分類の基準は意味的な言い換えを目安にしているので，それぞれの見出しに，大まかな言い換えパターンを示しておく。たとえば water the lawn（芝生に水を撒く）なら，「NをXに撒く」のように表記する。Nが動詞の元になる名詞（water the lawn なら water），Xは目的語ないし補語（water the lawn なら the lawn）を指す。

【元の名詞が道具】（Nを道具・手段として使う）
- 移動：ski, skate, ship, pipe the oil to 〜, ⁺subway to 〜, ⁺Buick, ⁺elevator
- 固定：staple, screw, paste, chain, bar, buckle, glue, paste, ⁺seat-belt a child
- 清掃：rake the grass, sponge the window clean, ⁺floss one's teeth
- 打撃：bat the ball, ⁺bottle the sailor, ⁺ruler the child's hand
- 切断：knife the man, ax the tree down, ⁺razor off his beard
- 破壊：bomb the village, gas the soldiers, ⁺napalm the village
- 捕獲：trap the gopher, net the fish, rope the calf, hook the fish
- 演奏：fiddle the tune, ⁺trumpet the music, ⁺harp the tune
- その他：fork the pickle, ⁺chopstick the bean sprouts, sieve the flour

【元の名詞が場所】
（NにXを入れる／置く／付ける）
　kennel the dog, screen the movie, jail the prisoner, cellar the wine, garage a car, can the fruit, seat the guest, cradle the child,

dock the boat, shelve the books, pocket the money, orbit the satellite, ⁺barn the cows, ⁺rack the plates
(N から X を取り出す)

 mine the gold, quarry the marble

【元の名詞が物材（目的語の変化に関与するモノ）】
(N を X に付ける／載せる／かける)

 carpet the floor, roof the house, brick the path, dog-ear the page, flour the board, butter the bread, man the ship, powder the nose, saddle the horse, sign the check, star the sentence, pepper the food, sugar the tea, ⁺tenant the building, ⁺tree the avenue

(N を X から取り除く)

 skin the rabbit, shell the peanuts, pip the grapes, bone the fish, worm the puppy, weed the garden, milk the cow, ⁺bark the tree

【元の名詞が動作主の役割】（X に対して N のように／N として振舞う）

 butcher the cow, referee the game, tutor the boys, shepherd the sheep, father the child, boss the employee, pig at the dinner-table, boycott the store, vagabond in Europe, badger the officials, ⁺general the army, ⁺chairman the department, ⁺heir the estate

【元の名詞が変化の結果状態】（X を N の状態にする）

 powder the aspirin, fool the man, scapegoat the Jews, dwarf his enemies, pile the money, bundle the clothes, loop the rope, braid her hair, cube the potatoes, cash the check, wrinkle the sheets, ⁺lump the sugar, ⁺monk the man

【元の名詞が期間】（N の時間を過ごす）

 summer in Paris, winter in California, vacation in Mexico, weekend at the cabin, ⁺Christmas in England, ⁺New Year in Omaha

【元の名詞が子】（N を産む）

 pup, whelp, foal, cub, lamb, fawn, kitten, calve

【その他】

 rain, snow, hail, lunch on a hotdog and a coke, picnic, tea, Starbuck, blackberry in the woods

【注意】英語の名詞転成動詞がかなり生産的に作られると言っても，完全に自由ではないので，自分で英作文をするときには注意が必要である。

（Ⅰ）　動詞用法が可能であることを辞書で確かめること。乗り物を表す bike は「自転車に乗って行く」という動詞用法があるが，bus は，「私はバス通学しています」という意味で *I bus to school. とは言えない。動詞としての bus は「(アメリカの教育制度により，異なる人種の小学生が一緒に教育が受けられるように) 児童をスクールバスで居住区外の別の人種の学校に運ぶ」という意味か，あるいは「食堂で，食べた後の食器をテーブルから食器洗いのところに運ぶ」という全く違う意味になる。taxi も，「タクシーに乗る」という意味より，「飛行機が地上の誘導路をゆっくり走る」という意味のほうが一般的。

（Ⅱ）　辞書だけに頼ってはいけない。辞書は観察される用法をできるだけ網羅的に記載するから，古い用法も載っている。現在の英語で普通に使われるのかどうかを確かめることが必要。

（Ⅲ）　能動形より受身形（形容詞的受身）のほうが普通の場合がある。bottle（瓶に詰める），can（缶に詰める），box（箱に入れる）などは受身形で使われることが多い。なぜなら，受身形は「瓶詰めにされた状態」のように結果状態を描写するからである。

（Ⅳ）　文字通りの意味と比喩的意味の区別。本来の意味での動詞用法が稀な場合でも，比喩的な意味ではよく使われることがある。たとえば，shelve は「本などを棚に並べる」という本来の意味より「計画などを棚上げする／延期する」という比喩的な意味の使い方がはるかに多い。

4　問題点と分析

4.1　言語の意味と実世界の意味

　動詞が名詞になったときにどのような意味になるのかという仕組みを考える際に重要なことは，動詞や名詞といった言語そのものの意味（以下，**語彙的意味**（lexical meaning）という）と，私たちが生活する現実世界で推測して得られる意味（以下，語用論的意味（pragmatic meaning）という）を区別することである。と言っても，この2つの意味を区別することは決してたやすいものではない。認知言語学的な意味論では，語彙的意味

と語用論的意味は一連のもので，明確な線引きができないと言われる（Haiman 1980, Langacker 1987, Jackendoff 2002 など）。意味というものを主観的，観念的に捉えようとするなら，それでも良いかもしれない。

　しかし，本書のように，単語の意味を分析する際にその単語が用いられる構文的用法との関係も同時に捉えようとする語彙意味論（lexical semantics）の研究においては，語彙的意味と語用論的意味をある程度区別しておくほうが便利である（Frawley 1981, Ostler and Atkins 1992, Pustejovsky 1995, Wierzbicka 1996 など）。つまり，両タイプの意味には違いがあり，言語学の仕事は語彙的意味を明らかにすることであるというのが語彙意味論の仮説なのである。

　2種類の意味の違いを一言で表すと，次のようになるだろう。

　◎語彙的意味とは，ある単語を聞いたときにその言語の話者なら誰もが認識するような定まった意味。
　◎語用論的意味とは，単語が用いられるTPO（時，場所，場合・文脈）によって解釈が変動し，その場その場で推論によって理解されるような意味。

　たとえば，「キツネ」という言葉を聞けば，日本語の話者なら誰でもそれは生物であり，しかも魚や鳥ではなく「〜匹」で数えられる動物であると理解している。一方，体長が何センチで体重が何キログラムあるのか，何を好んで食べるのかといったことは，キツネの個体によって異なるから，これは語用論的な知識に入る。また，イヌ科であるとか，主に地球の北半球に生息するといった事柄も常識の範囲であって，「キツネ」という単語そのものの意味とは見なせない。では，「キツネは人をだます」という言い伝えはどうだろうか。これはあくまで迷信であり，実際にそんなことはないから語用論的意味のように思える。しかし，それを信じていなくても，日本語文化ではその言い伝えが定着している。その言い伝えは「キツネにつままれたようだ」とか「キツネつき」といった慣用句に映し出されているし，また，日常の会話でも，人間をキツネにたとえて「このキツネめ！」と言うと「ずるい奴，悪賢い奴」という意味になる。また，手話では，片手を軽く握って人差し指と小指を立て，その2本の指をキツネの耳にみたてた格好をして，手を胸の前で1〜2回まわすと，「だます」と

いう意味になる。

　おもしろいことに，この悪いニュアンスは英語のfoxにも共通して見られ，英語文化では「foxはずる賢い（sly and crafty）ものだ」と古くから考えられている。He is a fox.（あいつはキツネだ）と言えば「ずる賢い奴」という意味になり，名詞foxを形容詞にしたfoxyは「ずる賢い」の他，「女性がセクシーだ（要するに，男性を惑わす）」という意味になる。foxはさらに動詞にもなり，「だます，戸惑わせる」という意味の他動詞として使われる。

　　(7)　a.　What foxed me was her makeup.　　　　　(COCA)
　　　　　b.　The dire light and dark shadows foxed him.　　(BNC)

このように名詞foxから派生した動詞や形容詞の意味を正しく理解するためには，「foxはずる賢いものだ」という意味情報をfoxという名詞の語彙的意味の一部として含めておかなければならない。このような情報は科学的に正しくないことは明らかであっても，言語の理解には必要である。なぜなら，言語というのは科学が発達する遙か昔から使用されてきたものであり，科学の世界ではなく言語文化の世界において育まれてきたものだからである。クオリア構造は，このような文化的な情報も語彙的意味の一部として取り入れる。

　以上をまとめると，一見，語用論的な意味と思われるものでも，言語の意味・用法に反映され，母語話者の共通の知識となっている情報は「言語の意味」すなわち語彙的意味として記録しておくことが必要であるということになる。

　では，foxが「ずる賢い」という情報は，クオリア構造のどの部分に含めればよいだろうか。「ずる賢い」という性質を，foxという生き物を構成する要素の1つと見なすなら，《内的構成》に含めてよいだろう。foxの《内的構成》には，「大きな耳，釣り上がった目，突き出た口，黄色い体毛，4本の足，長いしっぽ」といった情報も記載されている。ちなみに，foxedが形容詞になって(8)のように用いられると，「紙などが黄色く変色している」という意味になる。形容詞のfoxyにも同じ意味がある。

　　(8)　The title page was foxed and faded.　　　　　(COCA)

この「黄色い」という意味は，もちろん，foxの毛の色に由来している。これに対して，たとえば「キツネは主に北半球に生息する」といった実世

界の百科事典的知識は動詞や形容詞の形成に反映されることはないだろう。このようにクオリア構造は，語用論に属すると思えるものでも言語に何らかの形で反映される意味は記述し，逆に，言語に反映されない意味は記載しない。

　語彙的意味と語用論的意味の境界は名詞を含む複合語にも指摘できる。日本語の「入学（する）」を考えてみよう。「入学する」は「学校に入る」と言い換えられそうだが，しかし実際は「入学する」と「学校に入る」は重大な点で違いがある（影山 1980）。

(9)　「入学する」
　　　a.　私は経済学を勉強するためにこの大学に入学した。
　　　b.　*男は｛トイレを借りる／大きな古時計を盗む｝ために大学に入学した。
(10)　「学校に入る」
　　　a.　私は経済学を勉強するためにこの大学に入った。
　　　b.　男は｛トイレを借りる／大きな古時計を盗む｝ために大学に入った。

　(9)と(10)から明らかなように，「入学する」は単に「学校に入る」のではなく，「学生／生徒として勉強するために」という目的を伴っている。「学校に入る」だけなら，校舎の中に物理的に足を踏み入れればよいので，どのような目的であっても構わない。「学校に入る」は句（phrase）であるが，「入学（する）」は単語である。句は特定の動作目的に限定されないのに対して，単語は特定の目的に絞られる。

　英語でも school を動詞に用いることができるが，その場合は「入学」ではなく「学校で教育／訓練する」という他動詞の意味になる（受身形 schooled や派生名詞 schooling という形で使われることが多い）。日本語の場合も英語の場合も，「勉強」という目的は，言うまでもなく school「学校」という名詞に本来的に含まれている。これに対して，学校を遊ぶ場所とか友達を見つけるための場所だと考えている人もいるかも知れない。しかしそれは，その人の個人的な考えであって，school「学校」という名詞自体に固有の意味ではない。したがって，「遊ぶ」や「友達を見つける」といった意味が動詞の school「入学する」に反映されることはないのである。

4.2 名詞転成動詞の語用論的意味

　Clark & Clark (1979) は，英語の名詞転成動詞に関する包括的な研究で，固定された辞書的意味に言及しながらも，文脈によって理解される語用論的な意味の柔軟さを強調している。その結論を一言でいうと，名詞転成動詞の中でも即興的に作り出される動詞の意味は，話者間で共有される世界知識を背景として，使われる時間，場所，状況によって語用論的に導き出されるということである。分かりやすいのは固有名詞（人名）から作られた動詞である。インターネットで採集した例(11)を見てみよう。

(11) 　a. My sister Houdini'd her way out of the locked closet.
　　　　（妹は Houdini のように鍵のかかったクロゼットから抜け出た）
　　　b. Joe got Houdini'd in the stomach yesterday.
　　　　（ジョーは昨日 Houdini のようにいきなり腹を強く殴られた）

　(11)で動詞として使われている Houdini というのは，縄抜けや手錠外し，閉じ込められた空間からの脱出などが得意で，「脱出王」として歴史に名を残すアメリカの奇術師ハリー・フーディーニ（1874-1926）のことである。脱出名人としてのフーディーニの逸話はアメリカでは有名なので，それを知っていれば，(11a)の意味は容易に解釈できる。Clark & Clark (1979: 784) の分析では，これは会話の当事者間で共有される知識に支えられている（逆に言うと，フーディーニの脱出術について知らない人は(11a)は理解できない）。さらに，会話の当事者がフーディーニの最期について詳しい知識――この奇術師は「自分はお腹を強く殴られても死なない」と豪語し，実際に人に腹部を強打されてそれが原因で一命を落としたという知識――を持ち合わせていれば，(11b)の文も「腹部を強く殴られる」という意味に理解できるということになる。

　しかしながら，上のような逸話に基づく知識が，Clark & Clark (1979) が言うような「会話の当事者間の共有知識」というだけで片付けられるかどうかは検討の必要があるだろう。単に「会話の当事者間の共有知識」というだけでは，たとえば昨日たまたま話し手と聴き手が一緒に体験した偶発的な出来事があった場合，それを元にして名詞転成動詞が作れ

ることになるが，はたしてそのようなことが可能だろうか。Houdini という人物が，「会話の当事者」だけでなく英語話者のほとんどが知っている有名人だからこそ，(11)のような表現ができるのではないだろうか。話者の心的辞書（メンタルレキシコン，すなわち脳内の記憶）には，普通の名詞や動詞だけでなく，有名な固有名詞とそれにまつわる逸話も記載されているはずである。したがって，(11)の文を理解するのに，その心的辞書に蓄えられた知識（つまり，語彙的意味）が活用されていると考えるのは自然なことである。ちなみに，今では Houdini というのは3D の CG を作成するソフトウェアの名前でもあるので，「Houdini というソフトウェアを使う」という意味で動詞として使う可能性もある。

　日本語の「名詞＋る」でも同じようなことが確認される。古い話になるが，江川卓（えがわ・すぐる）投手がごり押しで読売巨人軍に入団したことにちなむ「江川る（＝わがままを通す。ごり押しして自分の好きなようにする）」や，40歳を超えても現役選手として頑張っていた王貞治（おう・さだはる）選手にちなむ「サダハる（＝中年になっても頑張る）」などは有名な例である。これらの「る」動詞は，江川卓，王貞治という個人の際だった特徴に注目した造語であり，当時，日本中で有名だったからこそ——つまり，当時の日本人の心的辞書に短期的に記載されていた知識であるからこそ——このような動詞形が可能になったのである。しかしそれは一時的な流行で，その話題が人々の記憶から消えてしまえば，「江川る，サダハる」という動詞自体も使われなくなる。

　解釈が発話の文脈に依存する例としては，むしろ，Clark & Clark (1979) が指摘する普通名詞からの転成のほうが的確である。

(12)　a.　We were stoned and **bottled** by the spectators.
　　　　　（私たちは観客から石や瓶を投げつけられた）
　　　b.　He tried to **teapot** a policeman.
　　　　　（彼は警官をティーポットで殴ろうとした）

bottle（瓶）が動詞になると「瓶に詰める」という意味が普通であり，「瓶を投げつける」というような意味は，一般の辞書には記載されていない。したがって，Clark & Clark によれば，(12a)の bottle が表す「瓶を投げつける」という意味は，その発話現場での文脈に依存するその場限りでの解釈である，ということになる。

しかし，この解釈は stoned and bottled という結びつきにおいて導き出されると考えられる。すなわち，動詞としての stone が「人に石を投げつける」という意味であることは，一般の辞書にも載っていて英語話者なら誰もが知っている。その意味の動詞 stone を先に出して，stoned and bottled と並べれば，「石と瓶を投げつける」という意味だろうという推測が容易に成り立つ。その証拠に，順番を逆にして，We were bottled and stoned. とすると，容易には解釈できなくなる。その点で，(12b) の teapot は，意味を推測する手がかりがないから，(12a) のようには簡単でない。せいぜい，目的語の a policeman が手がかりになるだけであるから，teapot と a policeman を何らかの意味関係で結び付けようとすると，警官に対してたとえばティーポットでなぐるとかティーポットをぶつけるといった意味に絞られてくるだろう。(12b) のような文が本当に可能だとすると，そういう場合こそ，実世界の語用論的意味が関与していると捉えなければならない。しかしそのような例は，稀であり，その場限りの言い方で終わってしまうのではないかと推測できる。

Clark & Clark (1979) が挙げる別の例として (13) を見てみよう。

　(13)　a.　milk the tea＝put milk in the tea　（紅茶にミルクを入れる）
　　　　b.　milk the cow＝take milk out of the cow
　　　　　　　　　　　　　　　　　　　　　（牛からミルクを絞る）

これらの例も，Clark & Clark (1979) の意図とは逆に，純然たる語用論ではなく，語彙的意味によると見なすことができる。もし純然たる語用論の解釈なら，場合場合でいろいろな意味に取られるはずであるが，(13a) と (13b) はそこに示した日本語訳の解釈だけに一義的に決まっている。(13a) なら tea，(13b) なら cow という目的語名詞の意味と，動詞の意味を総合的に考え合わせると，「紅茶にミルクを入れる／牛からミルクを絞る」という意味以外には考えられない。

　以上では，名詞転成動詞の新しい意味は使用場面に依存して解釈されるという Clark & Clark の主張を批判的に考察した。使用場面に依存する解釈というのは，即興的に作られる動詞については特に必要な観点である。しかし，だからといって名詞転成動詞の解釈をすべて語用論の問題として片付けることはできない。実際，いくら文脈を整えても容認できない場合もあるし，動詞によって生産性の違いもある。さらに，語用論だけで

は説明し切れない重要なことは，名詞転成動詞の統語的な使い方がその意味と連関していることである。すなわち，作られた名詞転成動詞が自動詞か他動詞か，どのような主語・目的語・前置詞を取るのかといった文法的な性質は，その動詞の語彙的な意味を基に推測できる。Clark & Clark (1979) が名詞の動詞化という単語の問題として扱った現象は，実は意味と構文に関わる問題なのである。たとえば，先ほどの「脱出する」という意味の Houdini は，物理的な脱出 (14a) だけでなく比喩的に苦境から抜け出る場合 (14b, c) にも広がっている。さらに，(14d) のように，自然に抜け落ちる場合にまで拡張した例もある（次の例はいずれもインターネットサイトから）。

(14) a. Mitch has finally **Houdini-ed** his way out of his seat belt. （ミッチはようやくシートベルトから抜け出した）

b. The Baylor Bears **Houdini-ed** their way out of a crippling 1-2 league start with an overtime win against Oklahoma State. （[フットボールで] ベイラー大学ベアーズチームは，オクラホマ州立大学に延長勝ちを収め，1勝2敗の苦しいリーグ開始からなんとか抜け出た）

c. The Prime Minister lied to the Australian people, and ... **Houdini-ed** himself out of the range of attacks. 　　（オーストラリアの首相は国民に嘘をついて，世論の多様な攻撃から逃れた）

d. The hair that **houdini-ed** from my ponytails was dancing around my face. （私のポニーテールの束に収まらず抜け出た髪が私の顔のあたりで跳ねていた）

このように，元になる物理的な意味から抽象的な意味に拡張すること（メタファー）は一般の単語によく見られる現象で，たとえば hot という物理的な高温を表す形容詞が「流行の，ホットな」，あるいは hot pants の「男性を熱くさせる」といった意味を生み出している。もし Houdini という動詞が全面的に語用論の問題なら，その発話の時点だけで消えてしまい，万人が使うまでに広がったり，抽象的な意味に拡張したりすることはないはずである。

このように考えると，Clark & Clark (1979) が話者と聴者の「語用

論」の問題であると見なした名詞転成動詞の新造語は，やはり言語の知識（すなわち語彙的意味）の一部に含まれると結論づけるのが妥当だろうと思われる．

4.3　名詞転成動詞とクオリア構造

では，具体的にどのようにすれば，名詞転成動詞の意味を語彙的意味として捉えることができるだろうか．その手がかりは，動詞を作るもとになる名詞のクオリア構造に見いだすことができる．

4.3.1　クオリア構造と実世界の知識

先に4.1節で挙げたfoxの例を思い出してみよう．foxが動詞になると，他動詞なら「人をだます」，自動詞なら「ずる賢く振舞う」という意味になるが，これらの意味は元の名詞foxのクオリア構造から予想できる．名詞foxのクオリア構造を略述すると次のようになる．

(15)　名詞foxのクオリア構造
　　　《外的分類》動物
　　　《内的構成》大きな耳，釣り上がった目，突き出た口，黄色い
　　　　　　　　　体毛，4本の足，長いしっぽ，悪賢く人をだます
　　　　　　　　　（と考えられている）習性

この中で際立って特徴的な性質——Clark & Clark (1979) の表現を借りればpredominant feature——は「悪賢く人をだます習性」である．そのため，foxを動詞として使う場合，動作主（人間）を主語にもってくると，「人をだます」（他動詞）あるいは「ずる賢く振舞う」（自動詞）という意味になる．また，無生物名詞を主語にすると，「黄色い体毛」の「黄色」という部分に着目して，「紙などが黄色く変色する」という意味にもなる．形容詞foxyの場合も同様に，「悪賢い」とか「人（男性）を惑わす」といった意味が導き出される．このように，名詞foxから動詞foxや形容詞foxyが作られるときは，名詞foxが持つクオリア構造のうち，特に《内的構成》に記載された特徴が利用される．

4.1節では「入学する」という日本語に触れたが，「入学」の目的が遊ぶためでも泥棒をするためでもなく「勉強するため」であるということは，「入学」の中に含まれる「学」すなわち「学校」という名詞のクオリア構造によって理解される．

(16)　名詞「学校」のクオリア構造
　　　　　《外的分類》場所（x）
　　　　　《内的構成》教室，校庭…
　　　　　《目的・機能》x で学生／生徒が勉強する。
(16)のクオリア構造では，《目的・機能》の部分に「学生／生徒が勉強する」という動作目的が掲げられている。したがって，「入学する」という動詞には，「学校」という名詞が持つ《目的・機能》が引き継がれていることになる。同様に，英語で school が動詞として用いられるときも，元の名詞 school の《目的・機能》が活用されるのである。

　以上の例では，自然物である「キツネ」は《内的構成》，人工物である「学校」は《目的・機能》の情報を利用することにより動詞の意味が理解されていた。一般に，場所（school, house, shelf など）や道具・機器（bike, phone, e-mail, fax, clock など），容器（bottle, pocket, box など），食品（butter, sugar, pepper など）のような人工物を指す名詞が動詞化すると，その名詞が元来持っている《目的・機能》が注目されることが多い。たとえば，bottle という名詞のクオリア構造は(17)のように仮定できる。

　　　(17)　名詞 bottle のクオリア構造
　　　　　《外的分類》人工物（x）
　　　　　《内的構成》底，筒状の胴，首，蓋のできる開口部
　　　　　《目的・機能》x の中に何かを入れて保存する。
　　　　　《成り立ち》人間が x を製作する。
すなわち，bottle というのは筒状の胴体と若干細くなった首の部分，および出し入れのための開口部を持った人工物で，その中に何かを入れるために人間が作ったものである。

　少し話がそれるが，bottle の前に何か修飾語をつけて複合語を作ってみると，クオリア構造の仕組みがより良く理解できる。
　　　(18)　a. a glass bottle（ガラス瓶），a plastic bottle（プラスチック
　　　　　　　製のボトル）
　　　　　b. a gallon bottle（1 ガロンが入る瓶）
　　　　　c. a wine/beer/milk/medicine bottle
　　　　　　　（ワイン／ビール／ミルク／薬を入れる瓶）

(18a)は瓶の材質を表し，glass, plastic は bottle の《内的構成》を補っている。(18b)は胴体の容量を表すから，これも《内的構成》をさらに詳しく記述していることになる。他方，(18c)は《目的・機能》に示された「その中に何かを入れて保存する」という部分の「何か」を具体的に述べている。この簡単な例から窺えるように，複合名詞では，前にくる修飾要素が後ろの名詞のクオリア構造のどこかを修飾するのが一般的である（クオリア構造と複合語について Johnston and Busa (1996)，影山 (1999a) などを参照）。

では，(17)の名詞 bottle が動詞化すると，どのような意味になるだろうか。動詞としての bottle は，次に例示されるように，文字通りの意味では「瓶に詰める」(19a)，比喩的な意味では「封じ込める」(19b)といったことを表現する（(19)はインターネットからの例）。

(19) a. Water is <u>bottled</u> on the day of delivery! This ensures the ultimate in freshness.（当社の飲料水は配達当日に瓶に入れます。これにより究極の新鮮さが保証されます）

b. High blood-pressure, headaches and tension are the end result of keeping anger <u>bottled</u> up.（高血圧と頭痛と精神的緊張は，胸の中に怒りを封じ込めておいた最終的な結果なのです）

これらの動詞としての意味が名詞 bottle の《目的・機能》に盛られた情報を受け継いでいることは明らかだろう。

4.3.2 名詞のクオリア構造と転成動詞

人工物を表す名詞が動詞化されると，その名詞本来の《目的・機能》が利用されるという考え方が本当に正しいかどうか，第3節で挙げた代表的な例について確認してみよう。まず，各種の道具を表す名詞を見る。

(20) 道具を表す名詞転成動詞

a. 移動：I <u>bike</u> to school. She <u>skied</u> the slopes. They <u>pipe</u> the oil to Oregon. He has <u>jetted</u> all over the world. (jet はジェット機)

b. 固定：She <u>stapled</u> the documents. (staple はホッチキス) He <u>chained</u> the dog to the pole. The paper was <u>glued</u> to a canvas.

c. 清掃：He <u>raked</u> the grass. She <u>sponged</u> the window clean.

d. 打撃：He batted a home run. He was caned for cheating.
e. 切断：He axed the tree down. He scissored the article out of the newspaper. (scissor は複数形語尾 -s が脱落)
f. 破壊・殺傷：The man was knifed to death. The army bombed the village.
g. 捕獲：He trapped the animal. He netted the fish.
h. 演奏：She fiddled the tune. (fiddle はヴァイオリン)

(20)の例文では下線部分が動詞であるが、元の名詞のクオリア構造を考えてみると、どれもすべて、その名詞の本来意図された《目的・機能》を有効に活用していることが分かる。たとえば(20a)の bike は「自転車で行く」という意味で、その移動の意味は名詞 bike の《目的・機能》に示されている。しかも、動詞になったときに引き継がれるのは単に「移動」の意味だけでなく、「自転車を押して行くのではなく、自転車にまたがってペダルを漕いで進む」という細かい移動様態の有様まで引き継がれる。(20)の他の例についても同様に、元の名詞の《目的・機能》が動詞に引き継がれていることは明らかだろう。

次に、場所を表す人工物から作られた動詞を見てみよう。

(21) 場所を表す名詞転成動詞

Your dog should be kenneled at night. The man was jailed for attempted murder. The wine is cellared for one month before release. You must garage the car to keep it clean. They canned the pickles. His little son was cradled safely.

たとえば kennel（犬小屋）という名詞は「そこに犬を入れておくため」という《目的・機能》を持っているから、動詞として使われた場合は「犬小屋に入れる」という意味になる（ただし kennel は受身形で使うのが普通）。(21)の他の動詞も同じように分析できる。

次は、対象物に付着させることでそのものの機能を果たすという使用目的を持って作られた物質の例である。

(22) 各種の人工物

She powdered her face. They carpeted the stairs. Not all the houses are roofed yet. He dog-eared the page. I like buttered bread. He saddled his horse. The starred sentences are ungrammatical. She peppered the food and sugared the tea.

powder（粉おしろい）を例にとると，powder の本来の目的は「化粧」であるから，She powdered her face. のように動詞化した場合にもその目的が生きていて，「彼女は（化粧として）顔におしろいを塗った」という意味になる。おもしろいのは dog-ear で，この名詞は本の注意したい箇所の目印としてページの隅に折り目をいれたその折り目のことである。したがって，He dog-eared the page. というと，「彼は（目印として）そのページに折り目をつけた」という意味になる。

なお，同じ powder という名詞でも，化粧品ではなく物質の外的形状を表わす「粉」という意味の場合は，「細かい粒子状」という《外的分類》が注目されて，次のように「粉状にする」という意味になる。

(23) a. powdered milk, powdered sugar
b. "Matcha" is Japanese powdered green tea.

Clark & Clark (1979) が挙げる brick the ice cream という例も，名詞 brick（レンガ，積み木）の外的形状に着目した動詞の例として扱うことができる。すなわち，brick the ice cream というのは「アイスクリームをレンガ（積み木）のような直方体（箱のような形）にする」という意味であり，この解釈には，brick が持つ「直方体」という外的形状が鍵になっている（しかし動詞 brick は，より普通には，レンガの使用目的を活かして「レンガで囲む，レンガでふさぐ」という意味を表す）。

以上挙げたのが，何らかの目的を意図して製作された人工物が動詞として使われる例の代表的なものである。そのような人工物名詞が動詞化されると，本来の使用目的が反映されるのはごく自然なことであり，日本語の「名詞＋r-る」と「名詞＋する」でも同じことが観察される。

(24) スタバる（スターバックスでコーヒーなどを飲んで休憩・雑談する），お茶する（お茶などを飲んで一服する）

次の(25)では，元の名詞は人間（動作主，職業）を表し，人工物と呼ぶのは適切ではないが，それでも職業というのは人間が何らかの目的をもって作ったものであるという点で《目的・機能》が引き継がれている（☞第3章）。

(25) nurse the man back to health, butcher the cow, referee the game, tutor the boys, shepherd the sheep

たとえば，nurse（看護師）は「医師の補助として患者を看護する」という目的・機能を持った職業であるから，She nursed the man back to health. という文は「彼女はその人を看護して健康状態に復帰させた」という意味になる。このような動作主や職業を表す名詞の動詞用法は，nurse など少数の例を除いては，むしろ稀で，あまり生産性はない。

なお，4.2節で挙げた Houdini や，日本語の「江川る」の場合は，特徴的な性質や習性などが関与し，性質や習性は《内的構成》に含めるのが適切ではないかと思われる。習性や性質という要素は(7)で見た fox 以外に，(26)のような動物名から作られた動詞にも適用できる。

(26) a. I pigged out on pizza.（豚のようにむさぼり食った）
 b. We ran home and wolfed down our cold chicken sandwiches.（走って家に帰り，冷たいチキンサンドイッチをがっついた）
 c. One thought dogged me during the weeks.（その考えが何週間も私について回った）　　　　（いずれも COCA）

(27)のような天候に関わる名詞は，「空から降る」という《成り立ち》の部分に着目して，「（空から）雨／雪／あられが降る」という意味になる。

(27) Suddenly it began to {rain/snow/hail} when I was jogging.

「空から」という意味合いは次のような比喩的用法にも関与してくる。

(28) So much debris and dirt rained down that I was sure it would bury me alive.（私が生き埋めになるかと思われるほどたくさんの爆発の破片とほこりが降り注いだ）　　　　（COCA）

天候動詞のほかに，名詞の《成り立ち》が関与すると思われるのは，次のような動物の出産を表す語彙である。

(29) pup（犬が子を産む），whelp（犬やオオカミが子を産む），kitten（猫が子を産む），foal（馬が子を産む），cub（熊やオオカミが子を産む），fawn（鹿が子を産む）

ただし，これらは現在ではほとんど使われない。

以上では，物体の使用目的や形状，成り立ちなどの要素が名詞転成動詞の解釈にとって重要であることを述べてきた。こういった要素は，伝統的な意味論では，言語ではなく「常識」に関わる情報あるいは実世界の語用

論的な知識であるから，言語学では問題にすべきではないとして軽んじられてきた。しかしながら，名詞が動詞に変わる過程においては，むしろそのような「常識的」な知識が中心的な役割を果たしている。名詞に関する常識的，百科事典的な知識を語彙の意味の一部としてクオリア構造で表示しておけば，英語の名詞転成動詞，あるいは日本語で名詞から作られた動詞の意味を極めて簡単に，しかもかなりの程度体系的に説明することができる。

しかし，すべての名詞転成動詞がそのような方法で説明し切れるかと言うと，それは難しいと言わなければならない。すなわち，一部の名詞転成動詞については私たちの日常生活における知識や経験が関わる場合がある（ただしそれは，Clark & Clark (1979) の主張するような会話の当事者間の共有知識という種類のものではない）。たとえば次の例を見てみよう。

(30) skin the apple（リンゴの皮をむく），shell the peanuts（ピーナッツの殻を取る），bone the fish（魚の骨を抜く），worm the puppy（子犬の寄生虫を取る），weed the garden（庭の雑草を取る）

(30)の例はいずれも「除去」を表すが，この意味は，元になる名詞のクオリア構造から直接には読み取ることができない。たとえばskin（皮）のクオリア構造のどこを見ても，「皮をむく」という意味合いは出ていない。「皮」は「むき取るため」という目的を本来的に持っているわけではないから《目的・機能》には該当しないし，また，皮は「むき取られる」ことによって「皮」になるわけではないから《成り立ち》にも当たらない。

ここで注目されるのは，元の名詞と目的語の名詞との意味関係である。skinとappleの関係は「部分と全体」の関係（つまり，skinはappleの一部分）であり，その情報は，skinの《内部構成》に記載されている。shellとpeanuts, boneとfishも同じく，部分と全体の関係になる。worm（寄生虫），weed（雑草）も強いて言えば，puppy, gardenの一部分と捉えられなくもない。そして，人間は快適な生活をするために，これらの全体（apple等）から部分（skin等）を取り除くという行動をする。この「快適な生活をするために」という目的は，skin等の名詞そのものが持つ目的・機能ではなく，skin the appleやbone the fishという動詞「句」に伴う実世界での目的が関わっている。(30)の他の例も同じことで

ある。このような，人間が快適に生活するために設定した目的というのは，文字通り実世界の知識であって，語彙的意味を定めるクオリア構造からは直接的に予測できない。その点で，これらの除去動詞の意味を決定するにあたっては，「語彙」の知識だけでなく「実世界」の知識も必要だと言える。しかし，この種の例は非常に少なく，クオリア構造による分析からすると例外的と考えてよい。実際，数が少ないだけでなく，話者によっては「除去」を表す接頭辞の de- を付けて，bone の代わりに debone（骨を抜く），louse の代わりに de-louse（しらみを取る）のほうを使用することもある。

4.4　名詞転成動詞の意味と行為連鎖

　以上では，名詞を動詞に変える際に，元になる名詞のクオリア構造から必要な情報を抽出して動詞の意味として組み替えるという仕組みを説明した。しかしそれだけは，出来上がった名詞転成動詞の実際の意味を十全に示したことにならない。名詞のクオリア構造が有効だとしても，動詞になった場合の意味を意味構造（「誰が何を」という項の関係や，行為，変化，状態などの概念を明示した構造）として正確に規定するためには，『動詞編』と『形容詞編』で展開してきた「行為連鎖」の意味構造に立ち戻る必要がある。つまり，元になる名詞のクオリア構造の情報を活かしつつ，動詞としての意味構造がどのように作られるのかを考えなければならない。これはなかなか難しい問題である。本章では，これまで用いてきた行為連鎖とクオリア構造の両方を用いる分析の方向を示しておこう。

　●名詞転成動詞の意味構造を作るための手がかり

　　A. 元になる名詞のクオリア構造で《目的・機能》あるいは《成り立ち》に記載された情報を使う場合は，その《目的・機能》ないし《成り立ち》に示された動詞的な意味記述——たとえば人工物 mop なら《目的・機能》に示された「床を掃除する」という記述，自然物 rain なら《成り立ち》に示された「空から降ってくる」という記述——を基にして，行為連鎖の意味構造を組み立てる。

　　B. 元になる名詞のクオリア構造の《外的分類》ないし《内的構成》に記載された情報を使う場合は，それを基にして意味を補い，適切な行為連鎖を組み立てる。

この方針に基づいて，幾つかの代表的な動詞の意味構造（行為連鎖）を作ってみよう。

4.4.1 道具を表す名詞転成動詞

まず，元の名詞が道具を表す場合である。

(31) a. She forked the shrimps.（x が小エビを）フォークで刺す
b. 名詞 fork のクオリア構造
《目的・機能》食べるために，それで刺したりすくったりする。
c. 〈(食べ物を食べるために) x が FORK で y に働きかけ〉
x＝she, y＝the shrimps

fork という道具名詞の《目的・機能》には，(31b)のように「食べ物を食べるために，フォークで刺す」という情報が記載されている。「刺す」という動詞は，hit や kick などと同じく「対象物の表面への接触」を表す動詞であるが，行為連鎖の中で表面接触を表すのは〈行為・働きかけ〉の部分である。したがって，〈行為・働きかけ〉の部分に「食べ物を食べるために，フォークで働きかける」という情報が組み込まれて，概略，(31c)の意味構造ができあがる。

できあがった(31c)の意味構造は，決して fork という動詞だけの特別なものではない。誰かが何かに働きかける場合，何らかの道具を使うのが普通である。それは，名詞転成動詞に限られたことではない。良い例が kick という動詞である。「蹴る」という行為をするためには，必ず「足」を使う必要がある。「手で蹴る」というのは普通でない。したがって，kick という動詞の意味構造は(32)のように「足で」という情報が組み込まれていなければならない。

(32) He kicked the mugger.
kick の意味構造：〈x が y に足で働きかけ〉
x＝He, y＝the mugger

(31c)で示した意味構造には，フォークを使って「刺す」のか「つつく」のか，または「すくう」のかといった具体的な動作の様態については記されない。この部分こそ，Clark & Clark (1979)がコンテクストによって語用論的に決定されると考えた意味だと言えるだろう。(31c)は，fork という動詞が，とにかく〈働きかけ〉の意味であれば，場面場面で「刺す」

第7章　名詞が動詞に変わるとき　201

の意味にもなり得るし,「すくう」の意味にもなり得ることを示している。

一方,同じ道具名詞からの転換でも,bomb は《目的・機能》が「破壊」であるから,(33)のように結果状態まで含意する使役動詞の意味構造を作ることになる。また,bike のように元の名詞が移動の手段(乗り物)を表す場合は,(34)のような移動動詞の行為連鎖が作り出される。

(33) a. The enemy bombed the village.(村を爆撃する)
b. 名詞 bomb のクオリア構造
《目的・機能》それを用いて,対象物を破壊する。
c. 〈x が BOMB で y に働きかけ〉→〈y が変化〉→〈y が破壊状態〉
x=the enemy, y=the village

(34) a. He bikes to school.
b. 名詞 bike のクオリア構造
《目的・機能》それに乗って移動する。
c. 〈x が BIKE に働きかけ〉→〈x と BIKE の移動〉→〈x が y にいる状態〉
x=He, y=school

ここで1つ注意しておきたいのは,上で示した行為連鎖は名詞転成動詞の意味の原型を表しているだけであって,実際の使用においては,挿入された名詞概念が拡張して解釈されることがあるという点である。よく知られている例は動詞 ship で,これは本来は「船」による輸送を表したが,今では鉄道やトラック,飛行機による輸送をも表すようになった。これは裏返せば,いったん名詞概念が行為連鎖に埋め込まれ,動詞の意味構造が形作られると,その名詞はもはや外界に存在する具体的なモノを指示する機能がなくなるということである。その結果,元の名詞が表すモノを具体的な事物として表したい場合や実世界のモノを特定したい場合には,それに対応する名詞概念を文中に表出することがある。たとえば(35)では,道具名詞が動詞の意味構造に挿入されているにもかかわらず,with や by を伴った道具句が文中でも表示されている。

(35) a. She combed her hair **with her fingers**.
(彼女は手櫛で髪をとかした)
b. The goods were shipped **by air**.

(商品は飛行機で発送された)

4.4.2 容器を表す名詞転成動詞

同じ考え方は，bottle や pocket のように「何かを容器に入れる」という《目的・機能》を持つ名詞にも当てはまる。たとえば，bottle は「保存や輸送のために液体などをそこに入れる」という目的を持っているから，この情報を利用して(37)のような位置変化動詞が作られる。

(37) a. The wine was bottled. (ワインが瓶詰めされた)
 b. 名詞 bottle のクオリア構造
 《目的・機能》保存や輸送のために，液体などをそこに入れる。
 c. 〈x が y に働きかけ〉→〈y が BOTTLE に移動〉→〈y が BOTTLE の中にある状態〉

この場合も，ボトルの具体的な姿を表だって表現することが可能である。

(38) The wine was bottled in opaque glass.
 (ワインは不透明のガラス瓶に入れられていた)

基本構文(B2)の pocket も同様の例である。

4.4.3 形状を表す名詞転成動詞

次に，「粉状にする」という意味の powder の場合は，元の名詞 powder が持つ「細かい粒子」という《外的分類》の情報が利用される。「細かい粒子状」というのは結果の状態だが，通常，〈状態〉だけを表す名詞転成動詞はなく，何らかの〈変化〉や〈行為〉の意味が加わらないと動詞にならない。そのため，p. 200 の意味構造を作る手がかり(B)で示したように，「細かい粒子状」という〈状態〉を行為連鎖に組み立てるために，〈変化〉と〈行為〉を補うことが必要になる。

(39) a. powdered green tea
 b. 名詞 powder のクオリア構造
 《外的分類》粉状
 c. 〈x が y に働きかけ〉→〈y が変化〉→〈y が POWDER 状態〉
  x＝人間，y＝powdered tea

4.4.4 材料を表す名詞転成動詞

道具を表すものと並んで転成動詞が非常に多いのは，butter, spice,

paintといった名詞である。たとえばbutterを例にとると，バターは「食べ物の味を増すために，パンに塗ったり料理に加えたりする」という目的を持っている。つまり，She buttered the toast. というのは，単にトーストの上にバターをのせたというのではなく，バターをトーストに塗り込み，それによってトーストの味がよくなるということを意味している。She painted her room. も，ペンキの液を部屋の壁につけただけでなく，ペンキを塗ったことによって部屋が快適な状態に変化したということも伝えている。これはClark & Clark (1979) では"locatum"と呼ばれたもので，影山 (1997b, 1999a) では「物材」（つまり，移動する物質と場所の状態を変えるための材料）と呼ばれる。物材というのは，load a truck with apples の apples のように，それ自体の位置が変化するだけでなく，同時にその移動によって移動先の場所（truck）が「積荷でいっぱいになる」という状態変化を引き起こすという性質を持つものである。

　実際，butter, spice などの動詞を用いた文に，具体的な物材を明示的に表すと，provide A with B の with B と同じように，with という前置詞が現れる（基本構文(B1)）。次の例で(40)が正しい英語で，onやintoといった場所を表す前置詞を用いた(41)は間違いである（Jackendoff 1990, 影山1999a)。

　　(40)　a.　She <u>buttered</u> the bread **with cheap margarine**.
　　　　　b.　Dave <u>spiced</u> the food **with all sorts of exotic spices**.
　　　　　c.　She <u>oiled</u> her body **with suntan oil**.
　　(41)　a.　*She buttered cheap margarine **on** the bread.
　　　　　b.　*Dave spiced all sorts of exotic spices **into** the food.
　　　　　c.　*She oiled suntan oil **on** her body.

(40)では動詞部分の表す意味と前置詞句の表す意味が重複しているように思えるが，動詞が表す意味を具体的に特定したいときには，このように前置詞句を使うことが可能である（詳しくはKageyama 1997)。

　このように，butterタイプの名詞転成動詞の意味構造を行為連鎖で表そうとすると，単にその物体の移動を表す(42a)ではなく，移動先の場所の状態変化を表す(42b)の方が妥当であるということになる（その点では『動詞編』第4章で説明した「壁塗り構文」と似ている）。

　　(42)　She <u>buttered</u> the bread.

a. 不適切な意味構造

〈x が BUTTER に働きかけ〉→〈BUTTER が移動〉→〈BUTTER が y の上に位置する〉

b. 適切な意味構造

〈x が BUTTER で y に働きかけ〉→〈y が変化〉→〈y が BUTTER の塗られた状態（WITH BUTTER の状態）〉

x＝She，y＝the bread

(42a)は単に「バターをパンにのせる」という意味であり，これは正しい解釈を表していない。(42b)の **WITH** は 'provide Y with X' の with に対応し，「～を伴っている」「～を備えている」という「一体性」を表す所有ないし帰属の概念を表す。すると，(42b)は「バターがパンと一体になり，パンがおいしく味付けされた状態になる」という意味を表すことになり，これが正しい解釈である。

4.4.5　人間を表す名詞転成動詞

最後に，人間の職業や役割を表す名詞からの転成動詞を見てみよう。この場合も，元の名詞の《目的・機能》の情報から意味構造が作られている。nurse を例にとると，「誰かを看護する」という情報から〈x が y に働きかける〉という意味構造が作られる。ただし，x＝nurse とすると，文としての主語がなくなってしまい，文が成立しない。そこで，nurse は主語として意味構造に挿入されるのではなく，むしろ，「～として／～のように振舞う」(**LIKE／AS** X)という修飾要素として挿入されると考えられる。実際，「～のように／～として振舞う」というのが，まさに，このタイプの名詞転成動詞が表す意味である。

(43)　a. Mary nursed her husband.（メアリは夫を看護した）

b. nurse のクオリア構造

《目的・機能》その人が病人を看護する。

c. 〈x が y に対して **NURSE** のように働きかける〉

x＝Mary，y＝her husband

4.4.6　動物の子供を表す名詞転成動詞

《成り立ち》の情報を利用するものは少ないようである。1つの可能性は，calve（牛・鹿などの子），pup（犬・アザラシなどの子）など，動物の子供を表す名詞から作られた動詞である。子供というのは，母親から生

まれることで存在するようになるから，《成り立ち》の部分が「母親がNを産む」という記述になる。この記述がそのまま意味構造となり，calve, pup, whelp などは，「母親がこれらの動物を出産する」という意味を表すことになる。動物だけでなく，bud（植物の芽）が「発芽する」という意味の動詞になるのも同じ理屈である。しかし，これらの出産動詞は数が少なく，特に動物の場合は実際の使用も極めて少ない。

4.4.7 除去を表す名詞転成動詞

最後に，skin（皮を剥く），shell（殻を取る），bone（骨を抜く）といった動詞には，元の名詞の《内部構成》が関わっている。この場合，内部構成というのは「全体と部分の関係」で，たとえば She skinned the apple. では，apple が全体を表すのに対して，skin（皮）はその一部分を指す。しかし，先述のとおりこれらの名詞のクオリア構造を見ただけでは，「剥く，取る，抜く」といった除去の意味はどこからも出てこない。これらについては，リンゴは皮を剥いて食べるのが普通であるとか，魚は骨を抜くのが普通であるといった私たちの日常生活の常識が働いており，それを利用して適切な行為連鎖が組み立てられると考えられる。そのような場合は，名詞のクオリア構造から行為連鎖が導き出される動詞と比べると，極めて限られていて，新しい動詞を作る生産性は低い。

5 まとめ

本章では，モノを表す名詞からデキゴトを表す動詞を作り出すという語形成は，元の名詞の語彙的意味を利用しており，そこから導かれる意味構造によって，動詞の統語的性質が決定されることを示した。最後に，この語形成がいかに動機付けられているかを説明しておきたい。

たとえば，なぜ bank という名詞から動詞を作るのかと言うと，影山（1997b：39）によれば，「お金を銀行に預けるという行為は現代社会において日常的に必要な概念であるから，それをいちいち 'put in a bank' という迂言的な構文で表現する代わりに，to bank という1語の動詞で済ませてしまう，というのが名詞転成動詞の本質的な働き」だからである。言い換えれば，put が表すような一般的なデキゴトを，実社会で頻繁に行われているデキゴトに特定するために，転成動詞によって新たにそれを名づ

けているのである。では，このようなデキゴトの特定化，具体化において，重要な要素は何だろうか。たとえば，clean（掃除する）という行為を，スポンジ（sponge）とモップ（mop）とほうき（broom）と電気掃除機（vacuum）のいずれを使ってするかを特定してデキゴトに新たな名づけをすることは，「清掃」という行為の下位範疇化として意義がある。他方，清掃の目的語に当たる場所を特定してデキゴトに名前をつけても，その意義は認めにくい。このような名付け（naming）の機能からすると，元の名詞が何らかのデキゴトを修飾する要素として解釈され，そのデキゴトが文化的・社会的に有意義な一体性を持つと考えられる場合には名詞転成動詞の生産性が高いということになる。そのように考えると，人間が作った道具・器具の名前を動詞として用いる場合が，名詞転成動詞の中で最も多いということが納得できる。

6 さらに理解を深めるために

- Eve Clark and Herbert Clark. 1979. When nouns surface as verbs.［英語の名詞転成動詞を総合的に論じた古典的論文。ただし，かなり古いので，現在の英語の事情に合わないところもあると思われる］
- 伊藤たかね・杉岡洋子．2002．『語の仕組みと語形成』［第2章で英語の名詞から動詞の語形成を扱っており，また第3章では日本語の「名詞＋動詞」の複合による述語形成について詳しい分析を示している］
- Taro Kageyama. 1997. Denominal verbs and relative salience in lexical conceptual structure.［4.2節で紹介した分析が示されている］
- 影山太郎．1999a．『形態論と意味』［第6章で英語の名詞転成動詞の意味構造と用法を明快に説明している］
- 由本陽子．2007．「名詞を基体とする動詞形成について」［本章で示したクオリア構造を使った詳しい分析が示され，それによって名詞転成動詞の生産性を説明している］

（由本陽子・影山太郎）

QUIZ

　2.2節で述べたように，日本語では，名詞（あるいは名詞の一部分を切り取ったもの）に"r"を加えて動詞語幹を作り，それを現在形，過去形，否定形などに活用させることがある。次の名詞（の一部分）に「る」をつけると，どのような動詞になるだろうか（普通に使えるものから，若者ことばまで色々あるので注意）。また，過去形「た」，否定形「ない」も付けて，2.2節の説明通りになっているかどうか確かめなさい。

(1) 雲　　　　　　(2) 愚痴　　　　　(3) 皮肉
(4) 告白　　　　　(5) ミス　　　　　(6) パニック
(7) タクシー　　　(8) ネグレクト　　(9) マクドナルド
(10) スターバックス　(11) 与太郎　　　(12) 江川卓
(13) 王貞治

※答えは323ページ

第8章　名詞化と項の受け継ぎ

> ◆基本構文
> (A) 1. the discussion {of/on} the proposal
>   2. 教育方針{の／についての}話し合い
> (B) 1. The examination (of the device) lasted 5 hours.
>   2. The frequent examination *(of the device) is necessary.
> (C) 1. 油を売る → 油の売り手
>   2. 油を売る → 油の売り方
> (D) 1. 亡き師匠の墓参り
>   2. *御影石の墓参り

【キーワード】名詞化，単純デキゴト名詞，複雑デキゴト名詞，項の受け継ぎ，クオリア構造，相対名詞，動作主名詞

1 なぜ？

　(A1)の discussion（議論，話し合い）という名詞は，discuss という動詞から派生されたものである。discuss は他動詞で，They discussed the proposal. のように使われるが，discussion という名詞になると，目的語にあたる the proposal が of で標示されても on で標示されてもよい。同じことが(A2)の日本語でも見られ，「教育方針の」と「教育方針についての」という選択肢がある。これらはどのように違うのだろうか。

　(B1)は「その装置の検査は5時間続いた」という意味で，この場合，検査の対象となる the device は省略してもよい。他方，「その装置を頻繁に検査することが必要だ」という意味の(B2)には frequent（頻繁な）という形容詞が付いていて，この場合は検査の対象となる the device を省略することができない。なぜそのような違いがあるのだろうか。

(C)の「油を売る」という表現は，文字通りに「オイルを販売する」という意味のほか，「無駄話をしてなまける」という慣用句の意味がある。(C1)の「油の売り手」は文字通りの意味にしか解釈できないが，(C2)の「油の売り方」は，文字通りの意味と慣用句の意味のどちらでも取れる。この違いはどこから生じるのだろうか。

(D1)で「亡き師匠の墓参り」というのは「亡き師匠の墓に参る」という意味で正しい日本語であるが，同じ「〜の」という形であっても，(D2)の「*御影石の墓参り」はおかしい。なぜこのような違いが生じるのだろうか。

2 名詞化と項の受け継ぎとは

第7章では，名詞が動詞に変わるときに元の名詞の性質が新しく作られた動詞にどのように活かされるかを見たが，本章では逆に，動詞が名詞に変わるときに，元の性質がどのように引き継がれるのかを説明する。

動詞や形容詞を名詞に変えることを**名詞化**（nominalization）と言い，名詞化の方法には -al, -ment, -ing, -er などの接尾辞を付ける派生（derivation）と，接尾辞なしで品詞だけを名詞に変える転成（conversion）がある。便宜上，派生接辞で名詞化されたものを「派生名詞」，転成によって名詞化されたものを「転成名詞」と呼んでおこう。

(1) a. 派生名詞
proposal, development, catcher, building／売り手，話し方，踊り場
b. 転成名詞
talk, act, stay, guard／踊り，問い，通り，すり

このうち，catcher, guard,「売り手」,「すり」のように動作主を表す名詞は動作主名詞と呼ばれることもある（☞第3章）。

(1)は，接尾辞の有無による「形」の分類であるが，「意味」で分類すると，第2章で説明したモノ名詞とデキゴト名詞になる。

(2) a. モノ名詞：個物を表す
burn（やけど），cook（料理人），construction（建築物）
b. デキゴト名詞：行為や出来事を表す

construction（建築すること），cooking（料理すること）

(2a)のモノ名詞は「やけど，料理人，建築物」といった具体物を指し，bookやcarなどの具体名詞と同じ性質になる。これらの名詞はそれだけで自律的な概念を表すから，文で使われるときには特別な項を必要としない。

他方，(2b)のデキゴト名詞は，文で用いられたときにも，その元になる動詞に極めて近い使われ方をする。

(3) a. John constructed a wall around his house.
（ジョンは家の周りに塀を作った）
b. John's construction of a wall around his house
（ジョンによる家の周りの壁の建設）

construct（建設する）という動詞は「誰が」「何を」「どこに」という3つの項を取ることが辞書で記述されている。これを**項構造**（argument structure）と言う。

(4) construct の項構造
〈動作主（誰が），対象（何を），場所（どこに）〉

（ただしこのうち，場所は省略可能なので，厳密には「付加詞」（adjunct）と見なせる。）この項構造に依拠して，(3a)の動詞文では，主要部（文や句のかなめとなる要素）である動詞 construct を軸として，主語（John），目的語（a wall），前置詞句（around his house）という3つの項が配列されている。さて，項構造に示されたこれらの諸要素は，construct を construction に名詞化したときにも引き継がれ，(3b)の名詞句では動作主が所有格（John's），対象が of 前置詞句（of a wall），場所が around 前置詞句という形で表現されている。このように元になる動詞の項構造の要素が，名詞化表現にも活かされることを**項の受け継ぎ**（argument inheritance ないし inheritance）と言う。

動詞から名詞への項の受け継ぎ——言い換えれば，動詞と名詞化の平行性——をどのように捉えるかという問題については，様々な理論が提案されてきた。それらの理論は2種類に大別できる。ひとつは，元々は(3a)のような動詞文があり，その動詞を construct → construction のように名詞化することによって(3b)のような名詞句が派生されるという統語論の考え方である。しかし，名詞化は -ion だけでなく，次のように様々な

語尾があり，動詞の形と名詞の形には規則的な対応がない（Chomsky 1970）。

 (5) a. destroy/destruction, employ/employment, move/motion
   b. ignore（無視する）/ignorance（無知），transmit（伝達する）/transmission（自動車の変速機）

こういった理由から，現在の理論では動詞を含む文が直接的に名詞化されるという考え方より，動詞とそれに対応する名詞形はどちらも元々辞書に示されていて，両者の対応関係は，動詞形と名詞形の辞書情報に基づいてレキシコン（lexicon；辞書）内の操作によって捉えられるという考え方が一般的になっている。しかしながら，基本構文(C2)に挙げた「油の売り方」のようにイディオムまで名詞化できる場合は，統語的に作ることを想定するのが妥当だろうと思われる。

3　名詞化と項の受け継ぎの代表例

【2種類のデキゴト名詞】
- 単純デキゴト名詞：The examination (of the students) lasted 5 hours. ／仲間への誘い
- 複雑デキゴト名詞：The frequent examination *(of the students) is necessary.

【統語構造での名詞化】
- 英語の動名詞：Mary's rejecting the offer
- 日本語の「-方」接尾辞：悪事からの足の洗い方

【相対名詞】
- やかんの蓋，一郎の妻，家の屋根，ワイシャツの袖
- カキ料理の本場，トウモロコシの原産地
- 先祖の［墓参り］，他人の［あらさがし］
- 地震の［発生時刻］，インドへの［進出計画］
- 『坊ちゃん』の作者，この犬の飼い主，パーティの出席者

4 問題点と分析

4.1 英語の名詞化

4.1.1 英語の2種類のデキゴト名詞

第2章の説明から分かるように，デキゴト名詞はモノ名詞と比べて，時間軸に沿って展開する出来事や動作の概念を含んでいる。時間軸に沿った展開というのは，本来，動詞が受け持つ性質である。デキゴト名詞は時間の概念だけでなく，目的語などの「項」を取るという動詞的な性質も備えている。本節では，時間的な概念や項の取り方から見ると，英語のデキゴト名詞は2種類に分かれるというGrimshaw (1990) の説を略述する。まず，動詞 examine を名詞化した examination という名詞でその違いを見てみよう。

◆**単純デキゴト名詞と複雑デキゴト名詞**

(6) a. The examination (of the students) lasted 5 hours.
    [of the students を省略してもよい]
 b. (The) frequent examination *(of the students) is necessary.
    [of the students を省略することはできない]
 c. They frequently examined *(the students).

examine という動詞は他動詞(6c)なので，通常，目的語を省略することはできない。さて，(6a, b) の examination は両方とも「試験をすること」という意味のデキゴト名詞だが，(6a)では元の動詞の目的語を省略することができるのに対して(6b)ではそれができない。動詞 examine と同じように目的語の省略を許さない(6b)の examination は，元の examine が持っていた他動詞としての性質（目的語の省略ができないという性質）を色濃く残していると言える。他方，(6a)の examination は目的語を省略してもよいという点で，元の動詞の性質から少し離れて，むしろモノ名詞に近くなっている。なぜなら，モノ名詞というのは一般に，それだけで成立し，「目的語」に当たるものを取らないからである。そこで，(6a)の examination のようにデキゴト名詞であるがモノ名詞に近い性質のものを**単純デキゴト名詞**（Grimshaw (1990) の用語では simple event nominal 単純事象名詞）と呼び，(6b)の examination のよ

うにデキゴト名詞で，しかもほとんど動詞に近い性質を持つものを**複雑デキゴト名詞**（Grimshaw の用語では complex event nominal 複雑事象名詞）と呼ぶことにしよう。

Grimshaw によると，2種類のデキゴト名詞には文法的な違いがある。

(7) a. a three-day trip, frequent events, a long process
b. (*a) frequent travel to London, (*a) frequent examination of the students

(7a)の trip（旅行），event（出来事），process（過程）という名詞は具体的な物質ではなく行為や出来事を表すから，意味的にはデキゴト名詞である。しかもこれらは，不定冠詞（a, an）あるいは複数形語尾を伴って，a trip や trips のように表現できる。このように，動作や出来事を意味するものの，文法的には普通の可算名詞と同じように振舞うものが単純デキゴト名詞である。

他方，(7b)は複雑デキゴト名詞の例で，不定冠詞も複数形語尾も付かない。したがって，可算名詞ではない。trip が可算名詞であるのに対して，travel は不可算名詞とされる。さらに，(7b)では(*a)として表記しているように，不定冠詞（a）を入れると非文法的になる。この場合，定冠詞 the なら付けてもよいが，定冠詞もないことがむしろ多い。複雑デキゴト名詞が無冠詞で，しかも複数形にならないということは，water や sand のような不可算名詞（物質名詞）に近いということになる。しかし複雑デキゴト名詞を物質名詞と同一視するのは正しくない。なぜなら，複雑デキゴト名詞は，(7b)の frequent（頻繁な，たびたびの）や constant（絶え間ない），あるいは occasional（時折の）のような時間的頻度を表す形容詞を付けることができるという特徴があるからである。water や sand のような物質名詞にはそのような頻度形容詞は付かない（その点で，rain という名詞は「雨水」というモノ名詞の意味だけでなく，frequent/occasional rain(s) のように使えるから単純デキゴト名詞の意味も持っている）。複雑デキゴト名詞が物質名詞と同じように不可算名詞という文法的性質を持つのは，むしろ，両者が「輪郭が不明瞭であり，そのため，直接的に数えることができない」という性質に由来するものと考えられる。

誤解のないように注意しておくが，frequent や occasional などの時間的頻度を表す形容詞は単純デキゴト名詞にも付くこともできる。しかしそ

の場合には，単純デキゴト名詞を複数形にして，frequent events (7a) のように表現しなければならない。単数形で *a frequent event/trip のようには言えない。他方，複雑デキゴト名詞の場合には，単数形のままで frequent が付き，frequent examination だけで「頻繁に試験をすること」という複数回の出来事を表すことができるのである。

ちなみに，名詞 examination は口語で exam という短縮形で用いられることも多いが，この exam は「試験問題」という意味のモノ名詞か，あるいは，不定冠詞か複数形を取る単純デキゴト名詞（「試験，テスト」）の意味しかない。exam だけでは複雑デキゴト名詞の用法（*frequent exam of the students）ができないから注意が必要である。

単純デキゴト名詞がむしろモノ名詞に近く，逆に複雑デキゴト名詞は動詞に近い性質を持つということは，時間表現の現れ方からも見てとることができる。つまり，動詞はそれが表す出来事が完了したか継続しているかという「アスペクト」にもとづいて，特定の種類の時間副詞と共起できるが，複雑デキゴト名詞も同じ性質を持つ。

(8) a. They destroyed the building {in/*for} one week.
　　 b. (their) destruction of the building {in/*for} one week
(9) a. They observed the patient {for/*in} several weeks.
　　 b. (their) observation of the patient {for/*in} several weeks

(8a) の destroy the building という出来事は完結アスペクトを持ち，in one week（1週間で（終わった））のような完結を表す時間副詞と共起する一方，for one week（1週間ずっと）という継続時間を表す副詞とはなじまない。そして，これに対応する複雑デキゴト名詞(8b)を見ると，やはり完結を表す in 時間副詞のみと共起できる。

また，(9a) の observe the patient（患者を経過観察する）は継続的な出来事を表すので，for several weeks はよいが，in several weeks を付けることはできない。ここでもやはり，対応する複雑デキゴト名詞(9b)は同じ振舞いをする。このように，複雑デキゴト名詞は動詞と同じように出来事のアスペクトに合った時間副詞のみを取ることから，動詞と共通の性質を持つといえる。

これとは対照的に，単純デキゴト名詞は上述のような完了や継続を表す時間副詞と共に使うことができない(10a)。

第8章　名詞化と項の受け継ぎ

(10) a. *an exam for 3 hours, *a trip for 3 days, *a process in one hour
　　 b. a three-hour exam, a three-day trip, a one-hour process

単純デキゴト名詞も (10b) のように three-hour のような時間を表す修飾語を取ることは可能である。しかし，(10a) でわかるように単純デキゴト名詞に for 3 hours のようなアスペクトを表す副詞を付けることはできない。つまり，単純デキゴト名詞は時間の概念を含む出来事を表すという意味の特徴において動詞と共通する性質を持つが，(8b) や (9b) の複雑デキゴト名詞のように動詞の持つ統語的な特徴は示さない。このことは，単純デキゴト名詞は動詞よりモノ名詞に近く，複雑デキゴト名詞はモノ名詞ではなく動詞に近いということを示している。

大 ⟵==========⟶ 時 間 的 な 展 開 ==========⟶ 小
動詞　　複雑デキゴト名詞　　単純デキゴト名詞　　モノ名詞

さらに，複雑デキゴト名詞は動詞と同じように，動作の目的を表す in order to 節を取ることができるが，単純デキゴト名詞やモノ名詞では in order to 節を取ることができないという違いもある。

(11) a. the translation of the book in order to make it available to a wider readership
　　 b. *the translations of the book in order to make it available to a wider readership

(11a) は「広く読まれるために翻訳すること」という意味だが，(11b) の translations（複数形）は「翻訳書」というモノ名詞なので，in order to 節とは相容れない。単純デキゴト名詞の a trip in order to ～, the murder in order to ～のような表現も不可能である。

以上の違いを踏まえた上で，もう一度，2種類のデキゴト名詞と元の動詞との関係を考えてみよう。動詞には，行為や出来事をあらわすという意味的性質と，項と一緒に文を作るという統語的性質があり，それぞれの動詞が必要とする項の数と種類の情報は「項構造」としてまとめられている。さて，単純デキゴト名詞は，出来事を表すという点で動詞の意味的な

側面を持っている反面，目的語を省略できるという点で動詞の統語的性質（項構造）を完全には受け継いでいない。他方，複雑デキゴト名詞は，動詞の意味的性質と統語的性質（項構造）の両方を受け継いでいる。

前掲(6)の examination や，次の(12)(13)の例（Grimshaw 1990）から分かるように，接尾辞を伴う名詞では2種類のデキゴト名詞を語形だけで区別することはできないので，注意が必要である。

(12) a. The constant assignments should be avoided.
【単純デキゴト名詞】
b. The constant assignment *(of unsolvable problems) should be avoided. 【複雑デキゴト名詞】

(13) a. The expression (of one's feelings) is desirable.
【単純デキゴト名詞】
b. The frequent expression *(of one's feelings) is desirable.
【複雑デキゴト名詞】

名詞を派生する接尾辞の中でも，-ing は特に注意を要する。-ing は building のようなモノ名詞，skiing や skydiving のような単純デキゴト名詞を作るだけでなく，複雑デキゴト名詞を作ることもできる。(14b)のように of を取る -ing 名詞は **行為名詞**（action nominal）と呼ばれることもある。

(14) a. Mary's rejection of John's offer
b. Mary's rejecting of John's offer

(14a)の rejection は単純デキゴト名詞の解釈ができるので目的語の省略が可能であるが，(14b)の rejecting は目的語の省略を許さない。

(15) a. Mary's rejection was shocking.
b. *Mary's rejecting was shocking.

つまり，行為名詞（複雑デキゴト名詞）としての -ing 形（rejecting）は動詞の項構造を義務的に受け継ぎ，複雑デキゴト名詞の解釈しか持たない（Grimshaw 1990；-ing については伊藤・杉岡（2002：第3章）も参照）。

◆受け継がれた項の標示

次に，2種類のデキゴト名詞が取る項がどのように標示されるかについて説明しよう。まず，単純デキゴト名詞の場合は，項（目的語）の意味役

割に応じて，of だけでなく on や into など，その意味を表すのにふさわしい前置詞が選ばれる。

(16) a. the frequent publications of articles（行為の対象）
　　 b. their constant discussions on the issue（内容）
　　　　Cf. *They discussed on the issue.
　　 c. the enemy's attacks on／against the city（行為の相手）
　　 d. his frequent entries into the country（移動の着点）
　　　　Cf. *his entry of the country

(16)の単純デキゴト名詞の元になる動詞——(16a)では publish，(b) では discuss，(c)では attack，(d)では enter ——はいずれも統語的には他動詞であり，直接目的語を取る。しかし，これらの動詞から作られた派生名詞は，(16)に見られるようにいろいろな前置詞を用いる。このように，単純デキゴト名詞は元の動詞の項構造をそのまま受け継がないために，項にあたる名詞を表現する際には，意味役割を明示する on や into などの前置詞が必要になる。これは，a book on dogs（本の内容）や a letter to Mary（手紙の到着点）など，一般の名詞にも当てはまる。

　これに対して，複雑デキゴト名詞が取る目的語は，一貫して of で標示される。(17)を見てみよう。

(17) a. the frequent publication of articles（行為の成果）
　　 b. their constant discussion of the issue（議論の対象）
　　 c. the enemy's attacking of the city（行為の相手）
　　 d. his entering of the country（移動の到着点）

(17a〜d)の目的語は，それぞれ異なる意味役割を表すにもかかわらず，すべて同一の前置詞 of で標示されている。それは，これらの名詞の元になる動詞がすべて他動詞で直接目的語を取るからである。すなわち，複雑デキゴト名詞は元の動詞の項構造を受け継いでいるために，前置詞で意味関係をあらためて標示する必要がないのである。

4.1.2　英語の動名詞

　動名詞（gerund）というのは，次例の下線部のような -ing 形を指す（この -ing は進行形の -ing とは別であることに注意）。

(18) Susan didn't like Tom's visiting her house.

派生名詞や行為名詞と異なり，英語の動名詞では直接目的語が of などの

前置詞を伴わずにそのまま現れる。動名詞を含む句は全体として，文の主語や目的語として用いられるので，その点では名詞的な性質を持っている。

しかしながら，動名詞自体には冠詞が付かず（(19a)，ただし古い英語では可能だった），修飾語は形容詞ではなく副詞を取る(19b)。

(19)　a.　{Bill's/*the} winning the game
　　　　　Cf. {Bill's/the} winning of the game（行為名詞）
　　　b.　Bill's {quickly/*quick} writing an answer
　　　　　Cf. Bill's {quick/*quickly} writing of an answer
　　　　　　　　　　　　　　　　　　　　　　　　　（行為名詞）

このように，英語の動名詞が取る構造は，動詞が取る構造（動詞句あるいは節）に限りなく近い。その証拠に，否定辞(20a)，完了形(20b)，受身形(20c)なども問題なく動名詞形になることができる。

(20)　a.　[Sam's not coming to the party] surprised everyone.
　　　b.　[Bill's having completed the task] made her happy.
　　　c.　[Sue's being liked by everyone] is not surprising.

このような事実から，英語の動名詞は名詞句（noun phrase）ではなく，名詞節（noun clause）を形成する特殊な表現で，品詞的には「名詞」ではあるが，統語的にはまさに動詞そのものであると考えられる。動詞そのものであるということは，派生名詞のように，元の動詞の項構造を「受け継ぐ」というのではなく，元の動詞の項構造およびその他の動詞としての性質をそのまま保っているということである。

さらに，動詞と名詞の大きな違いとして，「格」を付与できるかどうかという違いがある。この場合，「格」というのは特に対格（英語なら動詞直後の名詞句に与えられる格，日本語ならヲ格）を指している。複雑デキゴト名詞でも単純デキゴト名詞でも，その後に名詞を続けるためには必ず前置詞の力を借りなければならない(21b)。

(21)　a.　Mary rejected the offer.
　　　b.　Mary's rejection *(of) the offer
　　　c.　Mary's rejecting the offer

他方，動名詞は(21c)のように直接的に目的語を取ることができ，前置詞の介在を必要としない。この性質によって，英語の動名詞は主語繰り上げ

構文（☞『形容詞編』第5章）や二重目的語構文（☞『動詞編』第5章）も自由に取ることができる。

(22) a. Mary believes Bill to be honest.（主語繰り上げ構文）
  b. Mary's believing Bill to be honest.
  c. *Mary's belief of Bill to be honest.
(23) a. Jane gave Tom a chocolate.（与格構文）
  b. Jane's giving Tom a chocolate.
  c. *Jane's gift of Tom of a chocolate

belief（22c）やgift（23c）のような派生名詞は，ofを用いてもこれらの構文に適合しない。さらに，Baker（1985）が指摘するように，イディオムも動名詞で表現できる。

(24) a. Jerry carefully kept tabs on Sherry.
   （ジェリーは注意してシェリーを見張った）
  b. Jerry's carefully keeping tabs on Sherry

以上の観察は次のようにまとめられる。通常，派生名詞というのは，reject → rejection のように，まず先に動詞から名詞が作られ，その名詞を軸にして，動詞の項にあたる表現を貼り付けていく。

(25) 派生名詞と項の作り方
   reject → rejection → Mary's rejection of the offer

rejection という名詞を出発点にして項をあてがっていくために，ofなどの前置詞が必要になる（なぜなら，名詞の後に直接，名詞句が来ることはできないから）。

他方，英語の動名詞では，reject という動詞を rejecting に変えて，後から the offer をくっつけるのではない（もしそうなら，of the offer という間違った形になってしまうはずである）。そうではなく，Mary reject the offer という節（clause）が元々あって，その節全体が -ing によって名詞化される（Baker 1985）。つまり，reject → rejection が動詞（単語）の名詞化であるのに対して，英語の動名詞は節全体の名詞化なのである。

(26) 英語の動名詞の作り方
   -ing [Mary reject the offer] → Mary's rejecting the offer

the offer は rejecting の直接目的語で，対格で標示されているから，of は

必要ない。ただし，rejecting が品詞上は名詞であるので，主語の Mary は属格（'s）になる。

4.2 日本語の名詞化

4.2.1 日本語の 2 種類のデキゴト名詞

日本語で動詞を名詞化する最も簡単な方法は，「（財布を）する → すり」や「（交通違反を）取り締まる → 取り締まり」のように動詞の連用形をそのまま名詞に **転成**（convert）することである。第 2 章で述べたように，動詞を名詞に転成すると，モノ名詞ができる場合とデキゴト名詞ができる場合とがある。「する」に対応する「すり」は，スリを働くという行為の意味（デキゴト名詞）もあるが，スリをする人間という具体物を指す場合はモノ名詞である。他方，「取り締まる」に対応する「取り締まり」は人間や物体ではなく，取り締まるという行為を表すからデキゴト名詞に分類できる。一般的に，モノ名詞は元の動詞の項を必要とせず，他方，デキゴト名詞は元の動詞の項を引き継いで，その項を統語的に表現することができる。

(27) a. モノ名詞

　　　財布をする → *財布のスリ（をつかまえる）

　　b. デキゴト名詞

　　　交通違反を取り締まる → 交通違反の取り締まり（をする）

　　　規律が乱れる → 規律の乱れ（が起きる）

(27a)では，「スリ」というモノ名詞は，元の動詞「する」が持っていた目的語（財布）を表現できない。他方，(27b)のデキゴト名詞「取り締まり」「乱れ」は，元の動詞（取り締まる）が取っていた項を「交通違反の」「規律の」という形で受け継いでいる。

次に，受け継がれた項がどのように標示されるかを見てみよう。日本語の転成名詞では，目的語にあたる項は「の」だけで示されることが多いが，次のように意味役割を明示する場合もある。

(28) a. 仲間を誘う → ［仲間への誘い］があった。

　　　選手を励ます → 選手への励まし

　　b. 弱者を切り捨てる → 弱者｛に対する／の｝切り捨てが起きた

　　　　　　　　　違反者を取り締まる→違反者｛に対する／の｝取り締まり

(28a)の「誘い，励まし」では，元の動詞がヲ格で標示する目的語が「への」で標示される。「へ」は「外国へ行く」のように元々移動の方向を表すから，「仲間への誘い／選手への励まし」という表現は「誘い／励まし」が「仲間／選手」に向けられていることを表している。

　このように標示の仕方が引き継がれた項の意味役割に左右されることは，英語の a discussion {of/on} the problem などにおける前置詞の現れ方と似ているから，デキゴトを表す日本語の転成名詞は，厳密には単純デキゴト名詞に相当すると考えられる。

　では，英語の複雑デキゴト名詞に相当する日本語の表現は何だろうか。それは，「建築，訪問」などの漢語名詞である。これらの漢語名詞は「する」を伴って，「建築する，訪問する」のように動詞として使えるだけでなく，用いられる構文によっては，「する」の補助なしに動詞的に用いられる。

　　(29)　a.　首相が昨年，<u>中国を訪問した</u>。
　　　　　b.　首相が昨年，<u>中国を訪問</u>の折…
　　(30)　a.　売り出し期間中に<u>新製品をご予約になった</u>お客様は…
　　　　　b.　売り出し期間中に<u>新製品をご予約</u>のお客様は…

このような漢語名詞は，国語学では「サ変名詞」(つまり，サ変動詞「する」が付いて動詞になる名詞) と呼ばれるが，実際には，(29b)，(30b)のように「する」の力を借りなくても，ヲ格目的語や主語，各種の副詞を直接，取ることができる。このことから，影山 (1993) はいわゆるサ変名詞を動名詞 (あるいは動詞的名詞，Verbal Noun) と呼び，もともと，名詞としての性質と動詞としての性質を併せ持つ特殊な品詞であると論じている。

　(29)，(30)はこのような動詞的名詞が「動詞」として用いられた例であるが，「名詞」として用いられると，関連する語句すべてに「の」が付く。

　　(31)　a.　首相の昨年の中国の訪問
　　　　　b.　売り出し期間中の新製品のご予約

(31)の「訪問，ご予約」は，名詞句の内部で項や時間副詞を伴っているので，英語の複雑デキゴト名詞に相当するものと考えてよい (影山 1993)。ただし，英語の複雑デキゴト名詞は動詞から派生したものしか存在しない

が，日本語の動詞的名詞は，動詞から派生した名詞ではなく，元々，名詞と動詞の機能を兼備している。したがって，(29)，(30)の動詞用法が元にあって，そこから(31)の名詞句が「派生」したと考える必要はないのである。英語の複雑デキゴト名詞では項の受け継ぎという用語を用いたが，日本語の動詞的名詞については「項の受け継ぎ」という用語は適切でない。(31)のような名詞用法で現れる項は，動詞から受け継がれたのではなく，元々，これらの名詞に備わっているのである。

4.2.2 接尾辞「-方」による名詞化

先に4.1.2節で，英語の動名詞（Mary's rejecting the offer）が一単語の動詞を名詞化したものではなく，「節」全体を名詞化したものであることを説明した。これと並行的な「節の名詞化」が日本語でも証明できる。それは「-方」という接尾辞で，これはあらゆる動詞に規則的，生産的に付き，しかも元の動詞に関係する項や副詞を受け継ぐことができる (Sugioka 1986, 1992; Kishimoto 2006)。

「-方」は，動詞連用形につく接辞で，「-方」全体は，(32)に示すように，動作の方法や出来事の様態・結果状態などを意味する。

(32) a. 数学の学び方，親子丼の作り方，仕事の選び方【方法】
b. 赤ん坊の泣き方，雪の降り方，商品の売れ方【様態】
c. 建物の傾き方，本の汚れ方，パイプの詰まり方【結果状態】

「-方」による名詞化は，意味の面では，動詞を修飾する副詞が表すことのできる意味とほぼ同じで，疑問詞では「どう」であらわされるものに対応する（「どうする，どうなる」など）。また，統語的性質については，元の動詞の項構造をそのまま受け継ぎ，項は意味役割にかかわりなく「～の」で標示する(33a)。ただし，英語の動名詞の場合と異なり，修飾語は副詞ではなく形容詞として現れる(33b, c)。

(33) a 佐々木監督が選手を励ます。
→佐々木監督の選手の励まし方　Cf.(28a)
b. 子供が母親に嬉しそうに話す。
→ 子供の母親への嬉しそうな話し方
c. 2階の窓から煙が激しく出た。
→ 2階の窓からの煙の激しい出方

なお，(33b)で「母親に」が「母親への」になるのは，「*～にの」という

表現が不可能なため、方向性を表す「への」で代用しているためである。

また、英語の動名詞が keeping tabs on 〜 のようなイディオムにも適用するように(24b)、「-方」もイディオムに適用できる（Sugioka 1992）。

(34) a. 暴力団からの足の洗い方（「足を洗う」＝悪事をやめる）
b. 細部への目の配り方（「目を配る」＝注意を払う）
c. 仕事の最中の油の売り方（「油を売る」＝なまける）

たとえば、「油の売り手」と「油の売り方」を比べてみると、前者は文字通りに「オイルを販売する」という意味にしか取れないが、後者は文字通りの意味のほか、「むだ話をして時間を浪費する。なまける」というイディオムの意味にも解釈できる。

さらに、英語の動名詞は受身文や二重目的語構文などの構文でも使えるが、同じように、「-方」も統語的な派生動詞・複合動詞（影山 1993）に付くことができる。

(35) a. 受身形：株の個人投資家による買われ方
b. 使役形：赤ん坊への離乳食の食べさせ方
c. 統語的複合動詞：雨の降り始め方

以上のような考察から、「-方」による名詞化は統語構造で節全体に対して適用すると考えられる（Sugioka 1992, Kishimoto 2006）。

興味深いことに、日本語では、動詞だけでなく形容詞が名詞化されたときにも統語構造での派生を示唆する現象が指摘できる（Sugioka 1986）。

(36) a. 新入社員は働かせやすい。→ 新入社員の働かせやすさ
b. 彼はだまされにくい。→ 彼のだまされにくさ

(36a)では「働かせやす（い）」という複雑な形容詞に「-さ」という接尾辞が付いて「働かせやすさ」という名詞が作られている。この「働かせやす（い）」は動詞「働く」の語幹に使役形「-させ」と難易を表す形容詞「-やす（い）」が付いたものである（☞『動詞編』第8章「難易構文」）。(36b)の「だまされやすさ」は、動詞「だます」が受身形「だまされ-」になり、その後に難易を表す形容詞「-にく（い）」が続いている。使役形、受身形、および難易形容詞は、統語構造において派生されると考えられている。

「-さ」は、他にも、品詞上は形容詞である否定詞「ない」を名詞化することもできる（杉岡 2005）。

(37) a. かけがえのなさ，くったくのなさ，自信のなさ，責任感のなさ
b. 思慮の足りなさ，納得の行かなさ，いたたまれなさ

「-さ」を伴う興味深い構文として，「～したさに」という理由をあらわす副詞節が挙げられる。この「-さ」は形容詞という語のレベルではなく，形容詞を述語とする句に付加している（影山 1993）。「-さに」は名詞修飾構造では「-さの」となる。いずれも，目的語を格助詞で標示することも，格助詞を削除して複合語のような形にすることも可能である。

(64) a. 男は［お金（が）欲しさに］盗みをはたらいた。
b. お金（が）欲しさの犯行

このように，「-方」や「-さに」といった表現は，英語より日本語のほうが統語構造での名詞化が活発であることを示している。

4.3 名詞の項とクオリア構造

「項」——述語にとって必要不可欠な要素——という考え方は，動詞だけでなく，名詞にも応用できる。本節では，名詞が元々持っている項が，句あるいは文にどのように受け継がれるかを見ていく。

4.3.1 自律名詞と相対名詞

名詞は，それが指す物の性質によって2種類に区別できる。ひとつは，「ネコ，瓶，雨，カッパ」のような名詞で，これらが指す**指示対象**（referent）は現実あるいは架空の世界においてそれ単独で存在する。これらの名詞はそれだけで自律的な概念を表すから，便宜上，**自律名詞**と呼んでおこう。たとえば，ネコを指さして「これはネコです」と言うと，その物が実際に「ネコ」という範疇（種類）に属する限り十分に意味が通じる。他方，「蓋，正門，袖」といった名詞はかなり性質が異なる。いきなり，「これは蓋です」と言われても，十分に意味が理解できず，「何の蓋ですか？」と問い返したくなる。なぜなら，「蓋」は，それを含むより大きな物体の一部分に過ぎないからである。したがって，これらの名詞が指すものを十分に理解するには，「やかんの蓋」のように「全体」を「～の」で明示するか，あるいは全体が何であるのかが文脈から推測できることが必要になる。このように，それ単独では意味が不完全で，それと関連する別の概念との相対的な関係で理解しなければならない名詞を**相対名詞**と言う。

「やかん」と「蓋」，「部屋」と「壁」，「本」と「ページ」を比べてみよう。それぞれの組で，後に挙げた名詞（たとえば「蓋」）は前に挙げた名詞（たとえば「やかん」）を構成するパーツ（部品）になっている。このような全体とパーツの関係を**全体-部分の関係**（whole-part relation）と言う。全体-部分の関係にある名詞は，(38)の例に見られるように，一方が他方の代用をすることがある（メトニミー）。

(38) a. 自転車のタイヤがパンクした。→ 自転車がパンクした。
b. ポットの湯が沸いた。→ ポットが沸いた。
c. 本の，あるページが破れた。→ 本が破れた。

全体と部分は，たとえば「やかん」と「蓋」のように物理的に取り外せるものもあるし，「鍋」と「底」のように普通は物理的に分離できないものもある。いずれの場合でも重要なことは，全体と部分は一体となって初めて，意図された機能を果たすということである。蓋をやかんから取り外してしまうと，もはや本来意図された蓋の役目が果たされない。このように，意図した機能を果たすために切り離すことができない関係――言い換えると，機能上，他に譲り渡すことができない関係――を**譲渡不可能**（inalienable）な関係と言い，多くの場合，「全体が部分を所有する」という関係になるので譲渡不可能所有（inalienable possession）とも言う。

「自転車」と「タイヤ」の関係が譲渡不可能な全体-部分の関係であるのに対して，たとえば「一郎の自転車」という場合の「一郎」と「自転車」の関係は全体-部分の関係ではない。一郎がその自転車を誰かに譲り渡したとしても，その物体は「自転車」としての機能を保っている。したがって，「一郎」と「自転車」の関係は偶発的な所有関係にすぎない。

相対名詞かどうかを見分ける目安は「これはXです」という構文である。「やかん」のような自律名詞は，「これはやかんです」と言うだけで十分に意味が通じる。他方，前述のように「蓋」の場合は，いきなり「これは蓋です」と言われても，「何の蓋ですか？」と問い返したくなる。「腕，足，耳，目」のような身体部位名詞も同様である。たとえばバラバラ殺人事件において被害者の「腕」だけが見つかったとしよう。その場合，刑事は「これは腕だ」と言えるが，それは，腕がこの事件の被害者のものに違いないということが前もって分かっているからである。機能的にも，身体から切り離されてしまった「腕」はもはや本来の役目を果たさない。

ここまでは全体-部分の関係を説明してきたが，分離不可能関係はそれだけではない。「夫，妻，長男，娘，いとこ」などの親族名詞，「友達，幼なじみ，恋人」といった人間関係，「師匠／弟子，使用者／使用人，雇用主／雇い人」あるいは「助手，秘書」といった社会的な役割を表す名詞も，それ単独では成り立たない概念である。人間関係の場合，特別な指定がなければ話者（私）が基準になるから，「この人が夫です／この人は幼なじみです／この人は弟子です」と紹介されると，話者（私）の夫／幼なじみ／弟子と理解される。しかし，街角で，見ず知らずの通りがかりの人に「あなたは夫ですか」と尋ねても，相手はきょとんとするだけだろう。

4.3.2　いわゆる「非飽和名詞」

　相対名詞の一種として，西山（2003）では「非飽和名詞」と呼ばれるものを論じている。西山（2003）も，「これはXです」という構文のXに入れたときに，その文だけでXの表す意味（外延）が特定できるかどうかに注目し，Xの意味が特定できるものを飽和名詞，特定できないものを非飽和名詞と分類している。たとえば「俳優」と「主役」を比べてみよう。

(39)　a.　デカプリオは俳優です。——#えっ，何の？
　　　b.　デカプリオは主役です。—— えっ，何の？

「俳優」は職業を表す自律的な概念で，飽和名詞である。他方，「主役」はある芝居の中での役割を述べる名詞で，それが何の芝居であるのかを示さない限り意味が充足しないから非飽和名詞である。両者の違いは次のような構文にも指摘できる。

(40)　a.　デカプリオは，アメリカの俳優です。
　　　b.　*アメリカは，デカプリオが俳優です。
(41)　a.　デカプリオは，映画「タイタニック」の主役です。
　　　b.　映画「タイタニック」は，デカプリオが主役です。

(40a)では「俳優」の前に「アメリカの」という修飾語が付いているが，これは「俳優」という名詞の意味とは直接関係のない飾りである。このような修飾語を文頭に持っていって(40b)のように言い換えることはできない。対照的に，(41a)は，ほぼ同じ意味で(41b)のように言い換えることができる。(41a)では「タイタニックの」という修飾語が単なる飾りではなく，「主役」という非飽和名詞の意味を充足するのに必要な表現——西

山(2003)はパラメータと呼んでいる——である。このような意味充足のために必要な要素(「~の」)は,(41b)のように文頭に持っていくことができる。同じような違いが場所を表す「広場」と「本場」でも観察できる。

(42) a. 天安門広場は,世界で最大規模の広場です。
b. *世界で最大規模は,天安門広場が広場です。
(43) a. 広島がカキ料理の本場だ。
b. カキ料理は,広島が本場だ。(西山 2003)。

「広場」は自律的な概念であるが,「本場」という名詞を理解するためには「何の?」という説明が必要である。なぜなら,「本場」は,何らかの品が実際にその場所において盛んに産出されるというデキゴト性を含んでいるからである(「原産地」や「発祥地」なども同様)。

ただし,(43b)型の「カキ料理構文」による言い換えテストは,すべての非飽和名詞に成り立つわけではない。非飽和名詞のうちの一部がカキ料理構文で言い換えられるということである。西山(2003:269-270)は,(44)のような例を非飽和名詞として挙げている。

(44) a. 〈役割〉優勝者,委員長,司会者,上司,黒幕
b. 〈職位〉社長,部長,院長,社員,主任,学部長
c. 〈関係語〉恋人,友達,先輩,後輩
d. 〈親族語〉妹,母,叔父,息子
e. 〈その他〉原因,結果,敵,癖,買い時,特徴

しかし,これらの中にはカキ料理構文に当てはまりにくいものや,当てはめるためには特殊な文脈が必要だと思われるものもある。

(45) a. 次郎が吉田先生の息子だ。/*吉田先生は次郎が息子だ。
b. 花子が次郎の友達だ。/??次郎は花子が友達だ。
c. これが政権交代の結果だ。/??政権交代はこれが結果だ。

このように,カキ料理構文はカキ料理構文として独自の性質があるため,非飽和名詞とぴったりと対応させにくいようである(野田1981を参照)。

既に述べたように,西山(2003)は非飽和名詞の特徴として,何の前提もなくいきなり「これはXです」と言うと意味的に不十分であるという性質を挙げている。本節の「相対名詞」も同じ基準に基づいている。ただし,西山(2003:316)は「腕,肩,鼻」のような譲渡不可能所有名詞は

非飽和名詞でないと見なしている点で，本章の立場とは異なる。先に触れたように，いきなり「これは腕です」と言うのは意味的に不完全である。そのことは，たとえば「これは腕輪です」が意味的に充足していることと比べると明らかである。本章では「腕」のような身体部位も相対名詞に分類しておく。

4.3.3　名詞からの項の受け継ぎ

動詞が必要とする主語や目的語は「項」，補足的な副詞は「付加詞」と呼ばれる。この考え方は相対名詞にも応用できる。「やかんの蓋」という場合，「蓋」という相対名詞にとって「やかん」は意味上なくてはならない表現であるから，「やかん」は「蓋」の項（argument）であると捉えることができる。他方，「アルミ製の蓋」という表現では「アルミ製の」は蓋の材質を表しているだけの付加詞的な修飾語に過ぎない。

さて，普段使っているやかんの蓋が行方不明になって探していると仮定してみよう。この状況を(46b)のように表現することはできるが，「アルミ製の蓋」が行方不明になったとしても，(46b)のようには表現しにくい。

(46)　a.　やかんの［蓋さがし］
　　　b.　*アルミ製の［蓋さがし］

「蓋さがし」ということば――こんなことばは普段使わないけれど日本語として可能は可能である――は，「蓋」と「さがし」が一語になった複合語であり，それ全体に「やかんの」が係るという構造(47a)になっている。(47b)のように，「やかんの蓋」全体に「さがし」が付くという構造ではない。

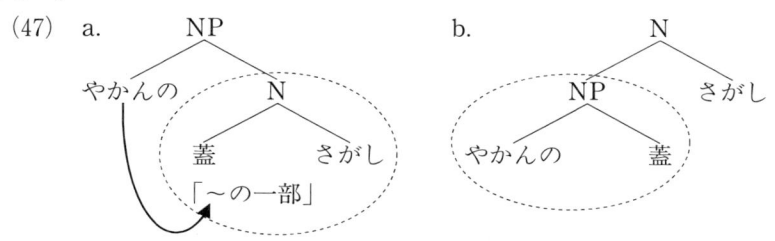

(47)　a.　　　　NP　　　　　　　　　b.　　　　　　N
　　　　　　／＼　　　　　　　　　　　　　　　　／＼
　　　　やかんの　　N　　　　　　　　　　　　　NP　　さがし
　　　　　　　　／＼　　　　　　　　　　　　　／＼
　　　　　　　蓋　　さがし　　　　　　　　やかんの　蓋
　　　　　　「〜の一部」

(47)の図でNPは名詞句（名詞の前に「〜の」などの修飾語がついた句）を表し，Nは名詞（この場合，複合名詞）を表す。(47a)の構造では，まず「蓋」と「さがし」が複合名詞(N)を作り，それ全体を「やかんの」が

修飾している。このように「〜の」は複合名詞全体に係るのが一般的な法則である。他方，(47b)では「やかんの蓋」という名詞句(NP)の後に「さがし」が付き，全体として複合名詞を構成している。このような構造は，日本語で皆無とは言えないが（たとえば「明るい町づくり」），あまり普通ではない。つまり(47b)の構造は，原則的に認められない構造なのである。

さて，(47a)の構造が正しいとすると，次に問題になるのは，なぜ「やかんの」が「さがし」ではなく「蓋」を修飾すると解釈されるのかということである。言い換えると，「やかんの蓋さがし」は意味が通じるのに，「*アルミ製の蓋さがし」はなぜ意味不明になるのかということになる。「アルミ製」と「蓋」の関係は材質を表しているだけであるが，「やかん」と「蓋」は互いに必要不可欠な譲渡不可能関係を形成している。とりわけ，「蓋」には「xの一部」という意味が規定されていて，このxは全体（やかん）を指す「項」である。このようにして，「蓋」の項である名詞（やかん）だけが，(47a)の構造で受け入れられ，項ではない単なる修飾語を持ってくると，「*アルミ製の蓋さがし」のように意味が通じなくなる。

日本語では(47a)の構造がかなり生産的であり，(48)のような表現を豊富に作り出すことができる（影山 1993, 2002c）。

(48) 先祖の [墓参り]，お父さんの [肩たたき]，パーティの [後片付け]，朝顔の [種まき]，他人の [あら探し]

ここでも，「墓」に対する「先祖」，「肩」に対する「お父さん」のように，相対名詞（墓，肩など）が必要とする「項」（つまり，本来的に不可欠な要素）だけが，複合語の外側に現れることができる。もし意味的に随意的な要素を付けると，次のように非文法的な表現になってしまう。

(49) *御影石の [墓参り] に行く。*カチカチに凝った [肩たたき] をする。*小さな [種まき] をする。

(47a)と同じパターンは，日本語では他にも豊富に見られる。

(50) a. 地震の [発生時刻]　Cf. 地震の発生／*地震の時刻
b. チケットの入手方法
　　Cf. チケットの入手／*チケットの方法
c. うわさを [聞きつける]

　　　　　Cf. うわさを聞く／*うわさをつける

ところが，英語では(47a)の構造が許されず，このような日本語は英語に直訳できない。

(51) a. *a grave-visit of my ancestors, *faultfinding of other people
　　 b. *the occurrence time of the earthquake, *the purchase method of tickets

この日英語の相違は次のような構造によると推測される（杉岡1989）。

(52) a. 地震の［発生時刻］

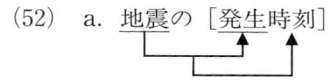

　　 b. *the occurrence time of the earthquake

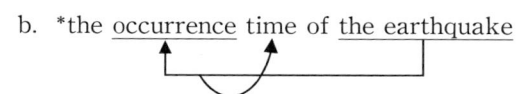

句と語の主要部が右側にある日本語では，(52a)のように修飾方向が左から右へ一貫しているのに対して，主要部の位置が句と語で異なる英語では，(52b)のように入り組んだ修飾関係になるため，その理解が困難になると考えられる。

4.4　項の受け継ぎとクオリア構造

　自律名詞と相対名詞の違いは，クオリア構造を用いると端的に表すことができる。まず，自律名詞の「やかん」と相対名詞の「蓋」のクオリア構造を(53)に略述してみよう。

(53)　　　　　　　　a.「やかん」　　　　　b.「蓋」

《外的分類》	人工物(x)	人工物(y)
《内的構成》	蓋，取っ手，注ぎ口…	［w］の一部分
《目的・機能》	x で湯を沸かす。	y が［w］の上部を覆う。
《成り立ち》	人が x を作る。	人が y を作る。

(53a)の表記が意図しているのは次のことである。まず，「やかん」というのは人工物(x)であり，それは蓋，取っ手，注ぎ口などのパーツで成り立っている。また，やかんの機能すなわち用途は「それ(x)で湯を沸か

す」ということであり，それはどのようにして世の中に存在するかと言えば，人間が作るからである。(53a)の《外的分類》には"x"という記号（変項（variable））があるが，これは「やかん」という人工物そのものを指している。《目的・機能》と《成り立ち》にも同じ記号 x が使われているが，これらの x は《外的分類》にある x（人工物）を指している。この分析では，「やかん」がなぜ自律名詞なのかが納得できる。すなわち，(53a)のクオリア構造はその構造の内部だけで（つまり，やかん以外の変項に言及せずに）意味の理解が完結しているのである。

　これに対して，相対名詞である「蓋」のクオリア構造(53b)を見ると，まず，《外的分類》で「蓋」が人工物(y)であることが示されていて，その点では「やかん」の《外的分類》と変わりがない。「やかん」と「蓋」の大きな違いは《内的構成》にある。「やかん」の場合は，やかんを作っている内部のパーツを記載するだけで済むのに対して，「蓋」では，それが「何か(w)の一部分」であることを示さなければならない。このwは蓋そのもの(y)とは別の記号になっているが，このwが何を指すのかは「蓋」のクオリア構造を見渡しても不明である。《目的・機能》を見ると，「それ（y＝蓋そのもの）がwの上部を覆う」と書かれているだけで，このwの実体が分からない。また，《成り立ち》は「人がそれ(y)を作る」ということなので，ここでもwの実体が分からない。言い換えると，変項wの解釈は宙に浮いたままであり，したがって，wが何を指すのかを示すためには「蓋」のクオリア構造の内部ではなく，外部を見ることが必要になる。

　このように，何を指すのかが不明の変項(w)がクオリア構造の内部に残っているために，「蓋」という名詞は自律名詞ではなく，相対名詞と見なされる。そして，変項(w)の実体を理解するために，「やかんの」のような指定表現が登場するわけである。

(54)　やかんの　　　　　　蓋
　　　　　《内的構成》[w]の一部分

(54)では「やかん」が「蓋」の変項wを指すと解釈されて初めて，十分な意味解釈が得られる。このように，名詞のクオリア構造の内部で未指定になっている変項を，名詞外部のしかるべき名詞句（「～の」等）と結び

つけて解釈することが,「名詞（すなわち相対名詞）からの項の受け継ぎ」の本質である。

前節(39)で見た「俳優」と「主役」の違いも同じ考え方で分析できる。「俳優」のクオリア構造は(55a),「主役」は(55b)のようになる（直接関係ない部分は省略している）。

(55) 　　　　　　　　a.「俳優」　　　　　　b.「主役」

《外的分類》	人間(x)	人間(y)
《目的・機能》	xが芝居や映画で劇中の人物を演じる。	yが芝居や映画で劇中の人物を演じる。
《成り立ち》		yが[w]の主要人物の役をつとめる。

「俳優」と「主役」は外的分類と目的・機能は同じであり,どちらも,劇中の人物を演じることを機能（仕事）とする人間である。違いは,「主役」のほうには「yがwの主要人物の役をつとめる」という《成り立ち》が示されていることである。つまり,主役というのは単に俳優であるだけでなく,ある劇で主要人物を実際に演じることが必要である。そのため,「昨日の主役は○○さんだった」と言うと,○○さんが実際に昨日主役を演じたことを意味する。他方,「昨日の俳優は○○さんだった」というと,必ずしも「昨日演じた俳優」ということではなく,「昨日見かけた俳優」のような偶発的な意味にも解釈される。これは,デキゴト名詞の「火事」を使って「昨日の火事」というと「昨日起こった火事」という意味になるのに,モノ名詞を使って「昨日の鉛筆」といっても,文脈によって「昨日買った鉛筆」,「昨日見かけた鉛筆」など様々な意味に取られることと平行している（☞第2章）。言い換えると,「主役」という名詞は(55b)の《成り立ち》の部分にデキゴト性を含んでいて,しかもその《成り立ち》の部分にある変項(w)が何を指すのかがクオリア構造の内部で特定されないため,「あの芝居の（主役）」のように項の受け継ぎが起こるのである。

英語でも類似の違いは見られる。novelist（小説家）は「俳優」と同じように職業名であるから,She is a novelist. だけで意味が充足する。その

ため，その小説家が書いた本の題名を of で表すと，*She is the novelist of *Harry Potter*. のように非文法的な英語になる（日本語の場合も「彼女は『ハリーポッター』の小説家です」と言うと，あの『ハリーポッター』で有名な小説家といった意味になり，『ハリーポッター』を書いたという意味にはならない）。他方，author という名詞は「作家」ないし「著述家」という職業名の意味もあるが，多くの場合は実際に何かの文章を書いたという事態の発生を前提とする。したがって，文脈から作品名が既に理解されていない限り，She is the author of *Harry Potter*. のように of 句が必要となる（日本語でも「作者」という名詞は「彼女は『ハリーポッター』の作者です」のように使える）。

(56)

	a. novelist （小説家）	b. author （著述家）	c. author （作者）
《外的分類》	人間(x)	人間(x)	人間(x)
《目的・機能》	xが小説を書く。	xが文章を書く。	
《成り立ち》			xがwを書いた。

　日本語の「作者」およびそれに当たる意味での author は，(56c) のように《成り立ち》の部分に「w」という変項を含んでいるから，西山 (2003) の言う意味での「非飽和名詞」にあたる。この変項があるために，「紫式部は作者です」と言っただけでは意味が充足せず，「紫式部は『源氏物語』の作者です」のように作品名を補う（つまり，「作者」という名詞が持つ項を外部に受け継ぐ）必要があるわけである。

　最後に，相対名詞の中の親族名称にも触れておく。親族名称は，本人と親族との外的な関係であるから《外的分類》で規定され，たとえば「夫」なら《外的分類》に「wの配偶者」という変項を含むと分析できる。

4.5　動作主を表す名詞とその項

　本書第3章では，人間（動作主）を表す名詞を分類したが，ここでは，ある程度規則的に項を取る派生名詞として -er で終わる英語の動作主名詞を見てみよう。

(57) a. 目的語にあたる名詞が明示されない場合
painter, writer, teacher, smoker, consumer, destroyer
b. 目的語にあたる名詞が -er 名詞と複合される場合
English teacher, record-holder, homeowner, jazz lover, tennis player
c. 目的語にあたる名詞が of 句として受け継がれる場合
teacher of my children, breaker of promises, maker of video games, lover of Italian operas, owner of this building

　まず，(57a)のように目的語が省略される場合は職業名が多く，目的語が何であるかは，クオリア構造の《目的・機能》で表示される。たとえば，「画家」の意味のpainterは「xが絵画を描く」という《目的・機能》を持ち，また「ペンキ屋」という意味のpainterなら「xが建物等にペンキを塗る」という《目的・機能》を持つから，わざわざ「絵画」や「ペンキ」という名詞を表だって表明する必要はない。smoker（喫煙者），consumer（消費者），destroyer（破壊者）などは職業名でないものの，習慣的な行為や行動を表すから，「タバコを吸う」，「商品を買う」，「ものを破壊する」といった行動がそれぞれの名詞の《目的・機能》に記載されている。なお，shredderのような機械類の場合も，「書類を裁断する」といった機能を恒常的に持っているから，《目的・機能》で記述できる。

　これに対して，(57b)と(57c)は，目的語にあたる名詞を明示するという点で共通するが，目的語を複合語の中で示すか，名詞の外に前置詞句として示すかという違いがある。複合語を用いるかどうかによって，次のような微妙な意味の違いがある。まず，(57b)のように複合語を用いる場合は，いずれも，特徴となる意味が《目的・機能》で表示される。たとえば，English teacherは「xが英語を教える」という職業であり，職業というのはその人にとって《目的・機能》の1つである。record-holder（記録保持者）は職業ではないが，holdという動詞が状態動詞であるために，ある記録を（破られるまでは）保持するという「恒常的な機能」を持つと見なせる。このように考えると，can-openerやcoffee-makerなどの道具・機械類も，「缶を開ける」，「コーヒーを入れる」といった《目的・機能》で特徴づけられる。

第3章で説明したように,《目的・機能》に示される行為は,恒常的に行われると想定されているものの,必ずしも実際にその行為が発生したとは限らない（個体解釈）。これに対して,行為や出来事が《成り立ち》として規定される名詞については,実際にその行為や出来事が発生したことが理解される（事態解釈）。この観点から見ると,(57c)のように of 前置詞句を伴う場合は, teacher of my children なら「実際に私の子供を教える」, breaker of promises なら「実際に約束を破る」というように,行為や出来事がすでに発生した（あるいはこれから発生する）ことが想定されている。

　このことを, Rappaport Hovav and Levin (1992) は lifesaver と saver of lives という例で説明している。lifesaver（人命救助員）は人命救助を担当する人なので,これまで実際に人名救助をした経験がなくても lifesaver と呼ぶことができる。他方, saver of lives のように of 前置詞句が付くと,実際に人命救助を行った人を指す。言い換えると,(57c)のように of 前置詞句で目的語を表すのは, He saved lives. のような事態を記述する文に対応するのに対して,(57b)のような複合語は,職業や道具などをその役割や用途にもとづいて命名しているだけである（影山1999）。とりわけ,人間が作った道具は特定の用途・目的が最初から意図されているので,必ず複合語の形をとる。道具の cheese-slicer と同じ意味で slicer of cheese とは言えない。もし前置詞を使うなら, of ではなく for を用いて slicer for cheese となる。この場合の for cheese は, slice という動詞から受け継がれた項（slice の目的語）を表すのではなく, slicer という名詞に対する修飾語（「チーズ用の」）にすぎない。これは slicer という派生名詞の代わりに knife という単純名詞を使って, knife {for/*of} cheese としても同じことである。

　日本語では,「-手, -役, -主, -者」などが事態の発生を含意する動作主接尾辞である（☞第3章）。

　　(58)　a. 働き手, コラムの書き手, 製品の作り手, 政権の担い手
　　　　　b. 聞き役, 現金の運び役, 犬の飼い主, 邸宅の持ち主
　　　　　c. コンテストの参加者, この彫刻の作者, 希望者, 出席者

これらの動作主名詞は,ある事態の発生に関わることを前提としている。たとえば,手紙をやりとりするという行為に対して,「-手」は「(手紙の)

書き手／読み手」「送り手／受け取り手」といった参加者の役割を表現する。したがって,「良い商品の作り手」のように,動詞の目的語にあたる名詞と共に使われることも多く,「担い手」などは目的語を明示しなければ意味をなさない。その点で,目的語を受け継ぐ英語の -er と平行性が見られる。

先ほど見たように,英語では《目的・機能》を表す場合は lifesaver のように目的語が複合語の中に入り,《成り立ち》を表す場合は「非飽和名詞」として, saver of lives のように目的語が前置詞句に受け継がれる。これと同じことが日本語にも当てはまる。

(59) a. 《目的・機能》を表す複合語
　　　　脚本書き,脚本作家,酒飲み,羊飼い,ミステリー作家
　　b. 《成り立ち》を表す「～の」構文
　　　　責任の担い手（*責任担い手）,羊の飼い主（*羊飼い主）,
　　　　『源氏物語』の作者（*『源氏物語』作者）

このような違いは人間を表す名詞だけに限らない。第3章で触れた「自転車置き場」と「事故現場」のように場所を表す名詞でも同じことである。「自転車置き場」は「ここが自転車置き場です」と言えるから,それだけで意味が充足する自律名詞である。「自転車置き場」は,自転車を置くために設けた場所なので,まだ一台も自転車が置かれたことがなくてもよい。他方,「事故現場」は実際にそこで事故が起こったことが前提になっている。したがって,「ここが事故現場です」と言われても,「何の事故ですか?」と問い返したくなる。それは,「事故現場」のクオリア構造の《成り立ち》が「x で w の事故が起こった」と規定されているからである。同じように,「野球場,運動場,テニスコート,教室」などは「野球／運動／テニス／授業をするための場所」という《目的・機能》しか規定されていないため,それだけで自律できる。他方,「(カキ料理の) 本場」「(地震の) 震源地」など実際の出来事の発生を含意する場所名詞は,《成り立ち》に変項を含むため,その変項にあたる項が外部に受け継がれる。このように,第3章で説明した「事態解釈」という意味の性質と,変項にあたる名詞句が文構造に受け継がれるという統語的な性質は,かなりの程度に相関しているわけである。

5 まとめ

本章では，「項の受け継ぎ」をキーワードとして，前半では，モノ名詞，単純デキゴト名詞，複雑デキゴト名詞，動名詞など様々なタイプの名詞化表現が，デキゴトを表すといった動詞的性質を持つほど，元の動詞の項を受け継ぐということを明らかにした．本章の後半では，名詞のクオリア構造に含まれる変項が，句あるいは文のレベルにおいて項として出現する現象を幾つか取り上げ，名詞のクオリア構造の観点から分析した．本章全体を通して明らかになったことは，項の受け継ぎという統語的な現象が，名詞が持つデキゴト性や自律性といった意味的性質とかなりの程度に相関するということである．

6 さらに理解を深めるために

- Jane Grimshaw. 1990. *Argument structure*. ［動詞の項構造が派生名詞にどのように反映されるかという観点から，英語に単純事象名詞と複雑事象名詞の区別があることを様々な現象から論じている］
- 影山太郎．2002.「動作主名詞における語彙と統語の境界」［日本語の動作主名詞をクオリア構造で分析したのち，動作主名詞からの項の受け継ぎについて論じている］
- 伊藤たかね・杉岡洋子．2002.『語の仕組みと語形成』［異なる種類の名詞化が幾つかの適用レベルに分けられ，レベルに応じて意味の透明性，統語的用法，生産性などが異なることを明らかにしている］
- 西山佑司．2003.『日本語名詞句の意味論と語用論』［名詞そのものより，名詞句の意味と統語に関わる諸現象を論じているが，本章との関連で言うと，特に「非飽和名詞」に関する章が参考になる］

(杉岡洋子・影山太郎)

Coffee Break　単語の作り方──逆形成とは？

　単語を作る最もオーソドックスな方法は，要素と要素を足し合わせる方式で，本章で見た名詞化の多くの例も，「売り＋方」や teach＋er のように，動詞に接尾辞が付いて名詞になっている。しかし，単語の中には，一部の要素を削り取る方法，つまり引き算方式で作られるものもある。たとえば，examination → exam，web log → blog，「携帯電話」→「携帯」，「ファミリーレストラン」→「ファミレス」などがそうである。これらの例は，短くなる前も後も品詞が変わらず名詞であるが，英語では，名詞からの引き算で動詞ができることもある。次に示す例は，左側の名詞の最後の語尾を取り去ることで，右側の動詞が作られたものである：

editor → edit, beggar → beg, television → televise, babysitter → babysit, sleepwalker → sleepwalk, windowshopping → window-shop, air-conditioning → air-condition, proofreading → proofread, handwriting → handwrite

　このような動詞の作り方は，「動詞＋接尾辞」という名詞化のプロセスをちょうど逆にした形なので，「逆形成」(backformation) と呼ばれている。

第9章　存在と所有の表現

◆基本構文
(A) 1. John's picture/the picture of John
　　2. John's car/?*the car of John
(B) 1. There are some books on the table.
　　2. Some books are on the table.
　　3. テーブルの上に本がある。
(C) 1. {Some/My/All} books are on the table.
　　2. There are {some/*my/*all} books on the table.
　　3. テーブルの上に {何冊かの/私の/すべての} 本がある。
　　4. あの人には {何冊かの/*私の/*すべての} 本がある。

【キーワード】所有，存在，属格，虚辞，状態動詞，定性の制限

1　なぜ？

　英語で，所有を名詞表現で表す際に，(A1)のように属格の's を用いることもできるし，前置詞の of を用いて表現することもできる。これらの表現は，一見，同じ意味を表すように見えるが，本当にそうだろうか。また，(A2)のように，2つのタイプの表現のうち一方のみが可能な場合もある。どのようなときに2つの名詞表現が可能になるのだろうか。

　英語には，「(ある場所) に (物) がある」という事物の存在の意味を表す2通りの構文がある。その1つが there 構文と呼ばれる構文(B1)で，もう1つは there の現れない構文(B2)である。日本語では，(B3)のように，表現方法は1通りしかないが，日本語の(B3)は，(B1)(B2)のいずれに相当する表現と考えてよいのだろうか。

　(C1)(C2)で示されているように，英語の there 構文に現れる名詞句に

は，通常の文では観察されない特殊な制約が課される。「何冊かの本が机の上にある」を英語で表現しようとすると，Some books are on the desk. と There are some books on the desk. という2通りの言い方ができるが，「何冊かの本」を「私の本」に置き換えると，My books are on the desk. は可能であるが，*There are my books on the desk. は不可能になる。これはなぜだろう。英語の there 構文で見られる名詞句の制約は，日本語の存在文(C3)では観察されないが，所有文(C4)のガ格名詞句では観察される。このような奇妙な制限はどこから生じるのだろうか。

2 存在と所有の表現とは

あるひとつの事物について述べる際に，その事物を他の何かと関係づけることによって表現することがある。第8章で取り上げた「作者」や「本場」のような相対名詞は，「作者」なら，その人の（芸術）作品，「本場」なら，その土地の名産品といったものがあると推論できることからわかるように，その単語自体の語彙的な意味の一部として，関連する何か別のものが存在するということが指定されている。関連づけるものが意味の一部として含まれるという点では，**存在**（existence）と**所有**（possession）が相対名詞と似た性質を示す。存在と所有という概念は，2つの事物の関係を示すが，英語ではそれぞれ be 動詞と have 動詞という基礎語彙で表されることからも分かるように，人間の認識にとって基本的なものである。本章では，この所有と存在の表現について説明する。

所有の関係は名詞句として表される場合と文で表される場合とがある。名詞句による表現とは，日本語では格助詞「の」を用いて「ナオミの家」や「東京の人口」のように，英語では属格（'s）または前置詞 of を用いて Naomi's house や Japan's population, the population of Japan のように表すことである。なお，英語では所有関係の一種として「所属」を前置詞 to で，「付属」を with で表現することもある。

(1)　a.　the lid {to/for} the pot, the key {to/of/for} the front door
　　　b.　She is secretary to the president.
　　　c.　a house with five bedrooms, girls with long hair

所有を表す動詞には，日本語では「持つ，所有する，所持する」，英語

では have, possess, own などがあるが、日本語では所有物として表される名詞によっては、次のように、「ある／いる」や「する（している）」が使われることがある。

(2) a. ポットには蓋がある。(*持つ、*している)
b. 山田さんには姉が2人{いる／ある}。(*持つ、*している)
c. 彼女はつぶらな瞳をしている。(*持つ、*ある)（影山 2004）

(2a)は「ポットというものは蓋が付属しているものだ」、(2b)は「山田さんの兄弟関係は姉が2人だ」、(2c)は「彼女の瞳は、つぶらな瞳だ」と言い換えてもよいことから、広い意味での所有（付随）関係を表すと言える。英語では、これらはいずれも have を使って表現できる。

他方、存在の意味は、典型的には日本語では「ある場所に{何か／誰か}が{ある／いる}」、英語では There is N at X. という構文で表現される。日本語で注意したいのは、場所を表す名詞についてである。「～にある」（存在）あるいは「～に行く」（移動）という構文で「～に」に直接当てはまるのは場所名詞である。人を指す名詞句をここに入れるためには、(3)のように、「ところ」という形式名詞か、より具体的な場所を指定する名詞を補うことが必要になる。

(3) a. これから先生の{ところ／研究室}に行きます。
b. 先生の{ところ／研究室}に大英語辞典がある。

(3)の2つの文を比べてみよう。まず、(3a)から「のところ／研究室」を削除して、「*これから先生に行きます」とすると非文法的になる。これは、Come to me. を「*私に来なさい」と訳すと、日本語にならないのと同じことである。では、(3b)から「のところ／研究室」を削除すると、どうなるだろうか。「先生に大英語辞典がある」というのは、存在を表す文としては確かにおかしいが、「先生には大英語辞典があるから、英語の質問があれば何でもあの先生に聞きましょう」とすると、意味が通じるようになる。この場合の「先生に大英語辞典がある」というのは「先生は大英語辞典を持っている」という所有の意味になるからである。これは、先ほどの (2a, b) と同じように、所有の意味を表していることになる。このことから、存在を表す場合と所有を表す場合とでは、ニ格名詞句に課せられる意味の条件（選択制限）が異なるということが分かる。

(4) a. 物理的な存在を表す場合（存在文）

【場所名詞】に＋【有生名詞／無生名詞】が＋{いる／ある}
b. 所有・所属の関係を表す文（所有文）
【所有者】に＋【所有物・所属物】が＋{いる／ある}

このように意味条件が異なるということは，存在と所有という2つの概念が基本的に別々のものであることを物語っている。英語でもたとえば，There is a cat on the mat. という存在文を，have動詞を使って*The mat has a cat. とは言い換えられないし，She has blue eyes. という所有文を*There are blue eyes in/with her. のように言い換えることもできない。

しかしながら，日本語では，「ある／いる」で存在の意味を表すことも多いが，(2a, b)，(3b)のように所有の意味を表せるということも事実である。また，英語でも，次のような場合は存在文と所有文がほとんど同じ意味を表している。

(5) a. There are three bedrooms in this cabin.
b. This cabin has three bedrooms.

さらに，存在を表す文の中に所有関係が含まれることもある。たとえば，(6a)は，全体としては「ある」で終わる存在文であるが，その中に「会社の支店」という所有格名詞句が含まれている。

(6) a. 全国20箇所にその会社の支店がある。
b. その会社は全国20箇所に支店を持っている。

(6a)のような形式があるときには，日本語ではその所有格の部分を主語（主題）に取り立てて，(6b)のように「持つ」を使う所有文でも同じ意味を表すことが可能である。これらの事実は，存在と所有ははっきりと区別される概念であるが，「XにYが存在する」という状況は，XとYの関係によっては「XがYを所有する」とも解釈できるということを示唆している。

3 代表的な表現

【存在文】
［英語］There＋be動詞＋意味上の主語＋場所句
be動詞の他，exist, remain（出現を表す動詞も：appear (*disappear), emerge, ensue, follow, begin (*start), occur,

develop, arise）

［日本語］場所名詞に＋主語が＋｛ある／いる｝

「ある／いる」の他，「存在する，現存する」など。方言では「おる」も使われる（金水 2006）。（出現を表す動詞も：できる，生まれる）

【所有文】

［英語］主語＋have 動詞＋目的語

have の他に，own, possess など。

［日本語］所有者（主語）に＋持ち物（目的語）が＋｛ある／いる｝

所有者（主語）が＋分離可能物（目的語）を＋持っている

所有者（主語）が＋形容詞＋身体部位（目的語）を＋している

【所有・所属を表す名詞句】

［英語］X's N (the car's bonnet), N of X (the bonnet of the car)

N to X (the key to the door), N with X (a jacket with one pocket)

［日本語］X の N （車のエンジン，社長の息子，日本の人口，ひたいの傷）

4 問題点と分析

4.1 所有の表現

所有関係の表し方を大別すると，have や「持つ」などの動詞を用いて「文」として表現する方法と，John's house や「私の家」のように所有格（属格）を用いて「名詞句」として表現する方法に分かれる。本節では，日英語における基本的な所有動詞と所有格名詞句の特徴を概観する。

4.1.1 所有を表す名詞句

John's house のような英語の 's は属格 (genitive) あるいは所有格 (possessive) と呼ばれるが，必ずしも所有の関係ばかりを表すわけではない。X's N （X の N）という構文において，'s（あるいは「の」）は X（属格名詞）と N（主要部名詞）が何らかの関係にあることを漠然と述べるだけである。そのために，my picture「私の写真」という表現は「私が所有する写真」だけでなく「私が撮影した写真」，「私を写した写真」など，いろいろに解釈できる。Kay and Zimmer (1990) が挙げる President's table という例も同様に様々な解釈を許す。

(7) President's table に対して可能ないくつかの解釈
    a. 大統領が所有するテーブル
    b. 大統領がいつも食事をするテーブル
    c. 大統領がそれについて繰り返し悪夢を見ているというテーブル
    d. 大統領がホワイトハウスの地下室で作製中のテーブル

最も頻繁に出くわす解釈は(7a)か(7b)であると思われるが、(7c)や(7d)、あるいはその他の解釈も場面によっては可能である。そのように多様な解釈が許されるのは、President と table がどちらもそれだけで独立に何かを指すことができる名詞であり、かつ、両者の間には前もって決められた必然的関係がないからである（このタイプの名詞は、この点において相対名詞とは異なる性質を示し、第8章で述べた「自律名詞」にあたる）。日本語で「大統領のテーブル」と言う場合も同様に複数の解釈が可能であろう。

別の例として My plane arrived in Honolulu as scheduled. という文を考えると、my plane の部分は、「私が所有する飛行機」、「私が操縦する飛行機」、「私が乗客として乗っている飛行機」などと様々に解釈できる。このように、互いに前もって決められた必然の関係がない2つの自律名詞が所有格で結ばれている場合、両者の関係は場面に応じて多様な解釈が与えられる（もちろん複数の解釈の中でも、典型的で得やすい解釈とそうでないものとの濃淡の差はある）。

属格名詞句構文では、通常、属格名詞 (John's picture なら John) の視点を基準として、そこから主要部名詞 (John's picture なら picture) との関係がどのようなものかが、使用される状況によって（つまり、語用論的な推論によって）決められる (Langacker 1995)。この考え方は属格名詞と主要部名詞がともに自律名詞のときには有効だろう。しかし、主要部名詞が相対名詞（☞第8章）の場合は逆に、その主要部名詞の「語彙的」な意味のほうが基準になって、関係が決められると考えられる。

(8)   a. メアリの夫, Mary's husband ［親族関係］
      b. トカゲのしっぽ, a lizard's tail ［全体-部分の関係］
      c. ジョンの勇気, John's courage ［属性・性質］

  d.　この本の著者，this book's author［作者］
  e.　ジャズの発祥地，the birthplace of jazz［発生場所］
「夫」，「しっぽ」，「勇気」，「著者」，「発祥地」などの相対名詞は，それ単独では具体的に何を指しているか理解できず，必ず他の何かとの相対的な関係で何を指しているかが決まる。その「何か」を属格で表現すると(8)のようになる。たとえば，(8b)を理解するとき，私たちは「トカゲ」の観点から「しっぽ」を認識するというより，むしろ逆に，「しっぽ」の観点から，その持ち主（トカゲ）を認識するのである。

 英語には 's の他にもうひとつ，前置詞 of で所有等の関係を表す方法がある。's と of がほとんど同じ意味のこともある（たとえば，the company's director と the director of the company, the king's daughter と the daughter of the king; Taylor 1996: 10）が，多くの場合，どちらか一方しか使えないか，あるいは 's と of で意味が異なる。
  (9)　a.　John's car/[?]*the car of John
    b.　*the mountain's foot/the foot of the mountain
一般に，人間名詞は of より属格のほうが好まれ，(9a)の the car of John はおかしい（ただし，ジョンがたくさん車をもっていてそのうちの1台という場合，a car of John's というのはよい）。(9b)の the mountain's foot が非文法的なのは，決して所有者が無生物だからではない。無生物名詞であっても，Tokyo's population, my car's headlights, the mountain's steep walls など属格で表すことは多くある。(9b)では，foot（あるいは，mouth, leg）のように元来は人間の身体部分を表す名詞が問題になる。人間を所有者として表すと，John's {mouth/leg} のように属格が用いられ，of 前置詞句（[?]the {mouth/leg} of John や *the mouth of him）は基本的に不適格となる。他方，山の麓 (the foot of the mountain)，テーブルの脚 (the legs of a table)，河口 (the mouth of a river) のように無生物名詞の構成部分を人間の身体部位 (leg, mouth) に喩えたメタファーでは，'s ではなく of を用いる (Hawkins 1981; Dean 1987 も参照)。

 次に，'s と of がどちらも文法的に成り立つが意味的に異なるという例を挙げておこう (Taylor 1996: 10, 254)。
  (10)　a.　John's pictures（ジョンが所有する写真，ジョンを撮った
      写真，ジョンが撮った写真）

the pictures of John（ジョンを撮った写真）
b. yesterday's news（昨日報道されたニュース（そのニュースの中身は昨日の出来事でなくてもよい））
the news of yesterday
（昨日一日で起こった出来事のニュース）
c. the enemy's fear（敵側が持つ恐れ／恐怖）
the fear of the enemy（敵側が持つ恐怖，敵に対する恐れ）
d. the student's knowledge（その学生が持っている知識）
the knowledge of the student
（その学生が持っている知識，その学生に関する知識）

(10a, b)で属格（'s）を用いた場合，属格名詞と主要部名詞には必ずしも必然的な関係はなく，そのために語用論的に解釈を決めることができる。他方，of 前置詞を使うと，写真・ニュースの中身を表す意味に限られる。写真は対象物を撮影したもの，ニュースは出来事や事件を伝えるものであるから，その語彙的に要求される意味が of 前置詞句で表されている。(10c)の fear という名詞は「恐れる」という意味の動詞 fear から，(10c)の knowledge という名詞は know「知っている」という動詞から派生されている。fear, know のような状態動詞から派生された名詞では，属格（'s）は動詞の主語に対応し，他方，of 前置詞句は動詞の主語にも目的語にも対応することになる。

以上のように(10)の例は，of 前置詞句の解釈が主要部名詞の語彙的な意味に依存していることを示している。この点は，次の(11)(12)の例の解釈の違いから一層鮮明になる（Taylor 1996: 259）。

(11) a. John's portrait（他に photograph, statue, biography など）＝「John が描いた肖像画」（主語解釈）または「ジョンを描いた肖像画」（目的語解釈）
b. a portrait of John＝「ジョンを描いた肖像画」（目的語解釈）のみ
(12) a. John's sketch（他に painting, sculpture, story なども）＝「ジョンが描いたスケッチ」（主語解釈）のみ
b. a sketch of John＝「ジョンを描いたスケッチ」（目的語解釈）のみ

(11b), (12b)ともに of 前置詞句は目的語解釈しか許さない。その理由は、肖像画やスケッチというものは何かを描くことで作られるものであるからである。他方、属格（'s）を用いると、(11a)と(12a)で違いが見られる。まず(11)の portrait という名詞は、人物をありのままに描いたものという明確な語彙的意味を持つから、John's portrait の John's は、属格が典型的に表す主語（動作主）あるいは所有者の意味のほか、portrait という単語の語彙的意味によって目的語（描かれている人物）の意味をも表す。他方、(12)の sketch という名詞は何かをざっと描くだけで、その対象は人物に限定されず漠然としている。そのため、John's sketch と言っても、ジョンをスケッチしたものという目的語解釈は得られない。

日本語でも、「首相の {肖像画／銅像／自伝}」と「首相の {スケッチ／彫刻／話し}」を比べると、前者は目的語解釈が強く、後者は主語解釈が強いという違いが感じられる。さらに「作品」という名詞を考えると、「作品」というは何を描いているかより、誰が作ったかが重要である。そのため、「ジョンの作品」というと、ジョンが作った作品という主語解釈が優先する。

上のような例は、属格名詞句全体の解釈を決める際には、主要部となる名詞（「XのN」の「N」）が語彙的に持つ意味情報が鍵になることを示している。この意味解釈の決め方は、「XにNがある」という所有文にも波及する。

(13) a. メアリには夫が {いる／ある}。
b. トカゲにはしっぽがある。
c. 村上春樹にはこの種の作品がたくさんある。
d. エリザベス一世は肖像画がたくさんある。

「ある／いる」は存在の意味を表すことも多いが、(13)の文は「存在」よりむしろ「所有」の意味を表している。(13a)は配偶者の所有、(13b)は身体部分の所有である。興味深いのは(13c, d)で、これらは村上春樹やエリザベス一世の「所有物」を表しているのではない。(13c)は村上春樹がこの種の作品をたくさん書いたこと、(13d)はエリザベス一世を描いた肖像画がたくさん作られたことを意味している。所有名詞句の場合と同じように、これらの所有文の場合もガ格で表される名詞の語彙的意味が全体の意味を決める上で重要な働きをしている。

4.1.2 所有を表す動詞構文

　所有を表す動詞として，英語では have, own, possess などが，日本語では「持つ，所有する，ある／いる，する（している）」などがある。これらのうち，所有関係を表す最も一般的な動詞は have と「持つ」であるが，have と「持つ」では表現できる範囲にかなり違いがある。英語の have が使用できる様々な状況を(8)に例示するが，そのうち日本語「持つ」が対応できるのは極めて限られている。(14d-g)の英語例は Taylor (1996: 342) より。

(14)　a. John has a big car. ジョンは大きな車を持っている。
　　　b. I don't have an account with this bank.
　　　　　私はこの銀行に口座を持っていない。
　　　c. He has long legs.
　　　　　*彼は長い足を持っている。→ 長い足をしている
　　　d. Mary is going to have another baby.
　　　　　*メアリは赤ちゃんを持ちそうだ。
　　　　　→ メアリにまた赤ちゃんが｛生まれる／できる｝。
　　　e. This house has three bedrooms.
　　　　　*この家は3つの寝室を持っている。
　　　　　→ この家には寝室が3つある。
　　　f. You have a lot of patience.
　　　　　*キミは忍耐を持っている。→ キミには忍耐がある。
　　　g. We have a lot of crime in this city.
　　　　　*この町ではたくさんの犯罪を持つ。
　　　h. We have had such lovely weather for the past few days.
　　　　　*ここ数日，私たちは素晴らしい晴天を持った。

日本語の「持つ」は，(14a, b)の車や銀行口座のように，何らかの方法で取得（獲得）したもので，他人に譲り渡すことのできるような所有物をヲ格目的語として取る。「取得した」と言い換えられない場合(14c-h)のような例は「持つ」では表現できない。言い換えると，日本語の「持つ」という動詞は分離可能な取得物を表す。日本語では，身体部分(14c)は「～をしている」を使って表現し，親族関係(14d)，全体に対する部分の関係(14e)，性格・性質(14f)は，「ある／いる」を用いて表現する。し

かし，(14g, h) の犯罪や天候などは，主語（人間）の所有物とは見なせず，出来事の発生や継続として表現するしかない。

このように日本語の「持つ」の使用範囲は英語の have の使用範囲よりはるかに限定されている。英語では own という動詞の使用範囲にかなりきつい制限がある。own の目的語は，売買などの手段で取得した所有物で，しかも価値を持つものに限られるからである。そのため，(14)に挙げた例の中で have を own に取り替えられるのは，(14a)だけである。取得するものという点では銀行口座(14b)も該当するように見えるが，銀行口座は，他人に簡単に譲り渡せるような物理的な財産ではないので own では表現できない（Taylor 1996: 342）。

日本語の「持つ」は(15)のように家族関係を表すことがある。

(15) a. 彼はいずれは妻子を持ちたいらしい。
    （「妻子を持つ」＝「妻子持ちだ」という属性を表す）
   b. 彼は生涯，妻を持たなかった。
    （＝生涯，独身だったという属性）

これらの例は，「妻子を持っている」なら「妻子持ちだ。既婚だ」というように，「妻子」は，主語との所有関係を示すというよりは，むしろ，主語の特性・属性を表している。そのために，「持つ」では，「妻子」の物理的な所在を表わすことはできない。実際，(15)のような例文に，物理的な存在や物理的な特徴を表す場所表現を付けると容認できない。

(16) *彼は大阪に妻子を持っている。

これに対して，「ある／いる」では，場所表現をつけることによって，意図する意味を表すことができる（つまり，「彼は大阪に妻子がいる」という表現が可能）。このことは，「持つ」の表す所有の意味が「ある／いる」の表す意味より制限されているということを示している（その他の日本語の所有動詞の使い分けについては，角田 (2009) を参照）。

4.2 存在の表現

4.2.1 存在文の種類

存在文というのは，典型的には，存在する物体とその物体が存在する空間的位置との関係を表す（場所存在文）。

(17) a. 英語：There＋be動詞＋存在物＋位置
　　　　　(There is a fly on the bread.)
　　　b. 日本語：位置に＋存在物が＋｛ある／いる｝
　　　　　(「そこにハエがいる。」)

(17a)の英語構文では文頭にthereがあるが，これは「そこ／あそこ」という具体的な場所を指すのではなく，主語位置に現れる虚辞（expletive；実質的な意味を持たない形式名詞）である。その証拠に，虚辞のthereは具体的な意味を持たないため，そこに強勢が置かれることがない(Jespersen 1909-1949: Part VII)。たとえば，thereを2つ用いてThere is a gas station THERE. (あそこにガソリンスタンドがある)と言うときには，強勢は最初のthere（虚辞）ではなく，「あそこに」を意味する後方のthereに置かれる。(17a)のbe動詞は，意味的な観点からは，存在物を示す名詞句と場所句の2つを要求する述語と見なすことができる。

(17b)の日本語「ある／いる」もこの点では同じである。ただし，ある物体が一般的に想定される世界（universe）で絶対的に存在することを表す場合は，空間的位置を明示せずに，(18)のように表現することがある（絶対存在文）。この場合のbe動詞と「いる／ある」は，存在物を示す名詞句だけが意味的に必要な要素となる。

(18) a. There is a Santa Claus. / A Santa Claus exists.
　　　　　　　　　　　　　　　　　　　(Cf. Milsark 1974)
　　　b. サンタさんは，絶対にいる！
　　　　　　　　　　　　　　(Cf. 西山 2003，金水 2006 など)

本節では，以降，(18)のような絶対存在文は除外し，(17)のような形式をとる存在文の存在物と存在場所という2つの要素の関係に話しを絞って説明する。

(19a)のような場所存在文は，(19b)のように虚辞thereのない「S＋V＋C」構文で言い換えられることが多い。

(19) a. There are some girls in the garden.
　　　b. Some girls are in the garden.

しかしながら，Milsark (1974)が指摘するように，(19a)のthere構文に現れるsome girlsは，前もって何の想定もなく，単に不定数の少女がいるという「基数の意味（cardinal meaning）」に解釈されるが，他方，

(19b)のように some girls が主語位置に来ると，(19a)と同じ基数の意味だけでなく，ある特定の集合の少女達を前提にしてその中の数名（some of the girls）という「量化的な意味（quantificational meaning）」にも解釈されることに注意する必要がある（Jenkins 1975 も参照）。(20)の2文にも同じような意味の違いが観察できる。

(20) a. There arise typhoons in this area.
b. Typhoons arise in this area.

(20a)は「この地域で幾つかの台風が発生する」という基数の解釈しかないが，(20b)はその基数解釈の他に，「台風というものは，この地域で発生するのだ」というように typhoons が総称（generic）の意味を表すとも解釈できる。

日本語の存在文は，基本的に「存在位置に＋主語が＋｛ある／いる｝」という形式を取る。「ある／いる」は状態動詞であるが，英語の arise などと同様に，発生（変化）を意味する動詞が使われることもある。

(21) a. 駅前にカラオケがある。／駅前にカラオケが｛できた／出現した｝。
b. 僕には妹が｛いる／ある｝。／僕に妹ができた。

英語には見られない日本語の特徴として，次の2点があげられるだろう。1つは，日本語では，「XにNが｛ある／いる｝」という形式が，存在文の意味，つまり，物理的な所在の意味を表すことが多いが，"X has N."という「所有」の意味を表すこともあるということである。そして，この2つ意味によって「ある／いる」の使われ方が異なる。

(22) あの人には妹が｛いる／ある｝。

「妹」という名詞は人間を表すから，存在を表す文では，「公園に妹が｛いる／*ある｝」のように，動詞は「いる」に限られる。しかしながら，所有の意味を表す(22)では「いる」と並んで「ある」も使うことができ，どちらの場合も英語の"That man has a sister."に相当する意味を表す。

第2章で触れたように，日本語ではモノ名詞・デキゴト名詞の区別は重要な文法的な働きをするが，とりわけデキゴト名詞が存在文の主語に来た場合にその特徴が顕著に見られる。

(23) a. あした，小学校で運動会がある。
b. 交差点で交通事故があった。

(23)の「運動会」や「交通事故」のようなデキゴト名詞が「ある」の主語になるときには次の2つ特性が観察できる。

(24)　A. 場所表現が「に」ではなく「で」で表される。
　　　B. 「ある」は状態ではなく，出来事の発生の意味を表す。

Aの特徴は，(23)の「小学校で／交差点で」に現れている。通常，「で」が場所を表す場合，「運動場で遊ぶ，山で遭難する，近所で火事が起こる」のように動詞は動的な意味を持つ動詞（つまり，状態動詞でない動詞）に限られる。この条件は，一見したところ，「ある」を含む(23)では守られていないように見えるが，実は，この例文の「ある」は，(24B)で示しているように，出来事の発生の意味を表す。すなわち，(23a)は「運動会が開かれる」，(23b)は「起こる」という動的な出来事を表すのである。事実，「冷蔵庫に果物がある」という単純な存在文なら，「ある」は状態動詞で，現在形ではいま現在の実際の存在を表すが，(23)を現在形で「運動会がある，交通事故がある」と表現すると，「ある」は，現時点で運動会・交通事故が発生中であることを意味せず，動的な意味をもつ動詞と同じように，運動会・交通事故という出来事の近い将来の発生，あるいは繰り返し起こる習慣的な発生を意味する。

では，本来は状態の意味を表す「ある」が(23)で「発生」の意味を表すのは，どうしてだろうか。それは，主語がデキゴト名詞だからである。デキゴト名詞のクオリア構造は，ある事態の発生・出現を《成り立ち》の部分に記載している。動詞「ある」は，名詞のクオリア構造からこの《成り立ち》の意味を引き継ぎ，結果として，(23)のようなデキゴト名詞が現れる環境では，「ある」が発生の意味を表すようになるのである（p. 43 例(11)参照）。

まったく同じ発生の意味が，「参加者，欠席者，希望者，申込者，落伍者」といった事態発生を意味する要素が名詞の一部として組み込まれている「ヒト名詞」（☞第3章）が「ある」または「ない」の主語になった場合にも現れる（影山 2002b）。

(25)　a. 大会には多くの参加者があった。(Cf. いた)
　　　b. その試験は，欠席者がひとりもなかった。
　　　　(Cf. いなかった)

「参加者，欠席者」などは人間を指す名詞であるから，通常なら，「ある」

ではなく,「いる」が用いられなければならないはずである。ところが実際には,(25)のように「ある」でも可能である。これらの名詞に「いる」を用いて,「参加者が{いた／いなかった}」とすると,参加した人間の物理的な存在を表すのに対して,「参加者が{あった／なかった}」とすると,情報の重点は,人間そのものよりむしろ「参加」という動名詞(動詞的名詞)の表す意味に置かれることになる。「参加」という行為自体は人間ではないから,動詞は,「いる」ではなく「ある」が選択されることになる。もちろん,「参加者,欠席者」といった名詞が,人間を表すと同時に,「参加,欠席」という出来事も意味するという情報は,これらの名詞のクオリア構造から導き出される。そして,先ほどの「{運動会／交通事故}がある」と同様に,「{参加者／欠席者}がある」と言うと,「ある」という動詞は,出来事の発生の意味を表すために,いま現在の状態ではなく,近い将来に起こる出来事の予想か頻繁に起こる習慣的な出来事を意味することになるのである。

4.2.2 英語 there 構文と定性の制限

英語の there 構文では be 動詞の後にくる意味上の主語に特殊な制限がかかり,そこに現れることのできる名詞句は,不定冠詞の付いた単数名詞句か,あるいは some, two, many などが付いた不定の複数名詞句に限られる(逆に言うと,定(definite)の名詞句は be 動詞の後に来ることができないということになる)。

 (26) a. *There are the books I borrowed from my teacher on the shelf.

    (正しくは The books I borrowed from my teacher are on the shelf.)

   b. *Is there Mr. Sasaki in his office?

    (正しくは Is Mr. Sasaki in his office?)

(26a)は books が特定のものを指すために,定冠詞(the)が付いている。(26b)は Mr. Sasaki という固有名詞が使われている。特定の物や人を指し示す定名詞句(definite noun phrase)は S+V+C 構文なら可能であるが,there 構文では通常使うことができない。(26)の例に示されるように,英語の there 構文の動詞の直後に現れる名詞句(存在物を表す意味上の主語)は意味的に「定」であってはならないという**定性の制限**

(definiteness restriction）があるからである。したがって，there 構文の動詞の後に現れる名詞句の種類によって(27)のような容認性の違いが見られることになる（Milsark 1974, 1977, Lumsden 1988, Safir 1985, Heim 1987 などを参照）。

(27) a. There were {two/many/some} books on the shelf.
b. *There were {the/my/these/all} books on the shelf.

there 構文の意味上の主語として可能である名詞句，つまり，定性の制限に違反しない名詞句は，①one, two などの数詞あるいは several, many, much, some, a lot of といった数量詞を含む名詞句，②books, people, water のように冠詞の付かない不定の裸名詞句などである。これに対して，定性の制限にひっかかり，there 構文で許されないタイプの名詞句には，(i)固有名詞や人称代名詞，(ii) his book などのように所有格で限定された名詞句，(iii)定冠詞 (the) や指示詞 (this, that, these, those) で限定された名詞句，(iv) each, every, all, most, both などの数量詞を含む名詞句などがある。

これら２つのタイプの名詞句の違いを一言で言うと，there 構文において容認される名詞句は，名詞の指す集合の存在が必ずしも前提とされず，一定の数のみが問題となるタイプの名詞句であり，他方，there 構文に現れることのできない名詞句は，言及される集合との割合が問題となる表現（あるいは特定のものを指す表現）で，前もって「どの集合」を指すのかが想定される名詞句である（Barwise and Cooper 1981)。つまり，two girls, many girls といった場合は前もって何人の少女がいるのかが想定されていないが, each girl, every girl, all girls, both girls, most girls の場合は前もって何らかの少女のグループ（集合）が想定されていて，それに「すべて／めいめい／両方／ほとんど」という限定がつくのである。そのため，All girls came. や Most girls came. などと言う場合には，言及される少女の中からどれくらいの割合の人が来たかが問題となるため，その母数となる少女の集合がどのようなものかが前もってわかっていなければならない。there 構文で使える数量詞は弱量化詞（weak quantifier)，基数的（cardinal）などとも呼ばれ，there 構文で使えない数量詞は強量化子（strong quantifier)，量化的（quantificational）などとも呼ばれるが，何か特定のものを指す固有名詞や人称代名詞，定冠詞，指示詞などの

場合も包括して，本章では「there 構文の意味上の主語には**不定表現**は現れるが，定表現は現れない」としておく（Milsark 1977, Lumsden 1988, Barwise and Cooper 1981, Lyons 1999 などを参照）。

　定性の制限は意味的な制約である。したがって，表面上ただ単に the が名詞句についているからといって，その名詞句が there 構文で容認されなくなるというわけではない。定冠詞の the が，その表す意味とは関係なく単に文法的な要請によって現れることもある。このような名詞句は，意味が矛盾しない限りにおいて there 構文でも許される。

　　　(28)　a.　There was the most curious argument in this paper.
　　　　　　b.　There is the {usual/same} crowd at the party.
　　　　　　c.　There is every reason to believe that he is not guilty.

(28a)の定冠詞 the は意味的には定表現ではなく，形容詞（most curious）が最上級であるために文法的に要求されている（ちなみに，most が文法的に最上級ではなく，「とても，すごく」という強調の意味の副詞の場合は a most curious … のように不定冠詞を使う）。(28b)も同様に same, usual が通常，定冠詞を要求するために，意味的には定（definite）でなくても the が付いている。(28c)の every も，文字通りの「どの…も，あらゆる」という意味の量化子としてではなく，「可能な限りの」という程度の意味で用いられている。したがって，(28a, b, c)のようなタイプの文は意味的な制限としての「定性の制限」の対象外となる。

　また，(29)のように，数量詞が個体の数ではなく「種類」に言及する場合には every や all が現れても問題がない。

　　　(29)　There are all kinds of toys in this playroom.

種類を指す場合は，たとえ all がついていても，一定の数の存在が前提とされないため，(29)が容認されると考えられるが，このことも，定性の制限が意味的な制約であることを示している。wh 疑問詞も，there 構文に現れるかどうかによって定表現か不定表現の違いが現れる。

　　　(30)　a.　{How many bottles/What bottles} are there in the refrigerator?
　　　　　　b.　?*{Which bottle/Who} was there in the basement?

how many（幾つ）や what（どんな）は前もって集合を想定せずに使える不定表現であるから，(30a)のように there 構文が可能である。他方，

(30b) の which（どれ），who（誰）は，物や人の集合を前提として，そこから幾つかを選び出す働きをするから，定表現と見なすことができ，there 構文に生起しない。

　ここで，there 構文で使われる be 動詞以外の動詞に触れておこう。be 動詞以外でこの構文に使われるのは，occur, develop, happen, arise など状態の発生を意味する自動詞か，あるいは remain などの状態動詞である（Stowell 1978, Soames and Perlmutter 1979）。これらについても，be 動詞の there 構文と同じ定性の制限がかかり，意味上の主語には不定表現は許されるが，定表現は許されない。

(31)　a.　There occurred {some/many} tragic events.
　　　 b.　*There occurred {these/all} tragic events.

この制限も，通常の there 構文の場合と同じで，意味的な制限であるということは (32) のような文からわかる（McCawley 1998）。

(32)　a.　There occurred the most tragic events yesterday.
　　　　　［最上級の場合］
　　　 b.　There arose the same controversy again and again.
　　　　　［same が付く場合］

　ここまでは there 構文における定性の制限を説明したが，この制限は have を用いた所有文にも当てはまるのだろうか。(33) に示すように，動詞の右側に現れる名詞句（つまり have の目的語）が主語に対して譲渡可能な所有関係にある名詞句のときは，定性の制限が関与しない。

(33)　John has {your phone number/every dog/all the good ideas}.

しかし，sister, father などのように，目的語が親族関係などのいわゆる譲渡不可能な所有の関係を表す名詞句の場合には，その名詞句に対して定性の制限が課される（Partee 2004, Landman 2004）。

(34)　a.　*John has {his sister/the sister/all the sisters}
　　　 b.　 John has {two sisters/some sisters/many sisters}.

この制限は，目的語が主語の分離不可能な身体部分を表す場合にも当てはまる。

(35)　a.　Nancy has blue eyes.
　　　 b.　*Nancy has {the/her/both} blue eyes.

なお，衣類は，分離可能な所有物であるから，定性の制限は適用されな

い。

    (36)   Nancy has {gloves/both gloves/her favorite gloves} on.

しかし，(34)，(35)の場合でも，目的語が sister/eyes だからというように単語を見ただけで割り切るのは危険である。同じ sister/eyes であっても，have が一時的な状態(37a)や使役(37b)などを表すときは，定性制限は関与しない。

    (37)   a. John has his sister as an assistant.   (Burton 1995)
              （ジョンは妹を助手に雇っている）
         b. Nancy had both her eyes operated on.
              （ナンシーは両目を手術してもらった）

これは，(37)が本来的な属性の意味を表さないからである。have の目的語として現れる名詞句に定性の制限が見られるのは，「ジョンには女兄弟がいる」，「ナンシーは青い目をしている」のように所属あるいは属性の意味が表される場合に限られるということが重要である。

4.3　存在・所有の意味と構造

4.3.1　存在と所有の対応関係

　物理的な位置関係がしばしば抽象的な所有関係と密接に関連することは，言語学でも心理学でも古くから指摘されている (Miller and Johnson-Laird 1976, Gruber 1976, Jackendoff 1972, 1976, 1983 など)。このことは，場所移動の表現と所有の移動の表現が，(38)のように同じ動詞と同じ文型を使って表現できることが多いことからも見てとれる。

    (38)   a. John went to New York.
          b. The inheritance went to John.

(38a)は John が物理的に New York に移動したことを表し，(38b)は遺産の所有者が John に移行したことを表す。この2文は，空間移動と所有権移動という異なる意味関係を述べているものの，使われている構文（動詞および前置詞）は同じである。このような構文の並行性が観察されるのは，意味領域をまたがる関連性が存在し，同じ意味の原理が空間関係と所有関係に対して働くからである。Jackendoff (1983: 192) は，特に，譲渡可能な所有 (alienable possession) に関して，「y が x を所有すること ("y has/possesses x") は空間で x が y にある ("x is at y") ことと並行

的である」と述べている。

　ここで，存在と所有の意味をそれぞれ BE-AT と HAVE という抽象的な述語を使って表してみよう。「x が y に位置する」という意味の空間関係を "x BE-AT y" で表すと，x BE-AT y は，x が y に対して，何らかの物理的な位置関係を持っている（つまり，x の存在位置が y である）ことを示している。これに対して，「y が x を所有する」という意味関係を "y HAVE x" と表してみよう。これは，x が y に対して「x が y に帰属する」という帰属関係——言い換えると，「y が x を所有する」という所有関係——にあることを示している。

　しかしながら，空間関係と所有関係の間に密接な関連があるにしても，両者には明確な違いがある（Pinker 1989）。所有関係の意味構造で規定される y は，いわゆる所有者ないし持ち主（possessor）であり，所有者となれるのは基本的に人間（human）であるが，「ポットには蓋がある」のように全体-部分関係が規定される場合には，y は必ずしも人間でなくてもよく，無生物のこともある（Seiler 1983 も参照）。このような制限は，しばしば「有生性の制限（animacy restriction）」と呼ばれるが，この制限は，空間関係には適用されない。つまり，x BE-AT y という空間的存在を表す意味関係においては，x の帰属先を指定する y は場所ないし存在位置（location）なので，場所を指す名詞が現れる。そして，日本語では場所名詞は人を指す名詞とは区別されるため，前に述べたように，人を指す名詞を存在文の場所句として置くためには「～のところ」を補う必要がある。ただし，以下でも見るように，人を指す名詞であっても「場所」として認知される状況が成立すれば，人間名詞をそのままで場所句として置いてもよい。

　英語については，存在は be 動詞，所有は have 動詞で表されると思いがちだが，実際にはそのように一対一に対応はしない。たとえば，(39)では have 動詞が用いられているが，ここでは，譲渡不可能所有や全体-部分のような所有関係が表されているわけではなく，単に空間関係が規定されているだけである。実際(39a, b)の have 構文は，それぞれ be 動詞を用いた存在文で言い換えることができる。

(39)　a. The tree still has a bird nest (on it).（＝There is still a bird nest on the tree. または A bird nest is still on the tree.）

b. That pot has coffee (in it). (＝There is coffee in that pot. または Coffee is in that pot.)

(39a)で，鳥の巣は木に付着しているわけであるが，鳥の巣が木に対して必然的に備わっているような物ではない。また，(39b)では，ポットの中にあるのはコーヒーであるが，コーヒーがポットの付属物というわけではない（つまり，ポットの中は常にコーヒーしか入らないというわけではない）。(39a, b)で重要なのは，任意に場所前置詞句 (on it, in it) を付けることができるという点である。これらの前置詞句は空間関係を規定しているから，(39)の文では have 動詞が用いられてはいるものの，文全体としては所有ではなく空間的位置を表すと解釈できる。He has a lot of antique watches.（所有）と He has his watch on his right hand.（空間的位置）なども同じ違いである。

　逆に，be 動詞を用いて抽象的な所有関係を表すこともできる。(40)の例は，there 構文の形を取っているものの，実際には，譲渡不可能あるいは全体-部分の所有関係を表していると解釈できる。

　(40) a. There are five bedrooms in this house. (＝This house has five bedrooms.)
　　　　b. There is no error in this proof. (＝This proof has no error.)

(40a)は，5つの寝室がその家にあることを表しているわけであるが，寝室は家から取り外すことはできない。また，(40b)の校正原稿 (proof) の間違いは，原稿の一部を成すものである。そうすると，(40)の2文は，単なる位置関係を規定するのではなく，場所 (this house, this proof) に付随する所有関係あるいは全体-部分関係を表していることになる。もちろん，このような文は，(40)の例のあとの括弧内の書き換えで示されているように，have を用いて言い換えることができる。

　以上を総合すると，there 構文（および虚辞 there のない be 動詞構文）と have 動詞構文では，意味と構文（統語構造）の間で次のような写像関係 (mapping relation) が存在するということになる（破線は副次的な写像の関係を表す）。

(41)　　y HAVE x ─────────→ y has x.

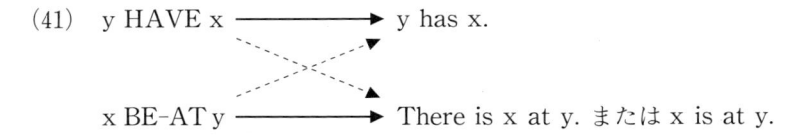

　　　　x BE-AT y ─────────→ There is x at y. または x is at y.

(41)では前置詞を at で代表しているが，実際に使用される前置詞は，in, on, over, under など空間関係の在り方によって異なる（例えば，テーブルの上に本がある場合は There is a book on the table. となり，テーブルの下にあるときは There is a book under the table. となる）。所有関係と空間関係が(41)のような互いに交差する写像関係を結ぶのは，両者が，異なる意味領域に属するものの意味的に密接に関連するからである。

4.3.2　日本語の存在文と所有文

　英語と比べると，日本語では存在と所有の表現の方法がかなり異なる。英語では have と be という異なる動詞を対照したが，日本語で問題になるのは，「ある／いる」と「持つ」との比較ではなく，「ある／いる」が空間的な存在を表すのか，それとも抽象的な所有関係を表すのかという多義性である。これは，第4.1.2節で概略したように，一見，have に相当すると思われる「持つ」は，目的語として現れる名詞句が，基本的に分離可能な所有物に限られるというかなり特殊な意味的制約があるためである。以下では，「ある／いる」で表される存在と所有の意味の違いが統語構造にどのように反映されるかを見ていく。

　「ある／いる」は基本的に「y に x が ｛ある／いる｝」という形式をとり，表面の形は全く同じに見える。しかし，実は，「ある／いる」はどちらも，各々が空間的存在の意味も抽象的所有関係の意味も表すことができる。ただし，存在の意味と所有の意味とでは，文中に現れる名詞句の文法関係（主語や目的語の関係）が異なる。先に結論を言うと，(42)のようになる。

(42)　a.　存在文：[場所-に　主語-が ｛ある／いる｝]
　　　　　〔例〕教室に子供達がいる。教室にストーブがある。
　　　b.　所有文：[主語-に　目的語-が ｛ある／いる｝]
　　　　　〔例〕彼に（は）恋人がいる。この家（に）は寝室が５つもある。

　日本語では，「に-が」の格パターンを持つ動詞は，(42a)に示したよう

に，ニ格名詞句が場所を示す付加詞として機能し，ガ格名詞句が主語となる自動詞構文の場合と，(42b)に示したように，ニ格名詞句（所有者）が主語，ガ格名詞句（被所有物，つまり持ち物）が目的語となる他動詞構文の場合がある（Kishimoto 2000）。「壊す，作る」のような典型的な他動詞と比べると，(42b)の「～に～が{ある／いる}」構文を他動詞構文と呼ぶのには，多少違和感を覚えるかも知れない。一般に，他動詞は主語を「が」，目的語を「を」で標示する動詞であるのに，(42b)はこの格パターンに適合していないからである。しかし他動詞というものを，「が-を」という格標示のパターンだけを根拠にして定義することは現実的ではない。次のような例文を考えてみよう。

(43) a. 先生は冷たい水がお飲みになりたいようです。
　　　b. 先生にはご自分の欠点がお分かりにならない。

(43)の述語は「お飲みになりたい」で，その主語は「先生」である。では，目的語は何だろうか。「飲む」という動詞は他動詞であるから，(43a)の主語が「先生」だとすると，目的語は「冷たい水」のはずである。実際，「冷たい水を」と言ってもよいが，(43a)の例では「を」ではなく「が」を用いている。同じ「冷たい水」なのに，「を」で標示されると目的語，「が」で標示されると主語というのは，合理的とは言えない。(43b)では「先生」が「に」で，「ご自分の欠点」が「が」で標示されている。(43b)で注目したいのは次の2点である。第一に，動詞「分かる」が「お分かりに{なる／ならない}」という尊敬語になっている点である。「お＋動詞＋になる」という尊敬語は，主語が敬うべき人である場合にだけ用いられる。「私は先生を助けた」のように，先生が目的語に置かれている場合，「*私は先生をお助けになった」ということはできない（正しくは「お助けした」という謙譲語が必要）。このことを踏まえると，(43b)では「先生」が「が」ではなく「に」で標示されているものの，尊敬語の対象となっているから，この「先生に」は主語であるということになる。「先生に」が主語であることはさらに，「自分」という再帰代名詞が「先生」を指すことからも裏付けられる。通常，日本語の「自分」が指す先行詞は，主語に限られるという法則があるからである。そして，「先生に」が主語なら，「ご自分の欠点が」は目的語と見なさざるを得ない。このように，日本語では「～に～が{分かる／できる}」のように，「～に」が主

262

語,「～が」が目的語を表す構文がある。
　このことを踏まえて,「いる／ある」の存在文と所有文の分析に移ろう。まず,物理的な存在を表す例として(44)を見ると,ここでは再帰代名詞の「自分」が「政夫」を指している。

　　(44)　<u>自分</u>の部屋に<u>政夫</u>がいた。(存在文)

日本語の「自分」の先行詞は主語に限られるため,(44)では「政夫が」が主語であることが分かる。これに対して,(45)の所有文ではニ格名詞句が「自分」の先行詞になる。

　　(45)　a.　*<u>自分</u>のいとこに<u>弟</u>がいない。(所有文)
　　　　　b.　<u>健</u>には<u>自分</u>で使えるお金がない。(所有文)

(45a)の「自分」は「弟」を指すことができないから,「弟が」は主語ではないことになる。これに対して,(45b)の「自分」は「に」で標示された「健」を指すことができる。このことから,所有文の主語はニ格名詞句であるという結論が得られる。存在文と所有文の2つの名詞句は,表面上の格配列は同じでも,異なる文法関係を持っているのである。

　日本語では所有文と存在文の区別はおおむね,表される意味によって決めることができる。「ある／いる」が用いられる構文は,(46a)のように空間的な関係が規定される場合には存在文になり,(46b)のように所有関係が規定される場合は所有文となる。

　　(46)　a.　x BE-AT y
　　　　　　　　→ 場所(y)-に　存在物(x)-が　ある$_{be}$／いる$_{be}$
　　　　　b.　y HAVE x
　　　　　　　　→ 持ち主(x)-に　持ち物(y)-が　ある$_{have}$／いる$_{have}$

日本語では,所有文(他動詞構文)と存在文(自動詞構文)の形式は意味によって決まるので,意味構造と統語構造の写像の関係は基本的に一対一の関係になる。そうすると,(47a)と(47b)の2つの文は,これまで,たびたび混同されていたが,異なるタイプの文に属することが分かるだろう(柴谷 1978,Kuno 1973 参照)。

　　(47)　a.　あの子に,ペットがいる。(所有文)
　　　　　b.　あの子に,シラミがいる。(存在文)

(47a)の文は,「あの子」が「ペット」を飼っているという,所有関係を規定している所有文である。(47a)の表す関係は,空間的に近接な関係が

なくても成り立ち，極端な場合，「あの子」は，「ペット」を所有している限りにおいて，一度も目にしたことがなくともよい。これに対して，(47b)は存在文で，害虫の「シラミ」が「あの子」に付着しているという空間的な接触関係がないと，正しい意味を表す文にならない（ここでは，「あの子」が場所として認知されている）。

先に見たように，所有文のニ格名詞句は（「家」と「寝室」のように全体−部分の関係を規定している場合を除くと）「有生物」でなければならない。これに対して存在文のニ格名詞句は場所を指すので，そのような制限は課されない。したがって，(47a)と(47b)は，もとの意味を保持したままニ格名詞句が人間以外の名詞句に置き換えられるかどうかによって違いが見られることになる（岸本 2005）。

(48) a. あの子（*の頭）にペットがいる。（所有文としては*）
b. あの子（の頭）にシラミがいる。

(48a)では，身体部分を表す「頭」をニ格名詞句に付け加えると意味が変わってしまう。つまり，(48a)で「あの子の頭に」とすると，物理的に接触する関係，たとえばペットの文鳥などが頭に乗っているような状況しか表せなくなる。(48a)のようにニ格名詞句が身体部分を含むか含まないかで解釈が変わってしまうという事実は，(47a)のニ格名詞句が所有文に特徴的な有生性の制限を受けているということを示している。したがって，ペットとして飼っているという通常の解釈では，(47a)の文は所有文に分類されるのである。これに対して，(48b)においては，ニ格名詞句に身体部分を表す名詞が含まれていてもいなくても，基本的な意味は同じで，空間的な接触関係を表すことになる。このことから，(47b)の文は，物理的な空間関係を指定する存在文であるということがわかる。

4.3.3　日本語所有文と定性の制限

4.2.2節で英語の there 構文に見られる定性の制限について説明したが，日本語ではこの制限が存在文ではなく所有文で成立する。日本語には英語の定冠詞にあたるものが存在しないが，「私の」，「あらゆる」，「すべて」などの定表現でこの制限の有無を調べることができる。まず，存在文(49)を見てみよう。

(49) 机の上に {私の／あらゆる／すべての} 本がある。

(49)のガ格主語「本」は定表現になっているが，この文は文法的に成立し

ている。したがって，存在文のガ格名詞句には定性の制限が課されないことがわかる。

他方，「ある／いる」が用いられる所有文では，ガ格名詞句に対して定性の制限がかかる。所有文のガ格名詞句には，固有名詞や「彼」などの代名詞，そして(50)で示されているように，「ほとんど」「すべて」「あらゆる」「両方」などの表現が現れることができない。

(50) a. *私には {すべての／ほとんどの} 財産がある。
　　　b. *私には {ほとんどの／すべての} おじさんがいる。

ところが，「多くの」「何人かの」「いくらかの」「たくさんの」などを伴う不定表現なら，(51)のようにガ格名詞句として容認される。

(51) a. 私には {多くの／いくらかの} 財産がある。
　　　b. 私には {何人かの／たくさんの} おじさんがいる。

「ある／いる」を用いた所有文は，親族関係(51b)など譲渡不可能な所有を表すことが多い。しかし，それだけではなく，(51a)のように，財産・本・土地・お金など，手放すことのできる譲渡可能な所有物でも，所有文のガ格名詞句として現れる。このような場合でも，ガ格名詞句に定性の制限が観察される。このことから，日本語所有文のガ格名詞句に課される定性の制限は，英語のthere構文で観察されたのと同じ制限であることがわかる。

さらに，日本語の所有文と英語のthere構文で同じ定性の制限を共有することは，次のような事実からも確認できる。まず，所有文のガ格名詞句が定表現のグループに分類されるようなものであっても，数ではなく種類(kind)を述べる場合には容認される。

(52) あの人には {あらゆる／すべての} 種類のおもちゃがある。

また，ガ格名詞句を疑問詞にした場合，whatに相当する「どんな」やhow manyに相当する「何人」といった不定表現は許されるが，whichに相当する「どの」のような定表現は排除される。(53)と上掲の英語例(30)を比較。

(53) a.　あの人には {どんな／何人の} 兄弟がいるの？
　　　b.　?*あの人にはどの兄弟がいるの？

この事実も英語のthere構文で観察されるものと全く同じである。

さらに，前掲(47)のような文についての所有文・存在文の区別の妥当性

が，ガ格名詞句に現れる定性の効果から確かめることができる。

 (54) a. 山田さんにペットがいる。
    b. 山田さんにシラミがいる。

既に見たように，(54a)は，通常の解釈では所有関係を規定する所有文で，(54b)は空間関係を規定する存在文である。定性の制限が現れる環境はいくつかあるが，ここでは関係節化の可能性について考える。関係節化というのは，「机の上に本がある」に対応して「机の上にある本」のように名詞修飾節を作ることで，関係節（机の上にある）が名詞（本）を修飾するから，その名詞（本）は「定」となる。そうすると，存在文のガ格名詞句を関係節で修飾することはできるが，所有文のガ格名詞句を関係節で修飾することはできないということが予想される。実際，次の(55b)は適格な文であるが，(55a)は所有文としては容認されない。

 (55) a. *これは，山田さんにいたペットだ。［所有］
    b. これが，あの（不潔な）山田さんにいたシラミだ。［存在］

(55a, b)の容認度の違いは，明らかに所有文と見なせる(56a)と明らかに存在文と見なせる(56b)における容認度の違いと並行的である。

 (56) a. *彼は，山田さんにいる弟だ。［所有］
    b. 彼は，山田さんの家にいた男の子だ。［存在］

このことからも，(54a)が所有文であり，(54b)が存在文であることが確認できる。

 さらに言うと，定性の制限は「所有の発生」を表す構文のガ格名詞句にも観察される。たとえば「生まれる」を例にとると，(57a)と(57b)の違いが観察される。

 (57) a. 山田さんに｛10人の／たくさんの／何人かの｝孫が生まれた。
    b. *山田さんに｛ほとんどの／すべての｝孫が生まれた。

山田さんに孫が生まれると，山田さんは孫を「所有するようになる」わけであるから，これも一種の所有文である（岸本2005, 益岡2000）。実際，(57a)のように不定表現のガ格名詞句は許されるが，(57b)のような定表現のガ格名詞句は認められない。この違いは，(58a, b)の疑問文にも共通している。

 (58) a. 山田さんに｛何人の／どんな｝孫が生まれたの？

b. ?*山田さんにどの孫が生まれたの？

　それでは，日本語の所有文でなぜ英語の there 構文に観察されるような定性の制限がかかるのだろうか。これについては，「ある／いる」が英語の be 動詞に相当する動詞であり，日本語の所有文が，統語的に項を 2 つ持つ構文であるということを考えれば理解できるだろう（岸本 2005）。まず，英語において，be 動詞がもともと選択する名詞句は，(59a) の文のように 1 つ（主語＝存在物）だけであると考えられる。しかし，(59b) においては，there が主語の位置に現れるので，統語的な項（名詞句）として機能するものが文中に 2 つ存在することになる。

　(59)　a.　<u>An old man</u> is in the park.
　　　　b.　There is <u>an old man</u> in the park.

(59b) の there 構文では，虚辞の there が統語的には主語として機能するため，an old man が be 動詞の右側に現れ，あたかも目的語のように働く。存在を表す be 動詞でこのように他動詞的な構文が作られる環境では，be 動詞が補部要素（目的語）としてとる名詞句に対して定性の制限が課されるようになる（存在や出現（存在関係の発生）を表す自動詞が there 構文で使われても定性の制限が現れる）。

　日本語の存在文のニ格名詞句は，少なくとも統語的には場所を示す付加詞であると考えられる。したがって，「ある／いる」がもともと取る項はガ格名詞句（存在物）のみで，そのために，このガ格名詞を主語にとる自動詞構文を作ると考えられる。しかし，所有文では，ニ格名詞句（所有者）とガ格名詞句（持ち物）の 2 つの項が統語的に現れる。

　(60)　a.　存在文：[場所（付加詞）-に　主題（項）-が {ある／いる}]
　　　　b.　所有文：[所有者（項）-に　持ち物（項）-が {ある／いる}]

日本語の所有文では，ニ格で標示される名詞句（所有者）が主語として，ガ格名詞句（持ち物）が目的語として機能するため，他動詞構文が成立する。もちろん，「ある／いる」は，英語の be 動詞に相当する。したがって，「ある／いる」が現れる所有文では，英語の there 構文に相当する統語環境が成立し，そのために，ガ格名詞句（目的語）に対して定性の制限が課せられるようになるのである（英語と並行的に，本来は自動詞である「生まれる」も，2 項をとる所有文（他動詞構文）を形成すると，(57) のように，定性の制限を受けるようになる）。

以上から，日本語の所有文は，意味的には所有関係を表しているが，統語的には英語の there 構文と基本的に同じ統語的な特性を持つため，定性の制限がガ格名詞句にかかっていると結論づけることができる。

5 まとめ

所有関係は，日英語とも，名詞句として表される場合と文として表される場合がある。英語において，have 動詞が用いられる構文は基本的に所有の意味を表すが，存在の意味は，be 動詞が用いられる there 構文という特殊な形式で表現される（ただし，be 動詞が用いられるが虚辞が使用されない構文もある）。there 構文では，動詞の後に現れる名詞句に定性の制限がかかる。日本語の場合，存在・所有の意味を表すときには，最も典型的に「ある／いる」が用いられ，項の現れ方によって存在文（自動詞構文）と所有文（他動詞構文）に分かれる。英語の there 構文では動詞の後ろに現れる名詞句に定性の制限がかかる。これは，名詞句に課される意味的な制約である。日本語では，存在文ではなく，所有文のガ格名詞句に，英語の there 構文で観察されたのとまったく同じ定性の制限がかかる。

6 さらに理解を深めるために

・Gary Milsark 1974. *Existential sentences in English* ［英語の there 構文について，初期の生成文法の枠組みで最も詳しく分析された論文。現在でも議論されている there 構文の問題点のほとんどが議論されているといってよいくらい包括的にこの構文が議論されている］
・岸本秀樹．2005.『統語構造と文法関係』［本章で扱った日本語の存在文と所有文の特性およびこれらの構文の there 構文との並行性を指摘し，統語的な観点のみならず，意味的・語用論的な観点からも分析を行っている］
・John Taylor. 1996. *Possessives in English* ［英語の所有表現のうち属格名詞句を認知言語学の観点から詳細に分析し，Halley's comet（ハレー彗星）や girls' school（女子校）のような所有格複合語に関する分析も

有益である]

(岸本秀樹・影山太郎)

QUIZ

　girls' school（女子校）のように属格（'s）を含む複合語を幾つか拾い出した。左側の英語（1～7）が表す意味を右側の日本語（a～h）から選び，線でむすびなさい。ただし，日本語には1つ余計なものが入っている。

(1)　Adam's apple　　　　　(a)　唯一の弱点
(2)　plumber's friend　　　(b)　あやとり
(3)　Fortune's wheel　　　 (c)　収集家が珍重する逸品
(4)　beginner's luck　　　 (d)　天の川
(5)　cat's cradle　　　　　(e)　のどぼとけ
(6)　collector's item　　　(f)　初心者のまぐれ
(7)　Achilles' heel　　　　(g)　栄枯盛衰
　　　　　　　　　　　　　　(h)　吸着カップ付き排水管掃除用具

※答えは323ページ

第10章　構文交替と項の具現化

◆基本構文
(A) 1. John opened the door./The door opened.
　　2. ジョンが窓を開けた。/窓が開いた。
　　3. He cut the rope./*The rope cut.
　　4. 彼がロープを切った。/ロープが切れた。
(B) 1. {The hunter/The explosion} killed the deer.
　　2. {John/The knife} cut the bread.
　　3. {ジョンが/*ナイフが} パンを切った。
(C) 1. John touched {Mary's shoulder/Mary on the shoulder}.
　　2. John hit {the stick against the wall/the wall with the stick}.
(D) 1. This room sleeps five people.
　　2. 1492 saw the beginning of a new era.
　　3. 肉まんが湯気を立てている。

【キーワード】行為連鎖，使役交替，道具格主語，部分所有者上昇，接触場所構文，場所格主語構文，属性叙述文

1 なぜ？

　英語では，(A1)のように，open は自動詞でも他動詞でも使える。これは日本語でも同じで，「開ける／開く」のような自動詞と他動詞のペアが存在する。しかし，英語の cut は，(A3)で示されているように，他動詞の用法はあるが，自動詞の用法はない。これに対して，日本語では「切る／切れる」のように自他の両方の用法がある(A4)。なぜ日英語にこのような違いがあるのだろうか。英語には，出来事や道具を主語としてとる構文(B1)(B2)が存在する。日本語では，(B3)のように，このような構文

は許されないように見えるが，本当にそうだろうか。また英語には，(C1)(C2)のような交替を起こす構文がいくつか存在する。しかし，交替がいつでも可能というわけではない。(C1)(C2)のような交替が起こる条件とは，一体どのようなものだろうか。さらに，英語では，(D1)(D2)のように他動詞の主語に無生物が現れる構文がいくつかあるが，このような構文にはどのような性質があるのだろうか。日本語は，無生物主語構文を作りにくいとよく言われるが，日本語には無生物主語の構文はないのだろうか。

2　構文交替と項の具現化とは

この章では，本書だけでなく『動詞編』および『形容詞編』も含めた総まとめとして，文を組み立てる際の述語（動詞，形容詞）と項（主語，目的語，補語）との係わりを整理する。

2.1　動詞の意味と項の現れ方

文は述語を軸として組み立てられる。「述語の意味が分かれば，その文にどのような項や付加詞が現れ，文全体の意味がどうなるかが予測できる」というのが動詞意味論（verb semantics）の基本的な考え方である（Levin 1993，影山 1996）。(1)の例文を見てみよう。

(1)　a.　Tom drove his car carefully.
　　　b.　Tom drove carefully.
　　　c.　Tom drove his car to his office.
　　　d.　Tom's car drove past me.
　　　　　（トムの車が私のそばを通り過ぎた）
　　　e.　Tom drove me to the station.
　　　　　（トムは車で私を駅まで送ってくれた）

(1a)では，主語 Tom と目的語 his car が項（argument），動詞 drove が述語（predicate），そして副詞 carefully が修飾語（付加詞）として現れている。動詞が drive であることが分かれば，どのようなタイプの表現が主語，目的語，付加詞として適切なのかが予想できる。つまり，drive（運転する）の目的語は通常，自動車であり（自転車，電車などは drive

で表せない），主語はその目的語を意図的に操ることのできる人間（動作主）であり，そのために，主語の意図的な動作の様態を表す副詞 carefully が共起できるのである。また，drive は目的語の省略（☞第 4 章）によって，(1b)のように自動詞的に使えるが，省略されている目的語が自動車であることは，その意味から了解できる。自動車の運転は，ある目的地に移動するために行うのであるから，(1c)の to his office のように着点を付けた移動構文（☞『動詞編』第 2 章）が可能であることも予想できる。人間の代わりに移動物（車）を主語に立てて(1d)のように表現できることも，たとえば He moved his car. と His car moved. におけるような自他交替（☞『動詞編』第 1 章）があることから予想できる。車は人を（自宅などに）送る手段として使用できるので，(1e)のような使役移動構文（☞『動詞編』第 6 章）を作ることができるということも十分に納得がいく。

　このように，ひとつの動詞（日本語の場合は「割る／割れる」のように語幹を共有する自動詞と他動詞の変型も含む）が，基本的な意味を変えず複数の異なる形式の構文に係わり，項の現れ方が変化する現象を総称して，**構文交替**（alternations）（あるいは単に**交替**）と呼ぶ。そして，名詞（句）が主語として現れるのか目的語として現れるのかといった，項の統語的な現れ方を**項の具現化**（argument realization）と言う（項の具現化に関する様々な理論的アプローチの解説は Levin and Rappaport Hovav (2005) を参照）。

2.2　行為連鎖

　項の具現化の仕方は，言語によって異なる部分もあるが，多くの場合，世界諸言語に共通する普遍的なパターンが存在する。この普遍的なパターンを決める代表的な要因は，これまでにもたびたび触れてきた**行為連鎖**（action chain）（あるいは使役連鎖（causal chain））である。これは，大まかに言うと，人間が認識する出来事の原因と結果の流れを示したもので，ここでは，〈行為〉→〈道具〉→〈働きかけ〉→〈変化〉→〈結果〉のように表示する。これに具体的な出来事を対応させると，たとえば(1c)の Tom drove his car to his office. では「トムが車を運転するという動作が原因になって，車（すなわちトム自身）が会社にたどり着くという結果

が生じる」ということが表される。このような原因と結果の一連の因果関係を示したモデルは，ビリヤードボールモデルと呼ばれることもある（Croft 1991, Langacker 1987, 1991 など）。

　動詞がとる名詞句（項）がどのような形で文中に現れるかを考えるときに注目しなければならないのは，動詞が表す意味が行為連鎖のどの範囲をどのようにカバーしているかである。一般に，ひとつの動詞が表すことのできる意味の最大範囲は(2)の左端から右端に至る行為連鎖である。

(2)　〈行為〉（→〈道具〉）→〈働きかけ〉　→　〈変化〉→〈結果〉
　　　　　　　行為者側の連鎖　　　　　　　　　　対象側の連鎖

個々の動詞によって，左から右へと矢印でつながれた連鎖のどこからどこまでをその意味としてカバーするかが異なる。左端の〈行為〉の部分だけを意味範囲として含む動詞（たとえば「遊ぶ，暴れる」など動作を表す自動詞），右端の〈結果〉の部分だけをカバーする動詞（つまり，be 動詞や belong などの状態動詞），あるいは，〈行為〉から〈結果〉まですべての範囲を含む動詞など様々なタイプの動詞がある（☞『動詞編』序章）。

　(2)の行為連鎖は，意味的な特徴から，左半分の「行為者側の連鎖」を表す部分と右半分の「対象側の連鎖」を表す部分に二分することができる。左半分の「行為者側の連鎖」には，まず〈行為〉がある。これは典型的には，人間が意図的に行う行為を表し，その行為をする人を**動作主**（agent）という。動作主は何かの道具や器具を用いて動作を行うことが多いので，(2)では，「道具」を丸括弧に入れて「任意の要素」として表示している。また，地震や突風などの自然力は，あたかも人間の動作主のように主体的に行為を行うこともあるので，動作主とひっくるめて，両者を**行為者**（actor）と呼ぶことがある。

　多くの場合，行為者の行う行為は何か別のものに対して向けられる。たとえば，人が壁にもたれると，人から壁に力が加えられることになるし，風が吹いて木の葉にあたると，風の力が木の葉に加えられることになる。このように，行為者の行為（力，影響）が他の物に及ぶことを，(2)では**〈働きかけ〉**と呼んでいる。先ほどの Tom drove his car. の場合なら，トムが車のハンドルを握り，エンジンをかけ，運転しようとするという動作がトムから車への〈働きかけ〉である。〈働きかけ〉を行う主語は動作主

ないし行為者であるが，〈働きかけ〉を受ける対象を**被動者**（つまり，動作を被るもの）と呼んでおこう。

「対象側の連鎖」の部分は物体の移動（motion）を表す場合と物体の状態変化（change of state）を表す場合の2つに大別できる。物体の移動は〈位置の変化〉のことで，車が走っていくとか川が流れていくときのように一瞬一瞬で物体の位置が移り変わっていく状況を指す。もうひとつは〈状態の変化〉で，「朝顔が育つ」と言うと，朝顔が植えられている場所は変わらないが，朝顔がその場所で伸びていくという変化が表現される。ここで，「車が車庫に入る」という移動と「魚が焼ける」という状態変化を行為連鎖に対応させると，(3)のようになる。

(3)　　　　　　　　　　　　　　　　〈変化〉　→　〈結果〉
　　　位置の変化「車が車庫に入る」　車の移動　　車庫の中
　　　状態の変化「魚が焼ける」　　　魚の変化　　焼けた状態

(3)で示されているように，車は外から車庫に向かって移動し，最終的には車庫の中に行き着くと，そこで止まる。この場合，「車庫の中」に入って止まることが，移動の〈結果位置〉となる。他方，状態の変化を表す「魚が焼ける」では，元々は生の状態であった魚に熱を加えることで表面と内部に変化が生じ，最終的に食べるのに適した，こんがり焼けた状態になる。これが〈結果状態〉である（それ以上焼くと，焦げた状態になってしまう）。〈位置の変化〉と〈状態の変化〉によって示される**変化対象**は，時間と共に移動ないし変化していくという点で共通するだけでなく，（無限でないかぎりは）いずれどこかにたどりついて終わるという点でも共通している。

動詞によっては，(2)の行為連鎖の左半分と右半分の両方を合わせた連鎖全体をカバーする場合もある。たとえば，(3)の「車が車庫に入る」，「魚が焼ける」という自動詞文に動作主「母が」を追加すると，(4)のように他動詞構文になる。

(4)　　　〈行為〉　→　〈働きかけ〉　→　〈変化〉　→　　〈結果〉
　　a.　　母が　　　　　　　　　　　　　車を　　　　車庫に入れた。
　　b.　　母が　　　　　　　　　　　　　魚を　　　　焼いた。

「母が」は左端の〈行為〉に関わる動作主であり，「車を」，「魚を」は〈変化〉→〈結果〉に関わる対象である。ある行為によって何らかの変化がも

たらされることを **使役** (causation) という。無生物を主語にした「クレーンが大きな荷物を吊り上げた」や「突風が屋根を吹き飛ばした」なども使役が関わる使役文である。

2.3　項の具現化

次に，項がどのように具現化されるのかという問題について考えてみる。まず，動作主や行為者は，単独で何かの動作をする場合（たとえば，「遊ぶ」「暴れる」という自動詞の場合），「主語」として具現化される。

(5)　動作主ないし行為者の具現化

　　　　意味機能　　　　文法機能
　　　動作主／行為者　→　　主語　　　（子供が遊んでいる。）

先にも見たように，多くの場合，動作主や行為者が行う行為は何か別のものに対して向けられる。その場合の〈働きかけ〉を受ける対象である被動者の具現化には，動詞によって2通りのパターンがある。

(6)　被動者の具現化

　　　　意味機能　　文法機能
　a.　被動者　→　直接目的語
　　　　　　　　　　（男は壁を叩いた。上司は部下を責めた。）
　b.　被動者　→　ニ格補語（英語では前置詞句）
　　　　　　　　　　（男は壁にもたれた。子供は親に甘えた。）

(6a)は被動者がヲ格目的語（英語なら直接目的語）として現れる場合，(6b)はニ格補語（英語では knock on the door の on や look at him の at のように様々な前置詞句）で現れる場合である。伝統文法では，前者は他動詞用法，後者は自動詞用法に分類されるが，第5章の knock the door と knock on the door 等で説明したように，直接目的語になるか前置詞で表されるかは，自動詞か他動詞かの区別の問題というより，働きかけの強さに関する意味の問題である。働きかけの強さにより，「人の身体に触った」（＝身体の一部分に少しだけ接触）と「人の身体を触った」（＝身体の大きな面積に接触）のような違いが生じるのである。

〈変化〉→〈結果〉という連鎖は，基本的に自動詞で表される。したがって，(3)の「車」と「魚」はガ格で主語として具現化される。しかし，動作主あるいは使役者が追加されると，(4)のように，他動詞構文となり，

第10章　構文交替と項の具現化　　275

「車」と「魚」はヲ格目的語として具現化される。これらを総合すると、変化対象の項の具現化の法則は(7)のようにまとめられる。

(7) 変化対象の具現化
変化対象 → 直接目的語（ただし動作主がある場合）
変化対象 → 主語（それ以外）

(7)の法則により，位置の変化（移動）および状態の変化を表す動詞は，原則として，(8)のように，自動詞構文と他動詞構文の両方で使えることになる。

(8) a. The computer broke. / John broke the computer.
コンピュータが壊れた。／ジョンがコンピュータを壊した。
b. Tom drove his car down the street. / His car drove down the street.

他方，〈行為〉→〈働きかけ〉の連鎖においては，働きかけのみを受ける（つまり，変化が関与しない）被動者は，(6)の法則によって，目的語またはニ格補語（英語では前置詞句）としてしか具現化されず，主語として具現化することはない。

(9) a. He touched the wall. / *The wall touched.
b. 彼は壁｛を／に｝触った。／*壁が___？___。

言い換えると，働きかけを表す他動詞には，被動者を主語とする自動詞がない——つまり，変化動詞の自動詞構文（たとえば The computer broke. や「コンピュータが壊れた」）にあたる用法が存在しない——ということである。

最後に，行為連鎖の右端にある〈結果〉の部分だけを表す述語には「ある」などの存在動詞や「うれしい」などの形容詞，あるいは「ツルツルしている」のような状態を表すテイル形動詞などがあるが，これらの述語の項（状態の担い手）も主語として具現化される。

(10) 〈変化〉→〈結果〉を表す項の具現化
変化の対象および状態の担い手 → 主語

ただし，第9章で説明した「に-が」の格パターンをもつ日本語の所有文は，意味的には〈結果状態〉を表すものの，所有者と所有物という2つの項の関係を示すため，例外的に(11)の具現化パターンを示す。

(11) 〈結果〉が親族，能力，その他の所有を表す文での項の具現化

a. 所有者 → ニ格主語
   b. 所有物 → ガ格目的語
    ［例］先生には男兄弟がおありになる。
       先生には5カ国語がおできになる。

このタイプの文では，状態の意味を表しても（たとえば，「ジョンに弟がいる」），変化の意味を表しても（たとえば，「ジョンに子供ができた」），同じ「に-が」格パターンを示すことになる。

　本節では，(2)の行為連鎖の雛形に基づいて，基本的な自動詞と他動詞の違いが意味の仕組みを反映していることを説明した。第4節では，名詞（句）の意味を考慮しながら，より複雑な構文の交替を見ていこう。

3　主な構文交替のパターン

【道具格主語構文】
　・John cut the meat with the knife. / The knife cut the meat.
【身体部位所有者上昇構文】
　・Mary hit John's shoulder. / Mary hit John on the shoulder.
【接触場所交替】
　・John hit the wall with the bat. / John hit the bat against the wall.
【場所格主語構文】
　・木（の枝）から新芽がふいた。／木（の枝）が新芽をふいた。
【属性叙述文】
　・This cabin sleeps twenty people.
　・このシュレッダーは紙を0.5ミリの幅に切る。

4　問題点と分析

　本章では，動詞の意味の違いによって項（名詞句）が文中にどのように具現化されるかについて，自他交替（使役交替），道具格主語構文（4.1節），部分所有者上昇構文，接触場所構文（4.2節），場所格主語構文（4.3節），属性叙述文（4.4節）を取り上げて考察することにする。

4.1 行為連鎖と道具格主語

break「壊す／壊れる」, sink「沈む／沈める」, open「開く／開ける」のように状態ないし位置の変化を表す動詞は, **使役者**（動作主, 行為者）を追加したり削除したりすることによって自動詞文と使役他動詞文の交替——**使役交替**（causative alternation）——を起こす。使役交替では, 他動詞の目的語にあたる名詞句が自動詞の主語として現れる（☞『動詞編』第1章）。

(12)　a. John opened the door. ⇔ The door opened.
　　　b. ジョンがドアを開けた。⇔ ドアが開いた。

これは, 他動詞が上掲（p. 271）の行為連鎖(2)の〈行為者側の部分〉と〈対象側の部分〉の両方をカバーするのに対して, 対応する自動詞が行為連鎖の〈対象側の部分〉しか担当しないために起こる現象である。

英語では, 使役交替を起こす動詞は, 他動詞形も自動詞形も形態的には区別されないものが多い（たとえば, open, close, break, roll）が, 古い時代の英語の名残としてfall/fell, rise/raise, lie/layのように母音の交替で自他を区別する例が少数ある。日本語では逆に, 自動詞と他動詞で形態的に異なるペア（日本語学では有対（ゆうつい）動詞と呼ばれる）をなすのが原則で, 「門が閉じる／門を閉じる」, 「店をひらく／店がひらく」のように自他同形のものは少数である（ただし, 漢語動詞では「拡大する」「縮小する」のように同じ形で自他の両方の用法を持つものがかなりある）。

4.1.1 自然力と道具格

使役者をつけたりはずしたりして使役交替を起こす動詞でも, 他動詞用法における主語は常に動作主（人間）とは限らない。特に英語では自然力や道具などの名詞句が主語として現れることもある（Anderson 1977, Fillmore 1968など）。(13)の例を見てみよう。

(13)　a. John opened the door.
　　　b. The wind opened the door.
　　　c. The key opened the door.
　　　d. John opened the door with the key.

Johnという動作主（人間）が主語になっている(13a)と比べると,

(13b),(13c)はいわゆる無生物主語構文になっている。しかし一口に「無生物」と言っても,(13b)の the wind と(13c)の the key では意味の性質が大幅に異なる。まず,風や嵐のような自然力は,生き物のような意志は持っていないが,それだけで動く力を持っている（つまり,他のものに影響を与えるような使役力を備えている）。したがって,自然力は動作主に準じるものと見なされ,行為連鎖では動作主と同じ〈行為〉の部分に位置づけることができる。そのため,英語だけでなく日本語でも,「台風」や「地震」などの自然力を主語とする使役他動詞文は,ほとんど抵抗なく受け入れられる。

　これに対して,(13c) The key opened the door. を日本語に直訳すると,「*その鍵がドアを開けた」となり極めて不自然で,英語と日本語で違いが生じる。(13c)の主語（the key）は,(13d)のように John opened the door <u>with the key</u>. と言い換えられることから分かるように,**道具格**(instrumental) を表す。ここでは,単に「道具」ではなく「道具格」という用語を使っている。「道具」は,ハサミ,鉛筆,ナイフ,メガネなど,何かの作業を行う際に必要とされるものを指すが,「道具格」は,文における名詞句の役割を指し,典型的には,日本語なら助詞「で」,英語なら前置詞 with で表される付加詞として現れる。

　　(14)　a.　Mother cut the bread <u>with the knife</u>.
　　　　　b.　<u>The knife</u> cut the bread.（The knife＝道具格主語）

英語では,(14a)の with the knife で表現した場合と同じ意味合いが(14b)でも得られるから,(14b)の The knife を「道具格」主語という。主語に the knife のような表現が来ていても,with 〜（〜を使って）と言い換えられない場合は「道具格」主語とは見なせない。たとえば(15)の the knife は道具格主語ではない。

　　(15)　a.　The knife is rusted.（このナイフは錆びている）
　　　　　b.　The knife went into his leg.（ナイフが彼の足に刺さった）

日本語はどうかと言うと,(16a)に対応する意味で(16b)は成り立たないので,その点で日本語は道具格主語が成立しないということになる。

　　(16)　a.　母は<u>ナイフで</u>パンを切った。
　　　　　b.　*ナイフがパンを切った。

日本語では,道具というのは動作主が単に用具として用いることによって

機能を果たすという認識が強く,「彼は{鍵／ナイフ}でどうこうした」のように,通常は助詞「で」で表す。これに対し,「射抜く」「撃ち抜く」「撃つ」という動詞では,道具格を主語として表出することが可能なように見える。

 (17) a. あの選手がこの{矢／弓}であの的を射抜いた。
    b. この{弓／矢}があの的を射抜いた。

(17b)は,英語のwoundを用いた(18)と同様の構文であろう。

 (18) A {gun/bullet} wounded the man.

ここで,「射抜く」と似た意味を持つ動詞「射る」の場合は,「弓」や「矢」のような主語が許されないことに注意したい。

 (19) a. あの選手が{この矢／この弓}で的を射た。
    b. *{この矢／この弓}が的を射た。

「射る」と「射抜く」では表す意味が異なる。「射る」は,「{弓／矢}を射る」という表現が可能なように,それ自体では行為の意味しか表さない。「射抜く」は,的に穴があくという状態変化(部分的破壊)の意味までが語彙的に含まれる(したがって「*{弓／矢}を射抜いた」は不可)。そうすると,(17b)が許されるのは,「射抜く」では,「クレーンが荷物を吊り上げた」のような場合と同じように,「弓」や「矢」が使役者,つまり,対象に変化を生じさせるものとして認識されるためであり,他方,(19b)が許されないのは,動詞が「射る」の場合,「弓」「矢」が単なる道具としてしか認識されないからであるという結論に至る。

 日本語では,クレーンのようにそれ自体で動くことのできる機械類は道具というよりむしろ使役者として使役他動詞文の主語になることができる。これに対して,それ自体で動くことのない鍵やナイフは使役他動詞文の主語として用いることは通常できない(ただし,第4.4節で説明するように「属性」を表す場合は可能)。「射抜く」の場合でも弓や矢は,その本来の「道具」としての機能が認知されやすく,助詞「で」で表すのが自然であるが,使役者としての解釈も可能であるために,(17b)も許されるのである。これらのことを総合すると,日本語は,名詞が本来持っているクオリア構造の意味・機能をそのまま忠実に格助詞に反映させるタイプの言語であるという一般化が立てられるであろう。

 英語は行為連鎖の中で〈行為〉に視座を置く言語であると考えられる

（影山 1996, 2002a）。これは，行為者の立場から物事を表現するということであり，動作主が直接用いる道具は，あたかも動作主の一部（動作主と一体のもの）と見なされ，その結果，道具名詞が，人間を表す動作主の代わりとして他動詞文の主語になることが許される。そのため，英語では次のような文が比較的容易に作れる。

(20) a. This insecticide killed the cockroaches.
　　　b. This knife cut the bread.
　　　c. The hammer broke the window.

しかしそれでも，道具格が主語になるのは，動作主が明示されない場合に限られる（Langacker 1987）。そのため，(21b)は非文法的である。

(21) a. The knife cut the bread.
　　　b. *The knife cut the bread by my mother.

また，英語でもあらゆる種類の道具が自由に主語になれるわけではない。第3章で説明したように，keyやcraneのような「媒介道具」（使役変化を直接引き起こす道具）は使役他動詞文の主語になることができるが，forkやspoonのような「助長道具」（動作主の動作を手助けするだけの道具）は主語になることができない（Levin 1993）。

ここまでの議論をまとめると，上掲(13a-d)の文がカバーする行為連鎖の意味範囲は(22)のように整理できる。

(22) 〈行為〉（→ 〈道具〉）→ 〈働きかけ〉 → 〈変化〉 → 〈結果状態〉
　　　(13a)(13b)(13d)
　　　　　　　　　　　(13c)

道具格主語に関しては，日英語で具現化の法則が異なる。道具格の具現化の法則については，次のようにまとめられる。

(23) 道具格の具現化
　　　英語：　道具格 → with（動作主がある場合）
　　　　　　　道具格 → 主語（動作主がない場合）
　　　日本語：道具格 →「で」

4.1.2　動作主の代用としての場所格主語

(23)にまとめたように，道具格は英語で主語として具現化できる。しかし日本語の感覚からすると，人間の動作主の代わりに道具が主語になると

いうのはやはり奇妙である。実際，英語でも道具格主語がどんな動詞に対しても自由になり立つわけではない。たとえば，(24a)の hit は the stick を主語にすることができるが，(24b)の beat はそれができない。

(24) a. I hit the fence with the stick. / The stick hit the fence.
b. I beat Harry with the stick. / *The stick beat Harry.

(24a, b)の違いは hit と beat の意味の違いに起因する。Fillmore (1977a, 1977b) によれば，beat は「激しく何度も打つ」という意味であるから人間（動作主）の意志が要求され，人間を主語として立てることが必要となる。他方，hit は単に「打つ」という動作であるから動作主（人間）の重要性は低く，道具格を主語にすることができる。要するに，人間（動作主）の意志に強く依存する動作を表す動詞は，道具格を主語にしてその意味を表せないということである。

同様のことは，kill と murder（殺害する），assassinate（暗殺する）でも指摘できる。kill は(25a)のように，死をもたらす出来事を主語としてとることができるが，murder, assassinate は出来事を主語にとることができない。

(25) a. The {war/accident} killed the woman.
b. *The {war/accident} murdered the President.
(assassinated も同じ)

これは，動作主が相手を意図的に殺害する場合に使用が限られる murder, assassinate では，主語に動作主を明示することが要求されるためである。そして，まさにこれと同じ理由で，kill は道具格主語構文を作れるが，murder, assassinate は道具格主語構文を作ることができない。

(26) a. The dagger killed Julius Caesar.
b. *The dagger {murdered/assassinated} Julius Caesar.

さらに，一般に，動詞が意図的な行為によってしか成立しないと考えられる出来事を表している場合には，動作主を明示することが必要であり，そのような動詞は，道具格主語を許さないだけでなく，英語では使役交替も起こさない（☞『動詞編』第1章）。たとえば，write は人間の綿密な思考を前提とするから，(27b)のような自動詞文も，(27c)のような道具格主語構文も作ることができない。

(27) a. John wrote the novel (with this pen).

  b. *The novel wrote.
  c. *This pen wrote the novel.
ただし，これは，This pen writes well.（このペンはよく書ける）のような，後述する「属性」を表す場合とは区別する必要がある。
 ここで，英語の cut と日本語「切る」について考えてみよう。cut はしばしば「切る」に相当するとされる。しかし，cut と「切る」は使役交替の可能性について違いが観察される。まず，英語の cut は使役交替を許さない。
 (28) a. John cut the rope.
   b. *The rope cut.
     (The rope broke. や The rope snapped off. ならよい)
これは，cut が指す変化結果は，鋭利な刃物を使って外からの力が加わることによって起こる事態に限られるからである（Levin 1993）。つまり cut は，道具を使って対象に働きかけるという〈行為〉→〈働きかけ〉の部分を意味の一部として必ず含まなければならないために，その意味を含まない自動詞（状態変化のみを表す自動詞）を作ることができないのである（ただし，This knife cuts well. のような中間構文と呼ばれる「属性」を表す文は可能である。☞『動詞編』第7章）。
 英語の cut とは対照的に，日本語の他動詞「切る」には，対応する自動詞「切れる」が存在し，(29)のように使役交替が可能である。
 (29) a. ジョンがロープを切った。
   b. ロープが（自然に／勝手に）切れた。
自動詞「切れる」が使われている(29b)では，「自然に／勝手に」のような表現を補うことができることから分かるように，「切れる」という出来事が起こる場面には，必ずしも刃物による力の行使が必要でない。つまり，「切れる」では，対象が2つに分離するという状態変化が起こればよく，〈行為〉→〈働きかけ〉の部分を意味として必ずしも含まなくてよいので，「切る／切れる」という使役交替が可能なのである。実際，「切れた」という自動詞に「ナイフで」のような道具格を加えると，「*ロープがナイフで切れた」のように非文になってしまう。
 日本語では，対象に対して働きかける意図的な動作主が存在することが現実的に明らかであっても，自動詞で表現するという傾向（いわゆる「ナ

ル型」表現；池上1981, 影山2002a) があることに注意しておきたい。たとえば次のような例である。

(30) a. お茶が入りましたよ。(お茶は勝手に入らないのに自動詞「入る」が使える)
b. やっと針穴に糸が通った。(糸は勝手に針穴に入っていかないのに自動詞「通る」が使える)
c. 駅前に超高層ビルが建った。(ビルは人間が建てるはずなのに自動詞「建つ」が使える)

「建つ」という自動詞は英語にはなく、英語では他動詞のbuildを受身形で使うしか方法がない。概念的には動作主が存在するはずであるのに表現方法としては自動詞を用いるという日本語の傾向は、次のような日本語特有で英語には見られない自他のペアにも反映される（影山1996；『動詞編』第1章）。

(31) a. 庭に木を植える。 → 庭に木が植わっている。
b. お金を儲ける。 → お金がたくさん儲かった。
c. (判を) 捺す → 捺さる（現在ではほとんど使わない）
大きな印の捺った辞令を渡した。(夏目漱石『坊ちゃん』)
d. 結ぶ → 結ばる（現在ではほとんど使わない）
帯が結ばった。(尾崎紅葉『金色夜叉』)

こういった自動詞表現は、日本語に特徴な現象の一つであり、外国人の日本語学習者にとっては理解しにくい（寺村1982なども参照）。

4.2 行為連鎖の〈働きかけ行為〉が関与する構文交替

働きかけ行為の被動者を目的語にとる他動詞が関わる交替現象には「動能構文」、「身体部位所有者上昇構文」、「接触場所交替」などがある。動能構文については第5章で説明したので、ここでは身体部位所有者上昇構文と接触場所交替について説明する。

4.2.1 身体部位所有者上昇構文

「メアリはジョンの肩をたたいた」という意味を表そうとすると、英語では2通りの表現が可能である。(32)の例を見てみよう。

(32) a. Mary hit {John's shoulder/John on the shoulder}.
b. Sam cut {Brian's arm/Brian on the arm}.

c. Terry touched {May's ear/May on the ear}.

たとえば，(32a)の2つの表現は，ともに「メアリはジョンの肩をたたいた」という意味を表す。この意味を直接的に表そうとすると，Mary hit John's shoulder. (S+V+O) という文型が理にかなっているように思えるが，John を目的語として取り出し，Mary hit John on the shoulder. のように「S+V+人間+前置詞+the+身体部位」という構文で表現することも可能である。身体部位の所有者が目的語になる後者の構文を，ここでは，**身体部位所有者上昇構文**と呼んでおく。

この構文は，break や split のような動詞では作ることができない。

(33) a. *Jim broke Tom on the leg.
b. *Hagler split Leonard on the lip.

Pinker (1989) や Fillmore (1970) の説明によると，(32)と(33)の違いは，外部から身体部位への物理的な接触が認識されるかどうかにある。実際，(32)の hit, touch, cut はいずれも対象の表面に接触するという意味を含む。これに対して，所有者上昇を許さない break, split は変化状態を含むが，変化部分への表面的な接触を意味として要求しない（なお，hit と touch は被動者（対象）の状態変化を含まないが，cut は対象の状態変化を含む）。このことから，身体部位所有者上昇構文に適合する動詞は，動作主あるいは道具が被動者（対象）の身体部分に物理的に接触するという意味を含む動詞であるということがわかる。(32)と(33)のような違いに関しては脳科学の実験による証拠も報告されている（Kemmerer 2003）。

身体部位所有者上昇構文で使われる前置詞には on のほか，over (to cut him over the eye), in (to hit him in the eye), by (to catch him by the arm) などがある。また，身体部位名詞の前には his, her, my などの所有格ではなく，必ず定冠詞 the が付くことにも注意したい。さらに，この構文で重要なことは，目的語に取り立てられる名詞は人間ないし動物に限られるという点である（Wierzbicka 1988）。

(34) a. Mary kicked {the dog's leg/the dog on the leg}.
b. *Mary kicked the table on the leg.
(35) a. The police officer grabbed {the man's arm/the man by the arm}.

b. The police officer grabbed {the bike's handlebar/*the bike on the handlebar}.

テーブル(34b)や自転車のハンドル(35b)のように，意識を持たない無生物は身体部位所有者上昇構文に当てはまらない。(34a)の Mary kicked the dog on the leg. は可能であるが，それはイヌが生き物と見なされるときだけで，ぬいぐるみのイヌでは成り立たない。

英語の身体部位所有者上昇構文に相当する文は，(36)のような表現になるはずだが，日本語では容認されない（韓国語では可能な場合がある）。

(36) *彼はジョンを頭{を／に}たたいた。

一見したところ，(37)の2つの文が身体部位所有者上昇構文の交替に近いように見える。

(37) a. 彼はジョンの頭をたたいた。
b. 彼はジョンをたたいた。

しかし，(37b)が成り立つのは，身体部分と人間が「部分と全体」の関係をもち，「頭をたたく」ことはその人をたたくのとほぼ同じことになるからである。(37)のような交替は成り立つものの，(36)は全く成り立たないから，結局のところ，日本語では身体部位所有者上昇構文は可能でないと考えられる。

なお，(38)のような受身文では，日本語でも，かなり自由に身体部分と所有者を別に表現できる。

(38) a. ジョンは彼に頭をたたかれた。
b. ジョンは先生に絵をほめられた。

しかしこれは間接受身文の一種（持ち主の受身；仁田 1997）と考えられ，英語の身体部位所有者上昇構文とは異なる。なぜなら，(38b)が示しているように，この構文では，「絵を」のような身体部分でない名詞が現れてもよいからである。

さらに(39)のような交替も，身体部分所有者上昇構文と似ているように見える (Endo 2007)。

(39) a. 彼は花子の写真を撮った。
b. 彼は花子を写真に撮った。

しかし，この場合も，「花子」と「写真」は身体部分の関係ではないし，また，無生物名詞でも自由に写真に撮ることができるから，身体部分所有

者上昇構文とは別扱いが必要である。

　ちなみに，(40a)と(40b)のような存在文の交替は，一種の所有者上昇 (possessor ascension) によってもたらされると考えられる。

　　(40)　a. 東京にあの人の弟がいる。
　　　　　b. あの人は，東京に弟がいる。

つまり，(40a)の「あの人の弟」という名詞句の中の所有者「あの人」が文頭に取り出されて，(40b)のような文が作られるのである。所有者上昇が可能な名詞は，「弟」や「妻」，「家族」のような親族名称のほか，「恋人」，「友人」，「知り合い」，「部下」，「教え子」などの人間関係を表す相対名詞や，「墓」，「自宅」などの所有物を表す名詞である。

4.2.2　接触場所交替

　接触場所交替というのは(41a, b)のような交替を指し，動詞の意味に「移動」の含みがあり，かつ，状態変化ではなく単に対象に対する物理的な接触を表す場合に可能な交替である (Pinker 1989)。

　　(41)　a. John hit the wall with the bat.
　　　　　　（ジョンはバットで壁をたたいた）
　　　　　b. John hit the bat against the wall.
　　　　　　（ジョンはバットを壁に振り当てた）

(41)の交替では，(41a)が基本形で，そこから(41b)が派生される。なぜなら，hit は，通常，打撃の対象となる項（wall などの場所）を目的語としてとるからである。このことは，前置詞句（with the bat, against the wall）を省略したとすると，文の意味解釈がどのようになるのかを考えればわかりやすい。

　　(42)　a. John hit the wall.
　　　　　b. John hit the bat.

(42a)は，(41a)と基本的に同じ状況を表し，どちらも壁をたたいたことになる。他方，(42b)は(41b)と同じ状況を表すことにならない。(42b)は「ジョンはバットをたたいた」あるいは「ジョンはバットにぶつかった」ということであるから，(41b)の「壁にバットをぶつけた」という意味とは全く異なる (Fillmore 1977b)。

　(41)の交替が成り立つのは，ジョンが振ったバットが軌道を描いて壁にぶちあたることが想像できるからであると考えられる。実際，軌道を描く

ような動きが容易に想像できない動詞——たとえば(43a)のtouchや(43b)のcut——ではこの交替が起こらない。

(43) a. *John touched his hand against a cat.
b. *John cut the knife against the bread.

なお，下の(44)は一見，接触場所交替のように思えるが，(44a)と(44b)は同じ意味を表していない。

(44) a. Fred broke the window with the teacup.
（フレッドは茶碗で窓を割った）
b. Fred broke the teacup against the window.
（フレッドは茶碗を窓にぶつけて割った）

breakは目的語の状態変化を意味するから，(44a)では窓が，(44b)では茶碗が割れたことになる。この2文は意味が異なるから，交替が起こっているとは捉えられない（Foley and Van Valin 1984）。

Dowty (1991)は(41)の2種類の構文の一方のみをとる動詞がいくつかあることを指摘している。たとえば，swat（ピシャッとたたく）やsmack, swipe, wallop, caneなどの動詞は，(41a)タイプで目的語に場所（接触の対象）しかとれない。

(45) a. He swatted the mosquito with a rolled-up newspaper.
（丸めた新聞で蚊をたたいた）
b. *He swatted a rolled-up newspaper against the mosquito.

Dowty (1991)は，このような動詞の多くは典型的に有生の目的語をとり，外的な変化として現れにくいような苦痛や痛みを与える行為 (pain-inflicting or punishing action) を意味すると述べている。他方，道具格のみを目的語にとる(41b)タイプの動詞には，dash, throw, bounceなどがある。

(46) a. *She dashed the wall with the water.
b. She dashed the water against the wall.
（壁に水をぶっかけた）

Dowtyの説明では，このタイプの動詞は道具（(46b)ではthe water）の位置変化 (change of position) の意味を表す動詞である。そして，接触場所交替(41a, b)に関与できるhitのような動詞は，(45)と(46)の2つのタイプの中間的なもので，場所に何らかの影響を与えるという意味をもつ

動詞としても，道具の位置変化を表す動詞としても捉えることができるとしている。

　日本語では接触場所構文の交替は基本的に存在せず，(41)の2文と同じような意味を表すためには，それぞれに別の動詞を用いることが必要である。まず，接触の対象を目的語として表出するためには，(47)の「たたく」のような動詞を用いなければならない。

(47)　a.　彼はバットで壁をたたいた。(Cf. (41a))
　　　b.　*彼はバットを壁にたたいた。(Cf. (41b))

これに対して，道具（移動物）を目的語として表出するためには，「ぶつける」のような動詞を使う必要がある。

(48)　a.　彼はバットを壁にぶつけた。
　　　b.　*彼は壁をバットでぶつけた。

「たたく」は働きかけの対象（「壁」のような場所）を目的語としてとるため，(47b)の構文を作り出すことができず，接触を起こす道具は(47a)のように「で」で標示するしかない。これに対して，「ぶつける」は，道具の動きを表す動詞であるため，(48a)のみが可能になる。

　接触場所交替に似た交替は，sign という動詞を用いた(49)にも見られる（ただし，sign の場合は，the contract が目的語となる構文(49b)では，his name を前置詞句として表出できない）。

(49)　a.　He signed his name (on the contract).
　　　b.　He signed the contract (*with his name).

(Fillmore 2003: 225)

これに対して，日本語の「サインする」は(49a)に相当する(50a)の構文しかとることができず，(50b)のように「契約書」をヲ格目的語にすることはできない。

(50)　a.　彼は契約書に（自分の名前を）サインした。
　　　b.　?*彼は契約書をサインした。

サインするという行為では，「契約書」が「サイン」のたどり着く着点（場所）と認識される。日本語では，一般に，移動の着点はヲ格ではなくニ格で標示される。

(51)　a.　John reached the station.
　　　b.　ジョンは駅{に／*を}たどり着いた。

第10章　構文交替と項の具現化　289

このために，日本語の「サインする」という動詞では，接触場所交替が起こらず，接触場所に相当する着点はニ格で標示され，「契約書に名前を」のパターンしかとれない。

4.2.3　場所格交替に類する交替

日本語で観察される交替の中には，場所がヲ格目的語として現れない場合は助詞「に」で標示され，移動物がヲ格目的語として現れない場合は「で」で標示されるものがある。もっとも典型的なものは，(52a, b)や(53a, b)のような壁塗り交替である（場所格交替とも呼ばれる。☞『動詞編』第4章）。

(52)　a.　壁にペンキを塗る。
　　　b.　壁をペンキで塗る。
(53)　a.　John painted red paint on the wall.
　　　b.　John painted the wall with red paint.

この壁塗り交替と同じタイプの交替が(54), (55)でも観察される。

(54)　a.　犯人はナイフで被害者の背中を刺した。
　　　b.　犯人はナイフを被害者の背中に刺した。
(55)　a.　彼はこのボールであの的を当てた。
　　　b.　彼はこのボールをあの的に当てた。

通常，壁塗り交替においては，(52a)や(53a)のように材料が直接目的語として現れた場合には「部分的解釈」（壁の一部分だけにペンキが塗られるといった解釈）が強くなり，(52b)や(53b)のように場所が直接目的語として現れた場合には「全体的解釈」（壁全体にペンキが塗られるといった解釈）が強く現れる。これに対して，(54)や(55)の場合には，場所に対する物理的な影響は（たとえあったとしても）(a)文と(b)文でそれほど変わらないと感じられる。この点では，Levin (1993) があげている(56)の交替と似ている。

(56)　a.　The jeweler inscribed the name on the ring.
　　　b.　The jeweler inscribed the ring with the name.

(Levin 1993: 66)

(56a, b)は場所格交替(53a, b)と同じパターンを示し，刻印と刻印物を表す項の交替（image impression alternation）と呼ばれる（日本語なら「木を仏像に彫る」と「仏像を木で彫る」のような文の関係に相当す

る)。(56a, b)では「全体的解釈」と「部分的解釈」の違いはないとされる。壁塗り構文の特徴と見なされることが多い「全体的解釈」と「部分的解釈」の違いは，実際には，壁塗り構文においても明確でない場合があり(Jeffries and Willis (1984)，奥津 (1981) および『動詞編』第4章参照)，(52)から(56)までの例で観察される交替は，場所と主題（移動物）が交替を起こすという特徴を共有しているから，これらすべてを包括して，広い意味で「場所格交替」と呼んでよいのではないかと思われる。

ちなみに，日本語で(54)，(55)の交替が起こるためには，軌道を描くような移動物（道具）の動きが概念化されている必要がある。移動物がそのような動きをしていると認められない場合には交替が起こらない。

(57)　a.　医者は患者の背中に聴診器を当てた。
　　　　b. *医者は聴診器で患者の背中を当てた。

(57)の「聴診器」自体は移動の主体であっても，軌道を描くように移動するわけではないため，場所（患者の背中）を目的語とする構文はとれない。交替が起こるのになぜそのような移動を伴う必要があるのかという理由はよく分からないが，ここに，英語の接触場所交替と似た制約（前掲例(43)）が現れるのは興味深い。そうすると，(54)および(55)の例は，接触場所交替に該当するのではないかと考えたくなるが，英語の接触場所交替は，場所の変化が起こっていないことが必要条件であったのに対して，(54)，(55)の日本語では場所（「被害者の背中」，「あの的」）の変化が含意される。また，排除される構文のタイプも異なる（英語では，道具が目的語になるタイプが容認されない）。したがって，(54)および(55)の交替は，接触場所交替とは異なると言ってよい。なお，英語の接触場所交替で使用される場所を表す前置詞は against であるから，壁塗り交替の構文で現れる前置詞（on, onto など）とは異なることにも注意したい。

「刺す」や「当てる」のような動詞はもともと移動物を目的語にとり，上で述べた条件が整うと，場所を目的語としてとれるようになる。しかし，他動詞文を自動詞文にすると，次のような容認性の違いが出る。

(58)　a.　ナイフが被害者の背中に刺さった。
　　　　b. *被害者の背中がナイフで刺さった。
(59)　a.　このボールがあの的に当った。
　　　　b. ?*あの的がこのボールで当った。

(58), (59)に示されるように，自動詞文では移動物（ナイフ，ボール）を主語にとる構文（a文）だけが許される。これに対して，日本語の壁塗り交替動詞で，自他の交替が可能な場合（たとえば「詰める／詰まる」）では，他動詞文(60)でも自動詞文(61)でも同じように交替が起こる。

(60) a. こどもは，お菓子であの袋を詰めている。
　　 b. こどもは，あの袋にお菓子を詰めている。
(61) a. あの袋はお菓子で詰まっている。
　　 b. お菓子はあの袋に詰まっている。

「詰める／詰まる」の場所格交替とは異なり，「刺す」，「当てる」を用いた(54)，(55)の例で交替が起こるためには，道具に対しての働きかけの意味が表される必要があり，単に移動の結果を表すだけでは交替ができない。したがって，交替を起こすには，働きかけをもたらす動作主が主語として現れることが必要条件になり，動作主を表現しない自動詞文(58b), (59b)は非文法的になるのである。

　他動詞と自動詞の交替に関しては，英語の壁塗り交替動詞は，日本語と異なる振舞いを示す。たとえばsprayという動詞では，壁塗り交替に関して次のような非対称的な分布が観察される。

(62) a. John sprayed paint on the wall.
　　 b. Paint sprayed on the wall.
(63) a. John sprayed the wall with paint.
　　 b. *The wall sprayed with paint.

他動詞のsprayは本来，材料の移動を表す動詞(62a)であるが，場所に状態変化が認められればその場所の変化を表す構文(63a)としても用いることができる（Pinker 1989）。しかしsprayが自動詞として使えるのは，材料の移動を表す構文(62b)だけで，場所の状態変化を表す構文(63b)では使うことができない。

4.3　行為連鎖の〈変化・結果〉が関与する自他交替

　自動詞と他動詞の交替の代表は使役交替であり，行為連鎖の「行為者側の連鎖」（とりわけ動作主，使役者）と「対象側の連鎖」（とりわけ変化の対象物）とにまたがって起こる。この交替は，英語でも日本語でも豊富に見られる。他方，数は少ないものの，「コップが割れた」や「洗濯物が乾

いた」が表すような，動作主が介入しない対象側の連鎖——すなわち，使役連鎖の右側の部分——だけが関与する自動詞と他動詞の交替もある。

対象側の連鎖だけが係わる交替の例として，(64)，(65)の構文交替を見てみよう（影山 1996，2002d）。

(64) a. 今年もこの木（の枝）から新芽がふいた。
b. 今年も，この木（の枝）が新芽をふいた。
(65) a. コンピュータに重大なミスが生じた。
b. コンピュータが重大なミスを生じた。

(64a)，(65a)が自動詞文，(64b)，(65b)はそれに対応する他動詞文で，動詞は自他同形である。自動詞文では，移動物／変化対象を表す主語と「から／に」で標示される場所句が現れ，他動詞文では，場所が主語，移動物／変化対象が目的語になる。

日本語では，「閉じる」，「開く」のように自動詞と他動詞で同じ形態を持つ動詞が使役交替に関わることがある。

(66) a. 係員が門をひらいた。
b. 門がひらいた。

(64)，(65)の例は一見，(66)と同じ使役交替のように見えるが，実はそうではない。まず，通常の使役交替では他動詞文を受身文に変えることができる。

(67) a. 家が建った。（自動詞）
b. 業者が家を建てた。（使役他動詞）
c. 業者によって家が建てられた。（bの受身文）

(66a)の他動詞文も，同じように受身化して「係員によって門がひらかれた」とすることができる。ところが，(64b)，(65b)を受身文にすると，非文法的になる。

(68) a. *木によって芽がふかれた。
b. *コンピュータによってミスが生じられた。

（影山 1996：114）

このような違いから，(64)，(65)の交替は使役交替ではないと考えられる。「生じる」や「ふく」の場合，他動詞構文で主語として現れるのは「発生源」を表す場所名詞であって，動作主ではない。影山（2002d）の分析では，他動詞構文をとる「生じる」「ふく」などは非対格構造（簡単

に言うと，意図的な制御のきかない構造）を持つ他動詞と見なされ，他動詞の主語が動作主ではないから，受身化ができないと分析される。

(64)-(65)と同じタイプの英語の自他交替は Levin (1993: 32) では「湧出物と源泉の構文交替」と呼ばれ，gush, ooze, drip など，場所から内容物が湧出することを表す動詞に見られる（以下の例は影山（2002d）から）。

(69) a. Hot lava gushed from the volcano.
（火山から熱い溶岩が噴出した）
b. The volcano gushed hot lava.
（火山が熱い溶岩を噴出した）
(70) a. Watery fluid oozed from the burn for many days.
（火傷から液体が滲み出た）
b. The burn oozed watery fluid for many days.

影山（2002d）が指摘するように，英語でもこれらの他動詞文は受身化できない。

(71) a. *Hot lava was gushed by the volcano.
b. *Watery fluid was oozed by the burn.

日本語および英語における湧出・発生動詞の構文が表す事象は，行為連鎖でいうと〈変化〉→〈結果〉の部分に該当するが，それとともに，発生物・湧出物はそれが出てくる場所（源泉）に対して部分と全体の関係にある（枝の一部分として新芽が発生し，火山の一部分を構成する溶岩が外に出てくる）。そうすると，この構文の自他交替は，ある場所の内部から何かが発生するという自動詞文を基にして，その場所（発生源）を主語に取り立てたものと分析できる。

(72) 発生物と源泉の構文交替における具現化
a. 自動詞文：源泉 → 場所格　発生物 → 主語
b. 他動詞文：源泉 → 主語　　発生物 → 目的語

要するに，部分（新芽）を主語にすると自動詞文になり，全体（木の枝）を主語にすると他動詞文になるというわけである。交替が起こる場合，「ふく，生じる」などの動詞が，単に物体の発生だけでなく，それが生じる場所（湧出源）の状態をも描写することに注意したい。つまり，自動詞文「コンピュータからミスが生じた」がミスの発生のみを表すのに対して

他動詞文「コンピュータがミスを生じた」は，ミスの発生に加えて「だから，このコンピュータはダメだ」というような含みも持つ．他方，単純に発生だけを意味する動詞——「発生する」「現れる」など——は発生源の場所については何も言及しないために，他動詞文は成り立たない．

(73) a. 木の枝から新芽が現れた．コンピュータにミスが発生した．
　　　b. *木の枝が新芽を現れた．*コンピュータがミスを発生した．

日本語は，英語と比べて無生物主語構文が少ないとされ，英語で自然な無生物主語構文であっても日本語にすると極めて不自然となることが多い．これは，しばしば，ナル型言語とスル型言語の違いに代表される言語のコード化の方式の違いとして捉えられる（池上1981，中右・西村1998など）．しかし，これとは逆に，無生物構文の中には，日本語では自然であっても英語では表現がむずかしいものが存在することも事実である．

(74) a. 肉まんが湯気を立てている．
　　　b. 納豆が長い糸を引いた．

(74)は，日本語としては自然であるが，standやpullを用いて英語に直訳しても意味のある表現にはならない．(74)の特徴は，通常は主語として動作主をとる「引く」，「立てる」という動詞が，動作主とはなり得ないような無生物名詞句を主語にとっている点である．「立てる」の場合，「立つ」という自動詞形があり，「立つ」を使うと「肉まん」は「から」で標示できる．

(75) 肉まんから湯気が立っている．

(74)で使われた「立てる，引く」という他動詞は，通常は主語の意図的な動作を表す動詞で，(76)に示すように無生物の主語をとることはない．

(76) a. ｛学生／*肉まん｝があそこに看板を立てている．
　　　b. ｛男の人／*納豆｝がグランドに白い線を引いた．

この意味的条件に反して，(74)では，通常は不可能なはずの無生物名詞が他動詞の主語になっている．実際，(74)の2文では肉まんが動作をするわけではないし，納豆が行為を行うわけでもない．(74)の他動詞文は，先ほどの「新芽をふく」等と同じように，「湯気，長い糸」という物体の発生よりはむしろ，それらが発生する場所（肉まん，納豆）に注目した表現であると考えられる．他動詞構文では，「肉まん」，「納豆」の「湯気」，「糸」

に関する変化がそこで起こっていること——さらに言うと，そのような変化のために肉まん，納豆が食べごろの状態になっていること——を表現しているのである。

統語的にも，(74)の他動詞文は「新芽をふく」構文と似ている。すなわち，これらも，行為者主語を持たないために受身化することができない。

(77)　a.　*湯気が肉まんに立てられた。
　　　　b.　*納豆に糸が引かれた。

もちろん，「引く」「立てる」のような表現が主語に動作主にとる通常の用法では，受身化することに問題は生じない。

(78)　a.　看板がそこに立てられた。
　　　　b.　グランドに白い線が引かれた。

場所格主語の構文とよく似たもうひとつの構文がある。杉岡（2001）では，自発変化が他動詞の形として表現される例として，次のような例をあげている。

(79)　a.　車輪が回転を速めた。
　　　　b.　台風が雨脚を強めた。　　　　　　　（杉岡 2001：110-111）

(79)の例は，場所主語ではなく，「車輪の回転が速まった」「台風の雨脚が強まった」という言い換えが可能なことから（全体・部分の関係を示す）一種の所有者主語であると考えることができる（このような例では，通常の用法でも主語が必ずしも動作主である必要はない）。そして，(79)の例においても受身化はできない。

(80)　a.　*回転が車輪によって速められた。
　　　　b.　*雨脚が台風によって強められた。　　（杉岡 2001：110）

(80a)では，「車輪が回転する」という，意図された意味では容認されない。所有者の主語が通常の主語とは異なる振る舞いをすることは，主語に経験者をとる(81)のような構文からも観察できる（井上 1976，奥津 1983 などを参照）。

(81)　a.　メアリーが右足を折った。
　　　　b.　右足がメアリーに折られた。

(81a)は，「メアリーが自分の右足を折った」と「メアリーが他人の右足を折った」という意味がある。前者の場合には，メアリーは足の所有者で「足を折る」という事態を経験した経験者になり，後者の場合は単に動作

主ということになる。(81b)の受身では、「メアリーが自分の右足を折った」という意味はなくなってしまう。もちろん、ここでの経験者は目的語に対して働きかけを行わないと認識されるので、(81a)は、経験者主語をもつと解釈される場合には受身化できないのである。

以上述べてきたような場所（発生源）や所有者を主語にとる自発的・自然発生的な変化を表す他動詞文は、他動詞の形をしていても、カバーする意味範囲は(82)に示すように〈変化〉→〈結果〉の部分だけに留まる。

(82) 〈行為〉（→〈道具〉）→〈働きかけ〉→〈変化〉→〈結果〉

このようなタイプの他動詞構文は、〈行為〉→〈働きかけ〉の部分を意味範囲としてカバーする通常の他動詞構文とは異なる振る舞いをすることになる。

最後に、右端の〈状態〉だけに関わる自他交替にも少しだけ触れておこう。これは、第9章で説明した「存在」と「所有」の交替である。

(83) a. There are five bedrooms in this house.
     b. This house has five bedrooms.

(83)では、(83a)が基本的な構文で、(83b)がその他動詞文として対応している。自動詞文の場所格（in this house）が、他動詞文の主語になることは、本節で述べてきた日本語の諸構文と共通している。

このような交替は、日本語では「ある／いる」、「持つ」という動詞では対応させにくい。しかし第9章で見たように、日本語では「～に～が｛ある／いる｝」という同じ形式を用いて、存在を自動詞文、所有を他動詞文として使うという点で、これを〈状態〉の部分だけに関わる交替と捉えることができる。

(84) a. あの子（の頭）にシラミがいる。（存在。自動詞文）
     b. あの子（*の頭）にペットがいる。（所有。他動詞文）

この場合も、(84a)の自動詞文はシラミの存在を述べているだけであるが、(84b)の他動詞文は主語「あの子」に関して、ペットを飼っているという特徴を表現している。

4.4 属性を表す無生物主語構文

これまで述べてきた構文交替の現象はすべて、特定の時間と場所におい

て起こる出来事や動作（場合によっては，状態）を表す文で，事象叙述文（☞『形容詞編』第2章）と呼ばれる。事象叙述文における項の具現化の仕方は，これまで用いてきた「行為連鎖」という意味構造と，行為連鎖における個々の名詞句の意味的な役割から十分に予測することができる。

ところが，事象叙述文における項の具現化の法則から逸脱しているのに，文法的に正しい文として認められる場合がある。最も分かりやすい例は，日本語の道具格主語構文である。第4.1節で見たように，日本語では道具格を主語とする他動詞文が許されない。

  (85) a. *鍵が金庫を開けた。
     b. *ナイフが肉を切った。
     c. *このシュレッダーが紙を0.5ミリの幅に切った。

しかしながら，この原則に反して，(86)のような文はかなり自由に作ることができる（影山・沈 2011）。

  (86) a. シュレッダー（というの）は紙を裁断する（ものだ）。
     b. このシュレッダーは紙を0.5ミリの幅に切る（ことができる）。
     c. 消臭剤（というの）は臭いを消す（ものだ）。
     d. この消臭剤はどんな臭いもたちどころに消す。

(86)の文は，主題（〜というのは）として述べられた道具名詞の属性を説明するものであり，その「属性」というのは主題になる名詞（「シュレッダー」等）のクオリア構造の《目的・機能》で示されているものである。

このように属性を表す文（属性叙述文）は，特定の時間や特定の使用者に影響されない一般的な性質を述べるという特徴がある。そのため，(86)の目的語（「紙，臭い」）は，特定の指示対象を指すのではなく，総称名詞句になっている。もし特定の指示対象にすると，「*消臭剤というのは，今，私の部屋の嫌な臭いを消す」のような不適格な文になってしまう。

このような属性叙述文の文法的な特徴として，受身文に変えられないという性質が挙げられる。たとえば(86a)を受身化した(87a)や，(86b)を受身化した(87b)は不適格になる（少なくとも，受身文は元の能動文と同じ意味を表さない）。

  (87) a. #紙（というの）は，シュレッダーによって裁断される（ものだ）。

  b. [#]紙は，このシュレッダーによって0.5ミリの幅に切られる。
   （[#]は，元の能動文と同じ意味にならないことを示す。）

英語では，The knife cut the bread. のように事象叙述を表す場合でも道具格主語構文が認められるが，それと並んで，属性叙述を表す道具格主語構文もある。

(88) a. *Bricks built the house. (Schlesinger 1995a: 92)
  b. Defective bricks build a defective house.

(88a)は具体的な事象を表す文で非文法的であるが，「欠陥のあるレンガは欠陥のある家しか建てられない」という(88b)は容認される。(88b)は，主語 defective bricks の性質を表す。(88b)は，このレンガが元々備えている性質を記述し，時間や場所によって左右されることがないから，「本来的な属性」と呼ぶことができる。本来的な属性は「普遍の真理」を意味するため，通常現在形で表される。

 さらに，(89)は a, b ともに過去形を用いて特定の時間に起こった一回の出来事を表現しているが，(89a)が非文法的であるのに対して，(89b)は文法的である。

(89) a. *The baton conducted Copland's symphony.
  b. This is the baton that conducted Copland's symphony on its opening night.

       (89a, b はともに Schlesinger 1995a: 99)

この差はどこにあるのだろうか。(89a)は，たとえば last night といった特定の時間や，in Carnegie Hall のような特定の場所が省略されている普通の事象叙述文である。the baton（指揮棒）そのものが交響曲の演奏を引き出すわけではないから，the baton は事象叙述文の主語にならない。他方，(89b)は，同じく一回切りのコンサートであっても，「作曲家コープランドの交響曲の初演」という記念すべき出来事であり，それに関わったこの指揮棒は歴史的価値・功績（Schlesinger 1995a の用語では"feat"）という属性を付与される。この属性は，この指揮棒に本来的に備わっているものではなく，コープランドの交響曲の初演という出来事によって生じたものであるから，「履歴による属性」と見なすことができる（本来的属性と履歴による属性の区別については，益岡(2008)，影山(2008)などを参照）。(89b)は属性叙述文であるから，普通なら許されな

い「指揮棒」を主語にした構文が例外的に許されるのである。
　本来的属性と履歴による属性の2種類は英語にも存在する。たとえば(90a)のような中間構文（middle construction ☞『動詞編』第7章）は本来的な属性を表す構文であり，他方，(90b)のような前置詞付きの擬似受身文（pseudo-passive construction ☞『形容詞編』第4章）は過去の履歴に基づく属性を表す構文である。

　　(90)　a.　This knife cuts well.（このナイフはよく切れる）
　　　　　b.　That cup was drunk out of by Napoleon (and carefully preserved for 150 years afterward).（Davison 1980: 54）
　　　　　　　（そのコップはナポレオンが使って以後150年間慎重に保存されていた）

同じく，形容詞を派生する -ed 接尾辞でも，(91a)のように名詞に付く -ed 形は本来的な属性を表すが，(91b)のように他動詞ないし意志的な自動詞（非能格動詞）に付く -ed 形は履歴による属性を表す。

　　(91)　a.　talented（才能のある），blue-eyed（青い目をした），kind-hearted（心の優しい）
　　　　　b.　much-travelled（よく旅をして見聞の広い），well-read（本をたくさん読んで博識な）

さらに，この2種類の属性は，おもしろい英語の構文を生み出すことになる。英語は，無生物主語や道具格主語がかなり自由であるものの，次のように，お金や場所などを意味する名詞句は通常，他動詞文の主語になることはない。

　　(92)　a.　*Thirty-five thousand dollars built a house in the suburbs of Houston.
　　　　　　　（意図される意味：「35,000ドルでヒューストンの郊外に家を建てた」）
　　　　　b.　*This cabin slept my family last night.
　　　　　　　（意図される意味：「この山小屋で私の家族は昨晩泊まった」）

(92)は，特定の時間における出来事を表す事象叙述文で，非文法的である。他方，同じ名詞を主語に使っても，次のようにすると許される。

　　(93)　a.　Thirty-five thousand dollars won't build that kind of a house these days.

（近頃，35,000ドルではあんな住宅はとても建てられない）
   b. This cabin sleeps twenty people.

(Perlmutter and Postal 1984: 92)

（この小屋は20名が寝泊まりできる）

(93)は主語名詞句が持つ属性――「35,000ドル」の価値，「この小屋」の収容力――を描写する属性叙述文である。(93)で用いられた build, sleep は本来は意図的な動作主を主語にとる動詞であるから，通常の事象叙述を表す文なら受身化できるはずである。ところが，属性を表す(93)は受身化できない。

(94) a. *That kind of a house won't be built by thirty-five thousand dollars these days.
   b. *Twenty people are slept by this cabin.

(Perlmutter and Postal 1984: 92)

　Perlmutter and Postal (1984) は，無生物主語の構文に対して受身が不可能になるのは，主語が前置詞のついた名詞句から昇格してきたからであると分析している（斜格名詞句から主語への昇格）。彼らの分析では，受身を作ることのできる文は，(受身を作る前に) 一度も主語への昇格が起こっていてはならないとされる。実は，英語の無生物主語構文の多くは受身化が可能であることは，Perlmutter and Postal (1984) も認識しており，That hypothesis was refuted by the data. のような例をあげている。彼らの分析では，このタイプ文では，無生物の主語をとっても名詞句の昇格によるものでないため，受身が可能になるということになるのであるが，なぜそうなるかについては説明されていない。

　本書の考え方では，(94)の受身文が許されないのは，属性を表すからである。属性は，時間的に一定している恒常的な状態であり，人間の意志によって左右することができない。受身化は，基本的に，意志的なコントロールが行われている出来事を表す文に対してのみに可能である。属性叙述文は，コントロールできない人間の意志を超えた属性を表現する。したがって，属性叙述文は受身化ができないのである。実際，特殊な構文でなくとも，resemble, have blue eyes といった述語で主語の属性を記述する他動詞構文も受身化できない。

(95) a. Mary resembles the movie star.
→ *The movie star is resembled by Mary.
b. Jane has blue eyes. → *Blue eyes are had by Jane.

これらの受身文が不適格なのも，resemble, have が状態動詞であるからではなく（状態動詞でもたとえば inhabit は受身になる），主語の属性を表す文だからである（Kageyama 2006）。

英語の see, find, witness のような動詞は，通常なら主語に経験者（experiencer）をとるが，「場所」や「時間（time）」を指す主語をとることもある。

(96) a. The world saw the beginning of a new era.
b. 1492 saw the beginning of a new era. (Levin 1993: 79)
c. This century has witnessed many important changes in engineering technology.

これらの他動詞文も受身化することができない。

(97) a. 1939 found the United States on the brink of disaster.
b. *The United States was found on the brink of disaster by 1939. (Perlmutter and Postal 1984: 92)

(96)の文が表す内容は，主語（the world, 1492, this century）が固有に持っている性質（本来的属性）とは見なせない。しかし，その年，あるいはその場所で歴史に残るような出来事が起こったわけであるから，その事実（履歴）により，その年（あるいは場所）が「履歴による属性」を獲得したと理解することができる。そうすると，(96)が受身化できないのは，履歴による属性を表す属性叙述文だからということになる。

日本語では，「収容する」という動詞が場所主語の構文をとり，(98a)のようにその場所の収容能力を指定することができる。

(98) a. この球場は3万人のお客さんを収容する。
（＝収容力がある）
b. 3万人のお客さんがこの球場に収容される。

(98a)は，主語「この球場」の属性を表す文であるが，一見したところ，(98b)のように受身化できるように見える。これまでの説明では，属性叙述文は他動詞文であっても受身化できなかった。(98b)は反例だろうか。そのことを見るために，(98b)の「収容される」の意味を考えてみよう。

(98a)の「収容する」は「収容する能力がある，収容力がある」という意味で，この球場についての現在の事実を物語っている。しかし，(98b)の「収容される」は，現在実際に収容されているという意味ではないし，「3万人の客は，収容される能力がある」という意味でもない。近い未来に発生する事態の予測を表すに過ぎない。このように，(98b)は(98a)と意味が異なるから，(98b)は(98a)を受身化した文ではない。ここでは，能動文／受身文という関係そのものが成り立っていないのである。

4.5　その他の構文交替

構文交替は，本書および『動詞編』，『形容詞編』で紹介したもの以外にも，英語，日本語にたくさんある。英語については，Levin (1993) *English verb classes and alternations* に例が豊富に載っている。日本語については下に幾つかの例を挙げるだけに留める (Cf. Kishimoto, Kageyama, and Sasaki 2012)。

(99)　目的語名詞の意味による交替
　　　a.　［場所］地面を掘る (to dig the ground)，木を彫る (to carve wood)
　　　b.　［結果産物］地面に穴を掘る (to dig a hole)，机に名前を彫る (carve one's name on a desk)
　　　c.　［物体］芋を掘る (to dig (up) potatoes)
(100)　「から」と「に」の交替
　　　a.　山田先生 {に／から} 数学を教わる。
　　　b.　神様 {に／から} 子を授かる。
(101)　「が」と「から」の交替
　　　その件は，私 {が／から} 先方にお伝えします。
(102)　「が」と「で」の交替 (Cf. 田窪 2010)
　　　a.　問題があれば，事務職員 {が／で} 対応します。
　　　b.　私 {が／のほうで} その問題を処理しておきました。

5　まとめ

本章では，これまでの章および本書の姉妹編で紹介できなかった幾つか

の構文交替を取り上げ，行為連鎖という意味構造が実際に用いられる文構造とどのように対応するのかを，項の具現化という概念で説明してきた。同じ動詞が使用されても名詞句（項）の現れ方が異なる現象は，多くの言語で頻繁に観察される。構文の交替現象（すなわち，項の具現化のパターン）は多くの場合，動詞がどのような意味を表しているか，すなわち，行為者の行為から対象の結果状態までを規定する行為連鎖のどの部分がどのように動詞の意味としてカバーされているかを見ることによって，項の現れ方をうまくとらえることができる。しかし，行為連鎖によって予測される項の具現化パターンの基本原則から逸脱して，例外的な項の具現化が起こることがある。そのような例外は，多くの場合，主語の属性を叙述するという特別な機能を持っている。

6 さらに理解を深めるために

- Charles Fillmore. 2003. *Form and meaning in language volume 1: Papers on semantic roles* ［Fillmoreが提唱した格文法（Case Grammar）の枠組みでかかれた論文を集めたもの。1960年から1970年頃のものが多く現在では理論が古くなっている感もあるが，そこで扱われている英語の構文に関する説明は洞察深いものが多い］
- Steven Pinker. 1989. *Learnability and cognition: The acquisition of argument structure* ［言語習得の観点を取り入れながら，さまざまな構文や交替現象に関して意味的な考察を展開している］
- Beth Levin and Malka Rappaport Hovav. 2005. *Argument realization* ［英語を中心に，項の具現化に関する理論の概観をしている。特にいろいろな項の交替現象がどのような理論的基盤に立って説明されてきたかについて詳しく解説されている］

（岸本秀樹・影山太郎）

By Way of Conclusion　料理動詞は構文交替の宝庫！

　cook, bake, boil, fry, roast のような料理動詞は，さまざまな構文交替に参加することができる。Mother is {cooking/baking} the potatoes. と The potatoes are {cooking/baking}. のような使役交替の他に，I will bake a pie for you. と I will bake you a pie. のような与格交替，Mother is {cooking/baking}. のような不定目的語省略（ただし，Mother is baking. というと「母は暑くて焼け焦げそうだ」という意味にもなる），Idaho potatoes bake beautifully. のような中間構文，The oven baked good bread. のような道具格主語構文，Mary cooked Idaho potatoes. と Mary baked the rolls. のような被動目的語と結果目的語の交替，They baked the flour into bread. と They baked bread from the flour. のような材料と産物の交替，She baked wonderful bread from that whole wheat flour. に対する That whole wheat flour bakes wonderful bread. のような材料主語構文などがある。料理動詞がこのように多彩な構文交替に参加できるのは，料理を作るという場面に意図的な動作主，材料，産物，道具など様々な参与物が関わっているからだろう。

　日本語でも，もっぱら料理の場面で使われる複合語が観察される。
・大根をすり下ろす（大根をすって，細かくする）
・お鍋に溶き卵を回し入れる（「の」の字を書くようにぐるりと回しながら入れる）
・お湯の中に卵を割り入れる（卵の殻を割りながら中身を入れる）
・冷凍食品をチンする（電子レンジで解凍する）
・魚を煮詰める（汁が蒸発するまで煮る），味噌汁が煮詰まる（水分が蒸発してしまう）

　この最後の「煮詰まる」という動詞は比喩的に「議論が煮詰まる」のように用いられる。この用法の元来の意味は「十分に議論が積み重ねられて，結論の出る段階になる」ということである。ところが，最近，この動詞が間違った意味で使われることが多くなってきた。つまり，「煮詰まる」が「行き詰まる。先に進めなくなる」という意味で用いられるのである。あるとき，学生から「先生，卒論が煮詰まって，どうすれば良いのか分かりません」と言われて，キョトンとしたことがある。卒論が煮詰まったのなら喜ばなければならないのに，と思ったら，本人は「卒論が行き詰まって，困っている」というつもりだったらしい。

参 照 文 献

(各文献の末尾に [ ] で示した数字は，その文献が関連する本書の章を表す。)

Abbott, Barbara. 1993. A pragmatic account of the definiteness effect in existential sentences. *Journal of Pragmatics* 19: 39-55. [9]

Aikhenvald, Alexandra Y. 2000. *Classifiers*. Oxford: Oxford University Press. [1]

Allan, Keith. 1977. Classifiers. *Language* 53: 285-311. [1]

Allerton, D. J. 975. Deletion and proform reduction. *Journal of Linguistics* 11: 213-237. [4]

Anderson, John M. 1971. *The grammar of case: Towards a localist theory*. Cambridge: Cambridge University Press. [9]

Anderson, Stephen. 1984. Objects (direct and not-so-direct) in English and elsewhere. In Caroline Duncan-Rose and Theo Vennemann (eds.) *On language: Rhetorica, phonologica, syntacica*, 287-314. London: Routledge. [5]

Atkins, Beryl T., Judy Kegl, and Beth Levin. 1988. Anatomy of a verb entry: From linguistic theory to lexicographic practice. *International Journal of Lexicography* 1(2): 84-126. [7]

Baker, Mark. 1985. Syntactic affixation and English gerunds. *WCCFL* 4: 1-11. [8]

Barwise, Jon and Robin Cooper. 1981. Generalized quantifiers and natural language. *Linguistics and Philosophy* 4: 159-219. [9]

Beavers, John. 2008. On the nature of goal marking and event delimitation: Evidence from Japanese. *Journal of Linguistics* 44: 283-316. [6]

Booij, Geert. 1986. Form and meaning in morphology: The case of Dutch 'agent nouns'. *Linguistics* 24: 503-517. [3]

Booij, Geert and Rochelle Lieber. 2004. On the paradigmatic nature of affixal semantics in English and Dutch. *Linguistics* 42: 327-357. [3]

Bowers, John. 1981. *The theory of grammatical relations*. Ithaca: Cornell University Press. [10]

Breivik, Leiv. 1981. On the interpretation of existential *there*. *Language* 57: 1-25. [9]

Brisson, Christine. 1994. The licensing of unexpressed objects in English verbs. *CLS 28*: 90-102. [4]

Brugman, Claudia M. 1988. *The story of* over: *Polysemy, semantics, and the structure of the lexicon*. New York: Garland. [6]

Burton, Strang. 1995. *Six issues to consider in "choosing a husband": Possessive relations in the lexical semantic structures of verbs*. Ph.D. dissertation, Rutgers University. [9]

Busa, Federuca, 1996. *Compositionality and the semantics of nominals*. Ph.D. dissertation, Brandeis University. [3]

Chomsky, Noam. 1970. Remarks on nominalization. In Roderick A. Jacobs and Peter S. Rosenbaum (eds.) *Readings in English transformational grammar*, 184-221. Waltham: Ginn. [2, 8]

Clark, Eve V. and Herbert H. Clark. 1979. When nouns surface as verbs. *Language* 55: 767-811. [7]

Clark, Eve and B. Hecht. 1982. Learning to coin agent and instrument nouns. *Cognition* 12: 1-24. [3]

Croft, William. 1991. *Syntactic categories and grammatical relations*. Chicago: University of Chicago Press. [10]

Davison, Alice. 1980. Peculiar passives. *Language* 56: 42-66. [10]

Dean, Paul. 1987. English possessives, topicality, and the Silverstein hierarchy. *BLS* 13: 65-76. [9]

Dixon, R. M. W. 2005. *A semantic approach to English grammar*. Oxford: Oxford University Press. [5]

Dixon, R. M. W. 2010. *Basic linguistic theory, volume 2: Grammatical topics*. Oxford: Oxford University Press. [9]

Downing, Pamela A. 1996. *Numeral classifier systems: The case of Japanese*. Amsterdam: John Benjamins. [1]

Dowty, David. 1979. *Word meaning and Montague grammar*. Dordrecht: Reidel. [10]

Dowty, David. 1991. Thematic proto-roles and argument selection. *Language* 67: 547-619. [10]

エイエイコ, ティン. 2004.「類別詞の用法から見たビルマ語の語彙特徴」, 西光義弘・水口志乃扶（編）『類別詞の対照』151-183. くろしお出版. [1]

Endo, Yoshio. 2007. *Locality and information structure*. Amsterdam: John Benjamins. [10]

Fillmore, Charles. 1968. The case for case. In Emmon Bach and Robert T. Harms (eds.) *Universals in linguistic theory*, 1-88. New York: Holt, Rinehart, and Winston. [10]

Fillmore, Charles. 1969. Types of lexical information. In Ferenc Kiefer (ed.) *Studies in syntax and semantics*, 109-137. Dordrecht: Reidel. [10]

Fillmore, Charles. 1970. The grammar of hitting and breaking. In Roderick A. Jackobs and Peter S. Rosenbaum (eds.) *Readings in English transformational grammar*, 120-133. Waltham, MA: Ginn. [10]

Fillmore, Charles. 1977a. The case for case reopened. In Peter Cole (ed.) *Syntax and semantics 8: Grammatical relations*, 59-81. New York: Academic Press. [10]

Fillmore, Charles. 1977b. Topics in lexical semantics. In Roger W. Cole (ed.) *Current issues in linguistic theory*, 76-138. Indiana: Indiana University Press. [10]

Fillmore, Charles. 1986. Pragmatically controlled zero anaphora. *BLS 12*: 95-107. [4]

Fillmore, Charles. 2003. *Form and meaning in language, volume 1: Papers on semantic roles*. Stanford: CSLI. [10]

Foley, William and Robert Van Valin. 1984. *Functional syntax and universal grammar*. Cambridge: Cambridge University Press. [10]

Frawley, William. 1981. In defense of the dictionary: A response to Haiman. *Lingua* 55: 53-61. [7]

藤原多賀子. 2004.「頭／匹／羽の用法とカテゴリー化の過程」, 西光義弘・水口志乃扶（編）『類別詞の対照』113-127. くろしお出版. [1]

Goddard, Cliff. 2010. A piece of cheese, grain of sand: The semantics of mass nouns and unitizers. In Francis J. Pelletier (ed.) *Kinds, things, and stuff*. 132-165. New York: Oxford University Press. [1]

Goldberg, Adele. 1995. *Constructions: A construction grammar approach to argument structure*. Chicago: University of Chicago Press. [5, 6, 10]

Goldberg, Adele E. 2001. Patient arguments of causative verbs can be omitted: The role of information structure in argument distribution. *Language Sciences* 23: 503-24. [4]

Goldberg, Adele E. 2005. Constructions, lexical semantics, and the correspondence principle: Accounting for generalizations and subregularities in the realization of arguments. In Nomi Erteschik-Shir and Tova Rapoport (eds.) *The syntax of aspect*, 215-236. Oxford: Oxford University Press. [4]

Grimshaw, Jane. 1990. *Argument structure*. Cambridge, MA: MIT Press. [2, 8]

Grimshaw, Jane. 1993. Semantic structure and semantic content. Ms. (Grimshaw, Jane. 2005. *Words and structure*, 75-89. Stanford: CSLI.) [4]

Groefsema, Marjolein. 1995. Understood arguments: A semantic/pragmatic approach. *Lingua* 96: 139-161. [4]

Gruber, Jeffrey. 1976. *Lexical structures in syntax and semantics*. Dordrecht: North-Holland. [5]

Guerssel, Mohamed, Ken Hale, Mary Laughren, Beth Levin, and Josie W. Eagle. 1985. A cross-linguistic study of transitivity alternations. *Papers from the parasession on causatives and agentivity, CLS 21, Part 2*: 48-63. [5]

Haiman, John. 1980. Dictionaries and encyclopedias. *Lingua* 50: 329-357. [7]

Hawkins, Roger. 1981. Towards an account of the possessive constructions: *NP's N* and the *N of NP*. *Journal of Linguistics* 17: 247-269. [9]

Heim, Irene. 1987. Where does the definiteness restriction apply? Evidence from the definiteness of variables. In Eric Reuland and Alice ter Meulen (eds.) *The representation of (in)definiteness*, 21-42. Cambridge, MA: MIT Press. [9]

北条正子．1973．「主要接辞・助数詞一覧」，鈴木一彦・林巨樹（編）『品詞論の周辺』260-272．明治書院．[1]

Hornstein, Norbert, Sara Thomas Rosen, and Juan Uriagereka. 1996. Integral predication. *WCCFL* 14: 169-183. [9]

Huang, C.-T. James. 1984. On the distribution and reference of empty pronouns. *Linguistic Inquiry* 15: 531-574. [4]

Hudson, Dick. 1996. Summary: watch. Linguist List 7. 1525. http://linguistlist.org/issues/7/7-1525.html [4]

Hurford, James. 2010. *The linguistic theory of numerals*. Cambridge: Cambridge University Press. [1]

飯田朝子．2004．『数え方の辞典』小学館．[1]

池上嘉彦．1981．『「する」と「なる」の言語学』大修館書店．[10]

井上和子．1976．『変形文法と日本語（下）：意味解釈を中心に』大修館書店．[10]

Israel, Michael. 1996. The *way* constructions grow. In Adele Goldberg (ed.) *Conceptual structure, discourse and language*, 217-230. Stanford: CSLI. [6]

伊藤紀子．2004．「形状類別詞「粒」の用法とまとまり性」，西光義弘・水口志乃扶（編）『類別詞の対照』，79-93．くろしお出版．[1]

伊藤たかね・杉岡洋子．2002．『語の仕組みと語形成』研究社．[2, 3, 7, 8]

Jackendoff, Ray. 1972. *Semantic interpretation in generative grammar*. Cambridge, MA: MIT Press. [9]

Jackendoff, Ray. 1976. Toward an explanatory semantic representation. *Linguistic Inquiry* 7: 89-150. [9]

Jackendoff, Ray. 1983. *Semantics and cognition*. Cambridge, MA: MIT Press. [9]

Jackendoff, Ray. 1990. *Semantic structures*. Cambridge, MA: MIT Press. [6, 7, 10]

Jackendoff, Ray. 1992. Parts and Boundaries. In Beth Levin and Steven Pinker (eds.) *Lexical and conceptual semantics*, 9-45. Cambridge, MA: Blackwell. [1]

Jackendoff, Ray. 2002. *Foundations of language: Brain meaning, grammar, evolution*. Oxford: Oxford University Press. [7]

Jeffries, Lesley, and Penny Willis. 1984. A return to the spray paint issue. *Journal of Pragmatics* 8, 715-729. [10]

Jenkins, Lyle. 1975. *The English existential*. Tübingen: Niemeyer. [9]

Jespersen, Otto. 1909-1949. *A modern English grammar on historical principles*. 7

vols. London: George Allen and Unwin. [6, 9]
Johnston, Michael and Federica Busa. 1996. Qualia structure and the compositional interpretation of compounds. In Evelyne Viegas (ed.) *Breadth and depth of semantic lexicons*, 167-187. Dordrecht: Kluwer. [7]
影山太郎. 1980. 『日英比較　語彙の構造』松柏社. [3, 5, 7]
影山太郎. 1987. 「語彙の比較とプロトタイプ」『日本語学』6 (10): 4-12. [1]
影山太郎. 1993. 『文法と語形成』ひつじ出版. [7, 8]
影山太郎. 1996. 『動詞意味論――言語と認知の接点――』くろしお出版. [2, 3, 5, 9, 10]
影山太郎. 1997a. 「文法と形態論」, 松本裕治ほか『単語と辞書』岩波書店. [序]
影山太郎. 1997b. 「第1章　名詞から動詞を作る」, 影山太郎・由本陽子『語形成と概念構造』研究社. [7]
影山太郎. 1997c. 「第3章　単語を超えた語形成」, 影山太郎・由本陽子『語形成と概念構造』128-197. 研究社. [5, 6]
Kageyama, Taro. 1997. Denominal verbs and relative salience in lexical conceptual structure. In Taro Kageyama (ed.) *Verb semantics and syntactic structure*, 45-96. Tokyo: Kurosio. [7]
影山太郎. 1999a. 『形態論と意味』くろしお出版. [2, 3, 7]
影山太郎. 1999b. 「形態論とレキシコン」, 西光義弘（編）『日英語対照による英語学概論』47-96. くろしお出版. [序]
影山太郎. 2000. 「自他交替の意味的メカニズム」丸太忠雄・須賀一好（編）『日英語の自他交替』33-70. ひつじ書房. [10]
影山太郎. 2001. 「非対格構造の他動詞：意味と統語のインターフェイス」伊藤たかね（編）『文法理論：レキシコンと統語』, 119-145. 東京大学出版会. [10]
Kageyama, Taro. 2001. Polymorphism and boundedness in event/entity nominalizations. *Journal of Japanese Linguistics* 17: 29-57. [2]
影山太郎（編）. 2001. 『日英対照　動詞の意味と構文』大修館書店. [序ほか]
影山太郎. 2002a. 「ケジメのない日本語』岩波書店. [2, 5]
影山太郎. 2002b. 「動作主名詞における語彙と統語の境界」『国語学』53(1): 44-55. [3, 8, 9]
影山太郎. 2002c. 「語彙と文法」, 斎藤倫明（編）『朝倉日本語講座4：語彙・意味』170-190. 朝倉書店. [8]
影山太郎. 2003a. 「動作主属性文における他動詞の自動詞化」『市河賞36年の軌跡』271-280. 開拓社. [4]
影山太郎. 2003b. 「『東京までずっと寝ていた』という構文の概念構造」『國文学』3月号: 37-44. [6]
影山太郎. 2004. 「存在・所有の軽動詞構文と意味編入」影山太郎・岸本秀樹（編）『日本語の分析と言語類型』3-23. くろしお出版. [9]
Kageyama, Taro. 2004. *All the way* adjuncts and the syntax-conceptual structure

interface. *English Linguistics* 21(2): 265-293.［6］
影山太郎．2005.「辞書的知識と語用論的知識―語彙概念構造とクオリア構造の融合にむけて―」，影山太郎（編）『レキシコンフォーラム No. 1』65-101. ひつじ書房.［5］
Kageyama, Taro. 2006. Property predication as a voice phenomenon. In Tasaku Tsunoda and Taro Kageyama (eds.) *Voice and grammatical relations*, 85-114. Amsterdam: John Benjamins.［10］
影山太郎．2008.「属性叙述と語形成」，益岡隆志（編）『叙述類型論』23-43. くろしお出版.［10］
影山太郎．2009.「言語の構造制約と叙述機能」『言語研究』136号：1-34.［4］
影山太郎（編）．2009.『日英対照　形容詞・副詞の意味と構文』大修館書店.［**序ほか**］
影山太郎．2010.「移動の距離とアスペクト限定」，影山太郎編『レキシコンフォーラム No. 5』99-135. ひつじ書房.［6］
影山太郎・沈　力．2011.「付加詞主語構文の属性叙述機能」，影山太郎・沈　力（編）『日中理論言語学の新展望2―意味論―』くろしお出版.［10］
Kay, Paul and Karl Zimmer. 1990. On the structure of compounds and genitives in English. In Savas Tsohatzidis (ed.) *Meanings and prototypes*, 239-246. London: Routledge.［9］
Kemmer, David. 2003. Why can you *hit someone on the arm* but not *break someone on the arm*―A neuropsychological investigaion of the English body-part possessor ascension construction. *Journal of Neurolinguistics* 16: 13-16.［10］
Kimball, John. 1973. The grammar of existence. *CLS* 9: 262-270.［9］
Kiparsky, Paul. 1997. Remarks on denominal verbs. In Alex Alsina et al. (eds.) *Complex predicates*, 473-499. Stanford: CSLI.［4］
Kishimoto, Hideki. 2000. Locational verbs, agreement, and object shift in Japanese. *The Linguistic Review* 17: 53-109.［9］
岸本秀樹．2005.『統語構造と文法関係』くろしお出版.［9］
Kishimoto Hideki. 2006. Japanese syntactic nominalization and VP-internal syntax. *Lingua* 116: 771-810.［8］
Kishimoto, Hideki, Taro Kageyama, Kan Sasaki. 2012 予定. Valency classes in Japanese. Bernard Comrie and Andrej Malchukov (eds.) *Valency classes: A comparative handbook*. Berlin: Mouton de Gruyter.［10］
北原博雄（1998）「移動動詞と共起するニ格句とマデ格句」『国語学』195：15-29.［6］
金水敏．2006.『日本語存在表現の歴史』ひつじ書房.［9］
窪薗晴夫．2011.『数字とことばの不思議な話』岩波書店.［1］
国広哲弥．1967.『構造的意味論』三省堂.［6］
国広哲弥．1993.「日英語表現構造の比較」『英語教育』12月号：20-22.［6］

Kuno, Susumu. 1973. *The structure of the Japanese language*. Cambridge, MA.: MIT Press. [9]

Kuroda, S. -Y. 1965. *Generative grammatical studies in the Japanese language*. Ph. D. dissertation, MIT. (Published by Garland, 1979.) [4]

Lakoff, George. 1987. *Women, fire, and dangerous things: What categories reveal about the mind*. Chicago: University of Chicago Press. [日本語訳] 池上嘉彦ほか訳『認知意味論』紀伊國屋書店, 1993. [1, 9]

Landman, Fred. 2004. *Indefinites and type of sets*. Oxford: Blackwell. [9]

Langacker, Ronald W. 1987. *Foundations of cognitive grammar, vol. I: Theoretical prerequisites*. Stanford: Stanford University Press. [1, 7, 10]

Langacker, Ronald. 1991. *Foundations of cognitive grammar, vol. II: Descriptive application*. Stanford: Stanford University Press. [10]

Langacker, Ronald. 1995. Possession and possessive constructions. In John Taylor and Robert MacLaury (eds.) *Language and the cognitive construal of the world*, 51-79. Berlin: Mouton de Gruyter. [9]

Lehrer, Adrienne. 1970. Verbs and deletable objects. *Lingua* 25: 227-253. [4]

Lehrer, Adrienne. 1986. English classifier constructions. *Lingua* 68, 109-148. [1]

Levin, Beth. 1993. *English verb classes and alternations: A preliminary investigation*. Chicago: University of Chicago Press. [5, 10]

Levin, Beth and Malka Rappaport. 1988. Non-event *-er* nominals. *Linguistics* 26: 1067-1083. [3]

Levin, Beth and Malka Rappaport Hovav. 1995. *Unaccusativity: At the syntax-lexical semantics interface*. Cambridge, MA: MIT Press. [10]

Levin, Beth and Malka Rappaport Hovav. 2005. *Argument realization*. Cambridge: Cambridge University Press. [10]

Lieber, Rochelle. 2004. *Morphology and lexical semantics*. Cambridge: Cambridge University Press. [3]

Lumsden, Michael. 1988. *Existential sentences: Their structure and meaning*. London: Routledge. [9]

Lyons, Christopher. 1999. *Definiteness*. Cambridge: Cambridge University Press. [9]

眞野美穂. 2004.「類別詞「個」と「つ」の認知的考察」, 西光義弘・水口志乃扶 (編)『類別詞の対照』129-148. くろしお出版. [1]

Marantz, Alec P. 1992. The *way* constructions and the semantics of direct arguments in English. In Tim Stowell and Eric Wehrli (eds.) *Syntax and semantics 26: Syntax and the lexicon*, 179-188. New York: Academic Press. [6]

Massam, Diane and Yves Roberge. 1989. Recipe context null objects in English. *Linguistic Inquiry* 20: 134-139. [4]

益岡隆志. 2000.『日本語文法の諸相』くろしお出版. [9]

益岡隆志. 2008.「属性叙述論にむけて」, 益岡隆志（編）『叙述類型論』3-18. くろしお出版. [10]

松本曜. 1991.「日本語類別詞の意味構造と体系－原型意味論による分析」『言語研究』99：82-106. [1]

松本曜. 1997.「空間移動の言語表現とその拡張」, 田中茂範・松本曜『空間と移動の表現』125-230. 研究社出版. [6]

Matsumoto, Yo. 1993. Japanese numeral classifiers: A study of semantic categories and lexical organization. *Linguistics* 31: 667-713. [1]

McCawley, James. 1998. *The syntactic phenomena of English*. 2 vols. Chicago: Chicago University Press. [9]

McNally, Louise 1997. *A semantics for the English existential construction*. New York: Garland. [9]

三上章. 1953.『現代語法序説』刀江書院.（1972年，くろしお出版より復刊）[9]

Miller, George and Philip Johnson-Laird. 1976. *Language and perception*. Cambridge, MA: Harvard University Press. [9]

Milsark, Gary. 1974. *Existential sentences in English*. New York: Garland. [9]

Milsark, Gary. 1977. Toward an explanation of certain peculiarities of the existential construction in English. *Linguistic Analysis* 3: 1-29. [9]

Mittwoch, Anita. 2005. Unspecified arguments in episodic and habitual sentences. In Nomi Erteschik-Shir and Tova Rapoport (eds.) *The Syntax of aspect*, 237-273. Oxford: Oxford University Press. [4]

宮島達夫. 1997.「ヒト名詞の意味とアスペクト・テンス」, 川端善明・仁田義雄（編）『日本語文法 体系と方法』157-171. ひつじ書房. [3]

三宅知宏. 1996.「日本語の移動動詞の対格標示について」『言語研究』110：143-168. [5]

水口志乃扶. 2004a.「「類別詞」とは何か」, 西光義弘・水口志乃扶（編）『類別詞の対照』3-22. くろしお出版. [1]

水口志乃扶. 2004b.「日本語の類別詞の特性」, 西光義弘・水口志乃扶（編）『類別詞の対照』61-77, くろしお出版. [1]

Moltmann, Friederike. 1997. *Parts and wholes*. New York: Oxford University Press. [1]

森山卓郎. 1988.『日本語動詞述語文の研究』明治書院. [5]

Mufwene, Salikoko. S. 1984. The count/mass distinction and the English lexicon. *CLS* 20: 200-221. [1]

Naess, Aschild. 2007. *Prototypical transitivity*. Amsterdam: John Benjamins. [4]

中右実. 1994.『認知意味論の原理』大修館書店. [5]

中右実. 2003.「英語の『動能』構文」, 語学教育研究所（編）『市河賞36年の軌跡』150-158. 開拓社. [5]

中右実・西村義樹. 1998.『構文と事象構造』研究社. [10]

西光義弘・水口志乃扶（編）．2004.『類別詞の対照』くろしお出版．[1]

西尾寅弥．1988.「動詞の連用形に関する一考察」『現代語彙の研究』明治書院（斉藤倫明・石井正彦（編）『語構成』192-212（ひつじ書房，1997）に再録）[2]

西山佑司．2003.『日本語名詞句の意味論と語用論』ひつじ書房．[8, 9]

仁田義雄．1997.『日本語文法研究序説』くろしお出版．[10]

野田尚史．1981.「「カキ料理は広島が本場だ」構文について」『待兼山論叢』15：45-66．[8]

岡本順治・佐々木勲人・中本武志・橋本修・鷲尾龍一．1998.「打撃・接触動詞の動能交替と結果の含意」『東西言語文化の類型論特別プロジェクト研究』研究成果報告書Ⅰ（Part Ⅰ）173-191．筑波大学．[5]

奥津敬一郎．1974.『生成日本文法論：名詞句の構造』大修館書店．[9]

奥津敬一郎．1981.「移動変化動詞文－いわゆる spray paint hypallage について－」『国語学』127：21-33．[10]

奥津敬一郎．1983.「不可分離所有と所有者移動－視点の立場から－」『都大論究』20．（奥津敬一郎（1996）『拾遺 日本文法論』に再掲，pp. 267-281.）[10]

小野尚之．2005.『生成語彙論』くろしお出版．[序]

Onozuka, Hiromi. 2007. Remarks on causative verbs and object deletion in English. *Language Sciences* 29: 538-553. [4]

Ostler, Nicholas, and Beryl T. S. Atkins. 1992. Predictable meaning shift: Some linguistic properties of lexical implication rules. In James Pustejovsky and Sabine Bergler (eds.) *Lexical semantics and knowledge representation*, 87-100. Dordrecht: Springer. [7]

Payne, John and Rodney Huddleston. 2002. Nouns and noun phrases. In Rodney Huddleston and Geoffrey K. Pullum (eds.) *The Cambridge grammar of the English language*, 323-523. Cambridge: Cambridge University Press. [1]

Partee, Barbara. 2004. *Compositionality in formal semantics: Selected papers by Barbara H. Partee*. Oxford: Blackwell. [9]

Perlmutter, David M. 1977. Impersonal passives and the unaccusative hypothesis. *BLS* 4: 157-189. [10]

Perlmutter, David M., and Paul M. Postal. 1984. The 1-advancement exclusiveness law. In Perlmutter, David M., and Carol Rosen (eds.) *Studies in relational grammar* 2, 81-125. Chicago: Chicago University Press. [10]

Pinker, Steven. 1989. *Learnability and cognition: The acquisition of argument structure*. Cambridge, MA: MIT Press. [5, 10]

Pustejovsky, James. 1995. *The generative lexicon*. Cambridge, MA: MIT Press. [序, 2, 3, 4, 5, 10]

Rando, Emily and Donna Jo Napoli. 1978. Definites in *there*-sentences. *Language* 54: 300-313. [9]

Rappaport Hovav, Malka and Beth Levin. 1992. *-Er* nominals: Implications for a theory of argument structure. In Tim Stowell and Eric Wehrli (eds.) *Syntax and Semantics 26: Syntax and the lexicon*, 127-153. New York: Academic Press.［3, 8］

Rappaport Hovav, Malka and and Beth Levin. 1998. Building verb meanings. In Miriam Butt and Wilhelm Geuder (eds.) *The projection of arguments*, 97-134. Stanford: CSLI.［4］

Rice, Sally, 1988. Unlikely lexical entries. *BLS* 14: 202-212.［4］

Ross, John R. 1974. There, there, (there, (there, (there, ⋯))). *CLS* 10: 569-587.［9］

Safir, Kenneth. 1985. *Syntactic chains*. Cambridge: Cambridge University Press.［9］

Salkoff, Morris. 1988. Analysis by fusion. *Lingvisticae Investigationes* 12: 48-84.［6］

Schlesinger, Izchak. 1995a. *Cognitive space and linguistic case*. Cambridge: Cambridge University Press.［10］

Schlesinger, I. M. 1995b. On the semantics of the object. In Bas Aarts and Charles Meyer (eds) *The verb in contemporary English*, 54-74. Cambridge: Cambridge University Press.［5］

Seiler, Hansjakob. 1983. *Possession as an operational dimension of language*. Tubingen: Narr.［9］

瀬戸廣一．2006.『英語の「ものの数え方」辞典』木魂社．［1］

柴谷方良．1978.『日本語の分析』大修館書店．［9, 10］

島村礼子．1990.『英語の語形成とその生産性』リーベル出版．［3］

Smith, Carolatta. 1970. Jespersen's 'move and change' class and causative verbs in English. In Mohammad A. Jazayery, Edgar C. Palomé, and Werner Winter (eds.) *Linguistic and literary studies in honor of Archbald A. Hill, volume 2: Descriptive Linguistics*, 101-109. The Hague: Mouton.［10］

Soames, Scott and David Perlmutter. 1979. *Syntactic argumentation and the structure of English*. Berkeley: University of California Press.［9］

Stowell, Timothy 1978. What was there before *there* was there? *CLS* 14: 458-471.［9］

杉村博文．1986.「-者 -家」『日本語学』1986年3月号．［3］

Sugioka, Yoko. 1986. *Interaction of derivational morphology and syntax in Japanese and English*. New York: Garland.［4, 8］

杉岡洋子．1989.「派生語における動詞素性の受け継ぎ」，久野暲・柴谷方良（編）『日本語学の新展開』164-185．くろしお出版．［8］

Sugioka, Yoko. 1992. On the role of argument structure in nominalization.『日吉紀要言語・文化・コミュニケーション』10：53-80．慶應義塾大学．［8］

杉岡洋子．2001.「形容詞から派生する動詞の自他交替をめぐって」，伊藤たかね（編）『文法理論：レキシコンと統語』91-116．東京大学出版会．［10］

杉岡洋子．2005．「名詞化接辞の機能と意味」，大石強・西原哲雄（編）『現代形態論の潮流』75-94．ひつじ書房．[2, 8]

高見健一・久野暲．2002．『日英語の自動詞構文』研究社出版．[6]

田窪行則．2010．『日本語の構造－推論と知識管理－』くろしお出版．[2]

Talmy, Leonard. 2000. *Toward a cognitive semantics, vol. 2: Typology and process in concept structuring*. Cambridge, MA: MIT Press. [6]

Taylor, John R. 1996. *Possessives in English: An exploration in cognitive grammar*. Oxford: Oxford University Press. [9]

Tenny, Carol. 1994. *Aspectual roles and the syntax and semantics interface*. Dordrecht: Kluwer. [5, 10]

Tenny, Carol. 1995a. How motion verbs are special. *Progmatics & Cognition* 3: 31-75. [5]

Tenny, Carol. 1995b. Modularity in thematic versus aspectual licensing: Paths and moved objects in motion verbs. *Canodian Journal of Linguistics* 40: 201-234. [5]

寺村秀夫．1982．『日本語のシンタクスと意味Ⅰ』くろしお出版．[9]

角田太作．2009．『世界の言語と日本語』（改訂版）くろしお出版．[9]

上野誠司．2007．『日本語における空間表現と移動表現の概念意味論的研究』ひつじ書房．[6]

van der Leek, Frederike. 1996. The English conative construction: A compositional account. *CLS* 32: 363-378. [5]

Ward, Gregory, and Betty Birner 1995. Definites and the English existential. *Language* 71: 722-742. [9]

Wierzbicka, Anna. 1998. *The semantics of grammar*. Amsterdam: John Benjamins. [10]

Wierzbicka, Anna. 1996. *Semantics: Primes and universals*. Oxford: Oxford University Press. [7]

山口秋穂．2004．『日本語の論理』大修館書店．[9]

米山三明．2009．『意味論から見る英語の構造－移動と状態変化の表現を巡って－』開拓社．[6]

米澤優．2004．「"人間"に関わる類別詞－「者」と「名」を中心に－」，西光義弘・水口志乃扶（編）『類別詞の対照』95-111．くろしお出版．[1]

由本陽子．2007．「名詞を基体とする動詞形成について」，宮本陽一（編）『言語文化共同研究プロジェクト2006：自然言語への理論的アプローチ』91-100．大阪大学言語文化研究科．[7]

Zubizarreta, Maria Luisa, and Eunjeong Oh. 2007. *On the syntactic composition of manner and motion*. Cambridge, MA: MIT Press. [6]

【英語コーパス】

Bank of English: *Collins WordBanks Online* http://www.collinslanguage.com/wordbanks/default.aspx

BNC: *British National Corpus* http://www.natcorp.ox.ac.uk/

COCA: *The Corpus of Contemporary American English*, by Mark Davis, Brigham Young University. http://www.americancorpus.org/

索　引

【事項】

あ　行

アスペクト　43, 79, 128, 129, 162, 215
位置変化動詞　203, 106, 220, 224
移動　136, 143, 149, 154, 158, 159, 169, 202, 272
意図性　141, 144
意味概念　137
意味構造　99
意味役割　218, 221, 222
意味論　64
受身文　293, 298

か　行

外項　67, 70
外的分類　5, 29, 30, 166, 197, 200, 203
カキ料理構文　228
格　219
可算名詞　10, 13, 214
壁塗り交替　290, 292
完結　162
漢語名詞　222
間接受身文　286
擬似受身文　300
起点　136, 138, 149
起点指向　136
逆形成　238
強量化子　255
虚辞　251
距離　151, 153, 156, 164
クオリア構造　4, 28, 43, 46, 75, 108, 114, 187, 188, 193, 194, 195, 196, 199, 200, 200, 203, 206, 231, 232, 233, 235, 237, 253
グループ類別詞　15, 19
経験者　297
形式役割　5
計測単位　16
形態論　51, 64
形容詞　58, 64
計量詞　13, 15, 19, 20
計量単位　20
結果　54, 55, 129, 132, 133, 154, 273, 274, 294
　──・産物　56
原型的　108, 111, 112, 113
言語習得　70
現在時制　41
語彙意味論　186
語彙的　97, 104, 106, 185, 186, 187, 188, 190, 191, 193, 200, 206
語彙の阻止　27
項　54, 91, 211, 216, 219, 220, 223, 225, 229, 230, 233, 238, 272, 275, 298
行為　54, 67, 154, 217, 273
　──連鎖　54, 66, 71, 98, 99, 127, 132, 154, 161, 200, 201, 202, 203, 204, 206, 272
合成語　3
合成的意味論　168
構成役割　6
構文交替　272
構文文法　168
語基　64
語形成　4
個体解釈　73, 80, 236

個別化　14
語用論　135, 185, 186, 187, 188, 191, 245

さ　行

再帰構文　70
再帰代名詞　262
再帰的　105, 106
最上級　256
サ変名詞　222
使役　97, 98, 202, 272, 278
時間　38, 42, 48, 128, 143, 215
視座　132
指示詞　92
指示対象　225
事象叙述文　298
辞書的意味　189
事態解釈　72, 80, 236
自他交替　294
質量名詞　22
自動詞　68, 91, 97, 102, 105, 119, 124, 278
社会的習慣　112
弱量化詞　255
集合名詞　30
主語　271
　——繰り上げ構文　219, 220
主体役割　7
主要部　211, 231
照応　92
障害物　165
状態　41, 67, 97, 287, 302
譲渡不可能　226, 230, 265
省略　91, 92, 94, 124, 143
序数　23
助数詞　10, 11
助長道具　65, 281
所有　241, 259, 266, 287, 297
　——格　244
　——文　45, 243, 248, 261, 263
自律名詞　225, 231, 232, 245
親族　234, 245
身体部位　105, 285
心的辞書　190

随伴動作型　158
数詞　11, 64
数量詞　151, 255
スル型言語　295
接触　126, 287, 291
絶対存在文　251
接尾辞　62, 83
ゼロ代名詞　93, 100
全体的解釈　290
全体－部分の関係　226, 245
選択制限　28
前置詞　137, 141, 143, 218, 219, 220, 246
総称　95, 107, 109, 115, 252
相対名詞　225, 226, 229, 230, 231, 232
属性　95, 114, 115, 117, 245, 298
　——叙述文　298, 301, 302
属格　241, 244, 247
尊敬語　262
存在　241, 259, 297
　——文　40, 45, 242, 261, 263

た　行

代名詞　92
多義性　39
他動詞　68, 90, 91, 97, 102, 119, 262, 278, 297
単純語　3, 65
単純デキゴト名詞　183, 213, 216, 222
単体類別詞　15, 19
談話　110
　——の話題　100
着点　136, 137, 149, 162
中間経路　136, 141, 149, 153, 163
中間構文　69, 283, 300
直接目的語　120, 141
定冠詞　256
定性制限　254, 256, 258, 264
定名詞句　100, 107, 254
デキゴト性　228, 233
デキゴト名詞　32, 38, 53, 101, 103, 179, 210, 213, 221, 252
転成　3, 50, 56, 58, 84, 210, 221
道具　66, 235, 236, 273

索引　319

——・手段　57
　　——格　66,279,281,298
　　——名詞　63,298
統語論　64
動作主　65,66,234,273,274,275,278,
　　281
　　——名詞　234,236
動詞意味論　271
動詞的名詞　222,223
動能構文　123,125
動名詞　218,219,220,222

な　行

内項　67,70
内的構成　6,187,193,195,195,198,
　　199,200,206
内的分類　30
成り立ち　7,32,43,46,75,80,198,
　　200,205,206
ナル型言語　295
ニ格名詞句　263,264,267
「にーが」パターン　276
二重目的語構文　220
人間　24,57,64,285

は　行

媒介道具　65,281
場所　40,55,57,250,290,297
　　——名詞　44,237,242
派生　3,50,210,220
働きかけ　98,123,201,273,283
非対格性　140
非対格動詞　67,69,71,144
被動者　274,275
被動目的語　133
ヒト名詞　63,253
非飽和名詞　227,228
不可算名詞　10,13,22,214
付加詞　91,229,271
複合　3
　　——語　109,235,236,237
　　——名詞　229,230
複雑デキゴト名詞　182,213,214,216,
　　222

副詞　160
複数形　14
不定冠詞　10
不定表現　255,265
部分的解釈　290
変化　54,67,273,276,294
変項　232,233,234,237
編入　137
方向　162,163
飽和名詞　227

ま　行

未完結　162
無生物　25,246,279,295
無標　24,27
名詞　64
　　——化　49,52,210,211,212,213,
　　220,221,224
　　——節　219
　　——転成動詞　178,179,180,181,
　　183,185,189,190,191,192,193,
　　195,198,199,200,201,202,204,
　　205,206,207
メタファー　33,246
メトニミー　4,30,58,226
モーラ　58
目的・機能　7,31,47,75,77,167,194,
　　195,196,197,200,201,202,203,
　　205
目的語　90,160,271
モノ名詞　38,55,58,101,103,179,
　　182,210,213,221,252

や　行

有界的　151
有生性の制限　259
有対動詞　278
与格構文　220

ら　行

輪郭　14,59
類別詞　6,12,16
レキシコン　212
連用形　58

わ 行

話題 100

be 動詞 241,259

have 動詞 241,259
in order to 節 216
-ing 形 217,218
one's way 構文 158,161
there 構文 240,254,260
wh 疑問詞 256

【語彙】

あ 行

穴 133
編みもの 109
雨 33,75
犬 49
飲酒 109
ウサギ 13
馬 82
置き場 48,82
お祭り 42

か 行

会議 38,42
買い物 109
学生 29
火事 38
切れ 21
欠席者 253
建築 222
現場 48,82
工事 38
こと 37
コンサート 38

さ 行

作者 234
作品 248
誘い 221,222
参加者 253
事故 42
地震 42
主役 227,233
種類 23
乗客 74

小説家 234
肖像画 248
すり 221

た 行

手ぬぐい 47
ところ 44,242,259
取り締まり 221

な 行

ない 224
入学 188,193,194

は 行

俳優 227,233
墓参り 230
白紙 45
励まし 221,222
はちまき 47
病人 79
広場 228
蓋 225,226,229,231,232
訪問 222
本場 228

ま 行

メガネ 5
もの 37,109

や 行

やかん 229,231,232

ら 行

来客 74
落語家 73

落伍者 73
冷蔵庫 75

alcohol 108
along 150,162
among 162
apply 104
-ar 63
assignment 217
at 77,123,125
audience 30
author 234
bike 179,185,195,196,202
birch 134
bomb 183,202
book 108
bottle 183,185,190,194,195,195,
 203
butter 179,184,204
by 150,285
cigarette 108
clothing 22
coffee 13
construction 211
customer 74
discussion 209
-ee 50,70,72
-er 50,61,62,63,68,234
event 214,215
examination 39,213,215
excellent 81
expression 217
family 30
few 19
fork 183,201
fox 187,193
from 138
furniture 22,23

in 285
information 23
into 137
lifesaver 236
many 19
much 19
novelist 233,234
nurse 197,198,205
occasional 214
of 246
on 76,77,125,285
-or 63
over 150,162,285
own 242,249
painter 235
passenger 74
past 150,162
picture 246
portrait 247
powder 184,184,197,203
pup 184,198,206
refrigerator 114
road 167
's 241,244,246
school 188,194
separation 53
sketch 247
smoke 95,108
smoker 235
spank 133
split 285
spray 292
stroke 99
thumb 165
to 77,137
translation 50,216
trip 214,215,216
way 148,159,160,167,173
with 279

〈クイズの答え〉

【序章】
(1) オートバイは「エンジンが付いている」、自転車は「エンジンが付いていない」という《内的構成》(すなわち構成部品)の違い。
(2) 雨傘は本来、「雨から身を守る」、日傘は「直射日光から身を守る」という《目的・機能》(すなわち用途)の違い。
(3) あられは「空から降ってくる直径5ミリ未満の氷の粒」、ひょうは「空から降ってくる直径5ミリ以上の氷の粒」という《外的分類》(すなわち形状)の違い。
(4) ワイシャツは本来、「男性が着るため」、ブラウスは「女性が着るため」という《目的・機能》(すなわち用途)の違い。
(5) あせもは「汗が原因で皮膚に発生する吹き出物」、にきびは「毛穴に脂分がつまることが原因で皮膚に生じる吹き出物」という《成り立ち》(すなわち発生の原因)の違い。

【第1章】
(1)と(f)、(2)と(g)、(3)と(a)、(4)と(b)、(5)と(h)、(6)と(c)、(7)と(e)

【第2章】
(1) 編みもの (デキゴト名詞の意味が主体だが、モノ名詞の意味もある)
(2) もらいもの (「もらった物」という意味のモノ名詞が主体だが、「もらいものをする」という用法ではデキゴト名詞)、ものもらい (「麦粒腫」という意味のモノ名詞、または「人から金品をもらって生活する人」という意味のモノ (ヒト) 名詞)
(3) 忘れもの (「持ってくるのを忘れる」という意味のデキゴト名詞と、「忘れて行ったもの」というモノ名詞)、もの忘れ (「物事を忘れること」というデキゴト名詞)
(4) 置きもの (「置いて飾る装飾品」というモノ名詞、もの置き (「ものを入れておく場所・小屋」という意味のモノ (場所) 名詞)
(5) 笑いもの (「他人から嘲笑される人」というモノ名詞)、もの笑い (「嘲笑すること」というデキゴト名詞)

【第3章】
(a) 旅行客　(b) 旅行家　(c) 使用人　(d) 使用者

【第4章】
(1)−b、(2)−a、(3)−a、(4)−b、(5)−b、(6)−b

【第5章】
(2)

【第6章】
(1)と(e)、(2)と(f)、(3)と(h)、(4)と(g)、(5)と(a)、(6)と(c)、(7)と(d)

【第7章】
(1)くもる (kumor-u, kumot-ta, kumor-anai)、(2)愚痴る (gutir-u, gutit-ta, gutir-anai)、(3)皮肉る (hinikur-u, hinikut-ta, hinikur-anai)、(4)告る (kokur-u, kokut-ta, kokur-anai)、(5)ミスる (misur-u, misut-ta, misur-anai)、(6)パニクる (panikur-u, panikut-ta, panikur-anai)、(7)タクる (takur-u, takut-ta, takur-anai)、(8)ネグる (negur-u, negut-ta, negur-anai)、(9)マクる (makur-u, makut-ta, makur-anai)またはマクドる (makudor-u, makudot-ta, makudor-anai)、(10)スタバる (sutabar-u, sutabat-ta, sutabar-anai)、(11)与太る (yotar-u, yotat-ta, yotar-anai)、(12)江川る (egawar-u, egawat-ta, egawar-anai)、(13)サダハる (sadahar-u, sadahat-ta, sadahar-anai)

【第9章】
(1)と(e)、(2)と(h)、(3)と(g)、(4)と(f)、(5)と(b)、(6)と(c)、(7)と(a)

◆編者・執筆者紹介

[編者]
影山太郎(かげやま・たろう)
国立国語研究所所長。主な著書：『日英比較 語彙の構造』(松柏社：市河賞)、『文法と語形成』(ひつじ書房：金田一京助博士記念賞)、『動詞意味論』(くろしお出版)、『ケジメのない日本語』(岩波書店)、『日英対照 動詞の意味と構文』、『日英対照 形容詞・副詞の意味と構文』(編著、大修館書店)、The Oxford Handbook of Compounding (共著, Oxford University Press), Voice and Grammatical Relations (共編, John Benjamins)

[執筆者]

影山太郎(かげやま・たろう)	国立国語研究所
磯野達也(いその・たつや)	了德寺大学教養教育センター
岸本秀樹(きしもと・ひでき)	神戸大学人文学研究科
境 倫代(さかい・みちよ)	京都教育大学附属高等学校
杉岡洋子(すぎおか・ようこ)	慶応義塾大学経済学部
高橋勝忠(たかはし・かつただ)	京都女子大学文学部
當野能之(とうの・たかゆき)	関西看護医療大学看護学部
眞野美穂(まの・みほ)	鳴門教育大学学校教育研究科
米澤 優(よねざわ・ゆう)	神戸学院大学非常勤講師
由本陽子(ゆもと・ようこ)	大阪大学言語文化研究科

にちえいたいしょう めいし いみ こうぶん
日英対照 名詞の意味と構文

©Taro Kageyama, 2011　　　　　　　　NDC 835/xi, 323p/21cm

初版第1刷―――2011年11月25日

	かげやま た ろう
編者―――	影山太郎
発行者―――	鈴木一行
発行所―――	株式会社大修館書店

〒113-8541　東京都文京区湯島2-1-1
電話　03-3868-2651 販売部／03-3868-2293 編集部
振替　00190-7-40504
[出版情報] http://www.taishukan.co.jp

装丁者―――	杉原瑞枝
印刷所―――	藤原印刷
製本所―――	難波製本

ISBN978-4-469-24568-4 Printed in Japan

®本書のコピー、スキャン、デジタル化等の無断複製は著作権法上での例外を除き禁じられています。本書を代行業者等の第三者に依頼してスキャンやデジタル化することは、たとえ個人や家庭内の利用であっても著作権法上認められておりません。